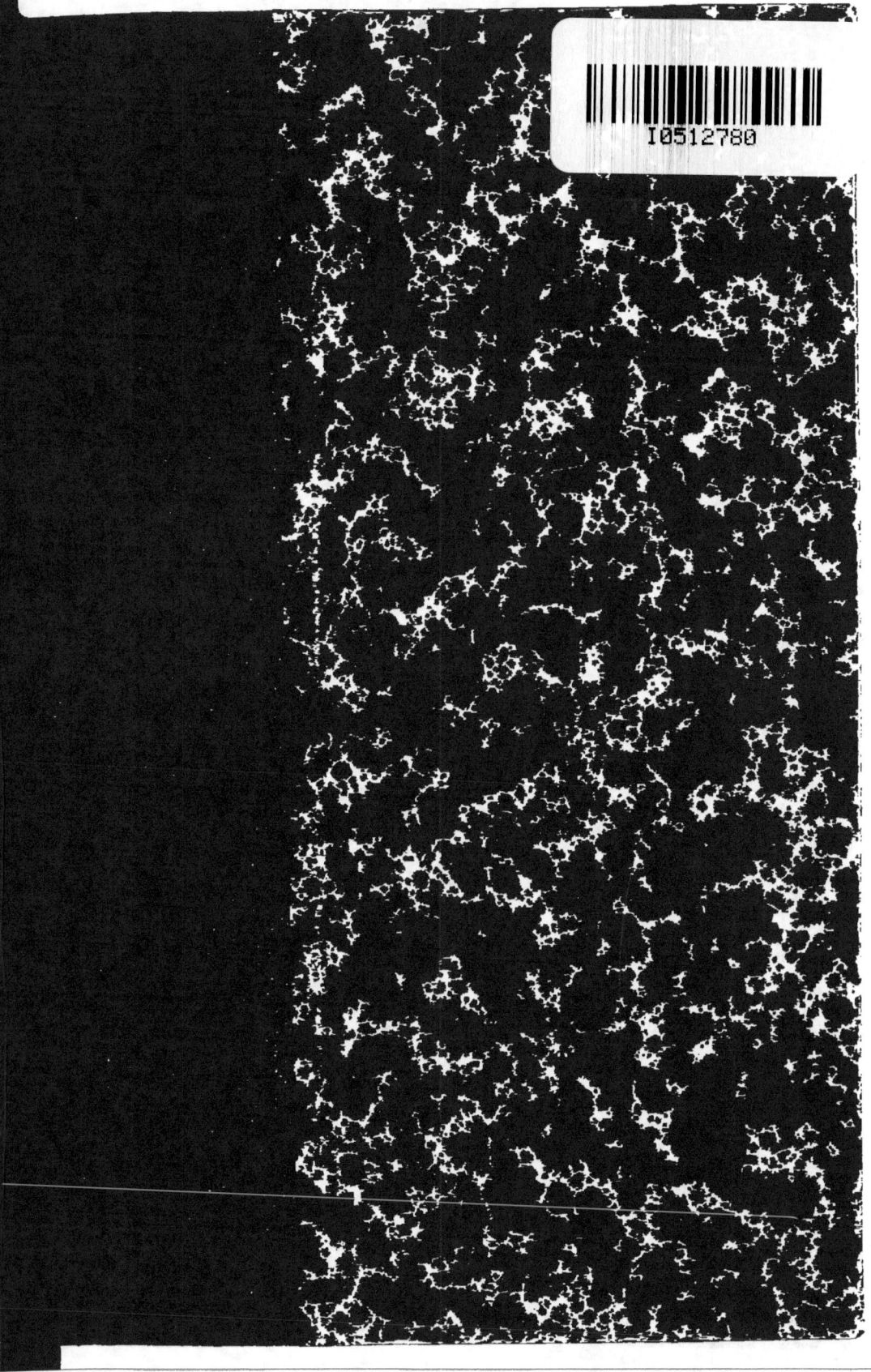

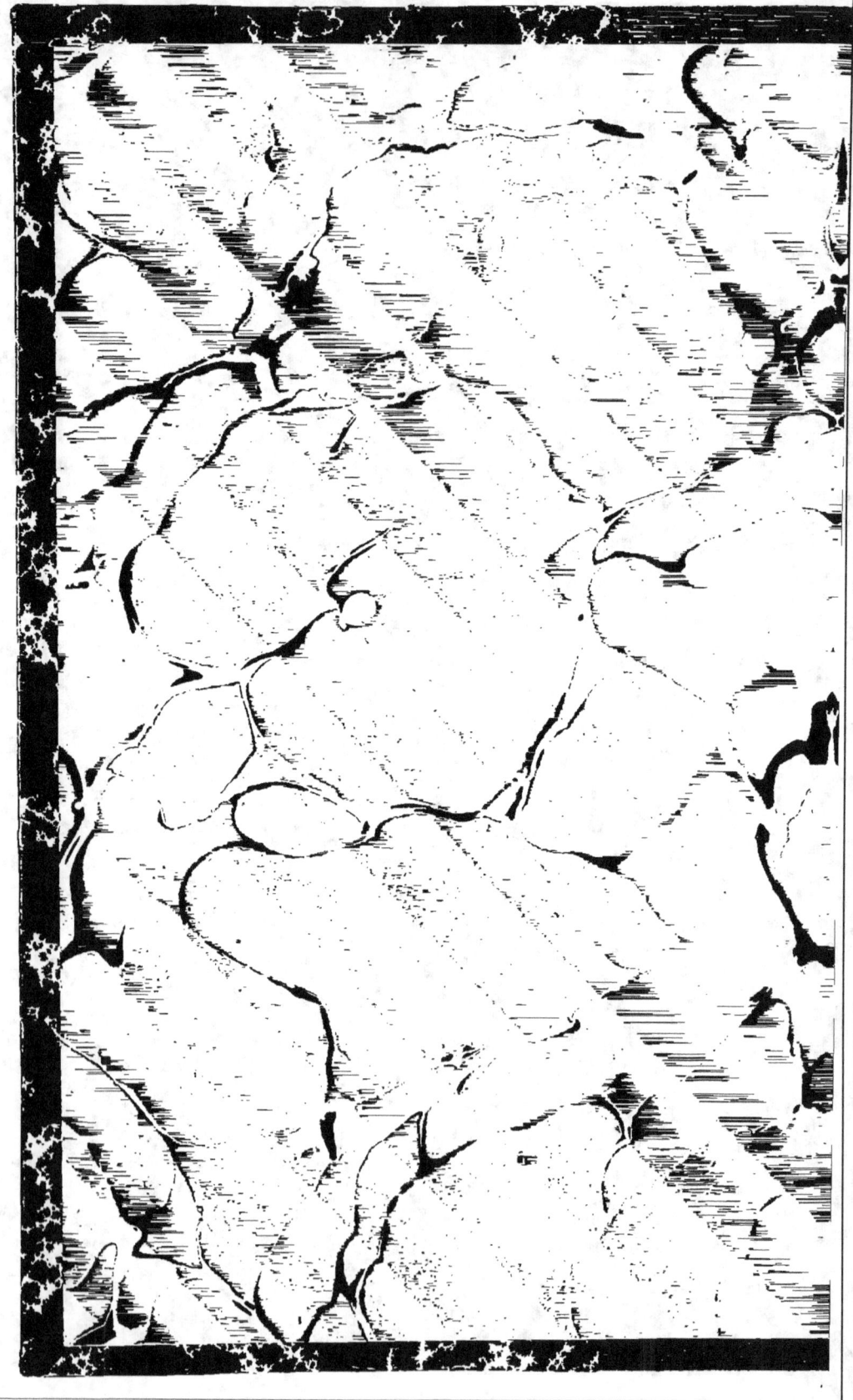

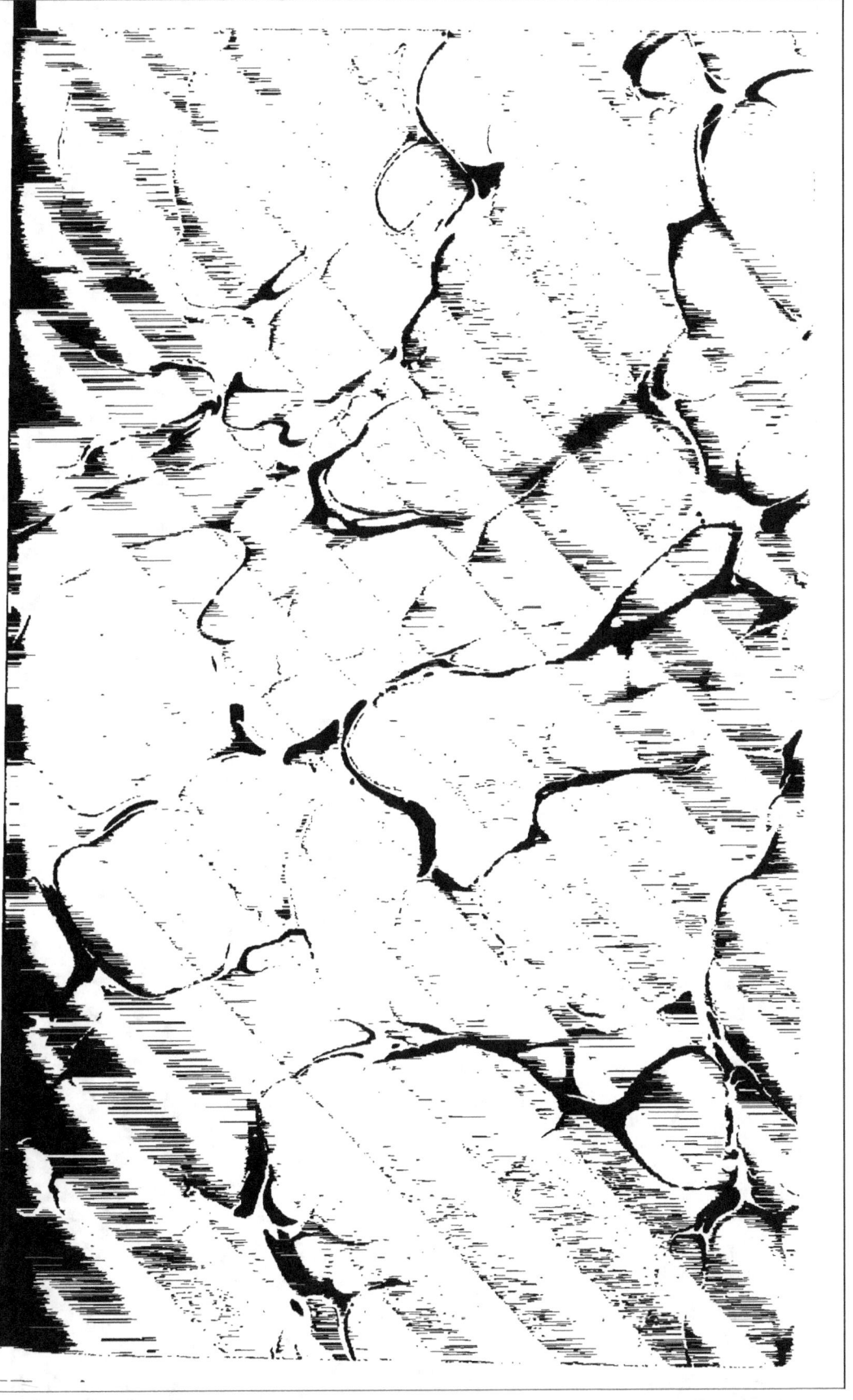

D. FALCONETTI

2806

23825
Numm 202

V 2635.
R+a.3.

CATALOGUE
RAISONNÉ
DES DESSEINS ORIGINAUX
DES
PLUS GRANDS MAITRES
ANCIENS ET MODERNES,
QUI FAISOIENT PARTIE
DU CABINET
DE FEU
LE PRINCE CHARLES DE LIGNE,
CHEVALIER DE L'ORDRE MILITAIRE DE MAR.
THERESE, DE S. GEORGE, COLONEL DU CORPS
DE GENIE DE SA MAJ. I. ET R. ETC.

PAR
ADAM BARTSCH,
GARDE D'ESTAMPES A LA BIBLIOTHEQUE
I. R. DE LA COUR, ET MEMBRE DE L'ACAD.
I. ET R. DES BEAUX-ARTS DE VIENNE.

A VIENNE,
CHEZ A. BLUMAUER.
CIƆIƆCCXCIV.

AVERTISSEMENT.

La collection des desseins originaux de feu le Prince Charles de Ligne est sans contredit une des plus belles, des plus riches et des mieux composées, qui ait jamais été faite par un particulier. L'illustre possesseur qui, à ses dons brillans de la nature joignoit les qualités les plus aimables, et dont le goût pour les beaux-arts étoit aussi sûr que décidé, n'a épargné ni soins ni recherches, ni dépenses, pour la former et la rendre digne de son nom. Il a même réussi à rassembler un très grand nombre de pieces, qui se trouvoient dans les fameuses collections de George Vasari, Marolles, Crozat, Mariette, Julien de Parme etc. etc. noms connus et chers à tous les amateurs, et qui suffiroient pour attester et garantir le prix de cette collection, si le seul coup d'oeil sur le nombre et la qualité des auteurs et de leurs ouvrages, exposés dans ce catalogue, n'en donnoient pas déjà la conviction la plus complette.

Pour répondre en quelque maniere au mérite distingué de cette collection, on s'est attaché, à en composer le catalogue avec le plus grand soin. La déscription de chaque morceau y est plus ou moins détaillée, selon que l'exige le sujet, qu'il représente; la maniere, dans laquelle le dessein est exécuté, y est exactement marquée, et l'on a même cru devoir instruire le lecteur de sa forme, en le marquant par E. H. s'il est en hauteur, et par E. L. s'il est en largeur; quant au format, on le désigne par: *très grand in folio, in fol., in 4to,* et *in 8vo.*

Beaucoup des desseins, qui entrent dans cette collection, ont déjà été gravés, et on a eu soin, d'en faire mention, lorsqu'on en a eu la connoissance.

Les maîtres rangés par ordre cronologique sont classés selon les écoles: et les desseins des artistes inconnus ont été décrits par ordre de matiere en douze sections.

Enfin pour faciliter au lecteur la recherche des objets, qui pourroient l'intéresser, on a donné à la fin de ce catalogue, une table alphabétique des artistes avec l'indication de la page, où l'on fait mention de leurs ouvrages.

La collection de ces desseins montés très proprement sur des cartons bleus, et rangés dans des portefeuilles reliés en veau, et dorés, sera vendu publiquement *in globo*, au plus offrant et dernier enchérisseur, à Vienne le 4. de Novembre 1794, dans une des Salles de l'académie du corps de Génie de S. M. I. R. fauxbourg Wieden, hôtel Thérésien. Les amateurs, qui avant le terme de la vente voudroient avoir des renseignemens quelconques, concernant cette collection, pourront s'adresser à Mr. *Blumauer*, Marchand libraire à Vienne.

On donnera suivant l'usage, la facilité aux amateurs, de venir voir cette collection, quinze jours avant la vente, afin qu'ils puissent donner leurs encheres avec confiance.

ÉCOLE ROMAINE.

LAZZARI (Donat Bramante) célèbre architecte, né à Castel-durante au territoire d'Urbin, vers l'an 1444. et mort en 1514.

1. Le tombeau du Comte Guide Rangone de Milan. C'est une grande porte avec quatre colonnes surmontées de deux chandeliers et d'une espece de pyramide avec les armes de ce seigneur. Ce beau dessein est fait à la plume, lavé de bistre et très-terminé. E. H. in Folio.

2. Porte de superbe architecture. Elle est surmontée d'un fronton, sur lequel on voit une statue de Neptune, et de droite et de gauche le long du fronton, deux femmes dont l'une tient une branche d'olivier, et l'autre un flambeau dont elle brule des trophées d'armes; à la plume, lavé de bistre. E. H. in folio.

VANNUCCI (Pierre) dit le Perugin, naquit à Perouse en 1446., et mourut dans la même ville en 1524.

1. La sainte Vierge tenant l'enfant Jesus debout sur ses genoux, et prenant une pomme de la main de sainte Anne, qui est assise à

côté d'elle. Ce dessein en hauteur est à la plume, lavé de bistre. In folio.

2. Dessein à la plume, lavé d'encre de la Chine. On y voit au milieu un trône aux deux côtés duquel sont deux anges qui tiennent une guirlande, et plus bas deux autres anges en acte d'adoration. Dieu le père assis sur le trône met une couronne sur la tête de la Vierge qui est à genoux devant lui. De droite et de gauche du trône on voit plusieurs saints et saintes, et sept anges sont rangés dans le fond d'une espece de terrasse. Piece quarrée in folio.

VITE (Timothée della) naquit à Urbin en 1470, et mourut dans la même ville en 1524.

1. Jesus-Christ mis en croix entre les deux larrons. Premiere idée supérieurement croquée à la plume. Au pied de la croix on voit la sainte vierge évanouie au milieu des saintes femmes. Grande composition de beaucoup de figures. in folio.

2. Ce dessein est à la plume d'une touche ferme et savante, qui tient beaucoup, sur-tout dans l'expression des têtes, de celle de Jules Romain. Il représente un combat. Trois hommes terrassés se défendent encore contre trois cavaliers; les premiers sont secourus par deux hommes à pied et un à cheval. E. L. in folio.

3. Cupidon et Psyché assis ensemble sur un lit; à la plume. E. L. in 4to. Ce dessein a été gravé par *Adam Bartsch*.

4. Des gens qui débarquent des bois de construction. Dans le fond un grouppe de cinq figures. Au revers est un saint à genoux audessus duquel planent trois anges en l'air Très belles études à la plume. E. H. in 4to.

SANCIO (Raphael) d'Urbin, disciple de Pierre Perugin, né à Urbin en 1483. et mort en 1520.

1. Premiere pensée pour le tableau du couronnement de Charle-magne, que Raphael a peint au Vatican dans la chambre de Torre Borgia. Composition riche de plus de 80 figures. Dessein capital et des plus beaux de cette collection, fait à la plume, lavé au bistre et rehaussé de blanc, sur papier jeanâtre. E. L. en grand in Folio.

2. Etudes pour les peintures de l'église de la paix à Rome. Un ange voltigeant et déroulant un papier; étude à nu. Etude du corps et des jambes de ce même ange drapés; et l'étude du bras et de l'épaule. Ce superbe dessein à la sanguine a été acheté à Rome par Monsieur d'Argenville 150 livres. En L. in folio.

3. Autre étude du même ange; mais ici le corps est plus droit que dans le précédent; à la sanguine, in quarto.

4. Etude pour le fameux tableau de la transfiguration. Un homme assis sur une pierre stupéfait d'admiration; derriere lui un autre debout, un pied élevé sur la pierre et parlant à un troisieme homme, dont on ne voit que la tête et un bras; à la sanguine. E. H. in folio.

5. Etudes pour le massacre des innocens, dont nous avons la fameuse estampe gravée par Marc Antoine; savoir: 1. Une femme qui s'enfuit, tenant son enfant entre les bras; un soldat est prêt à la percer de son dard. 2. Les deux jambes de la femme. 3. La tête et le bras droit de cette femme. Enfin 4. La jambe droite du soldat; à la sanguine. E. L. in folio.

6. Ce petit dessein des plus précieux, tant par son fini que par son élégance et sa délicatesse représente une sainte famille. La vierge est assise tenant l'enfant Jesus, au quelle petit St. Jean apporte un agneau; à la plume et au bistre, rehaussé de blanc, sur papier bistré; dans une forme ovale. E. H. in 4to.

7. La charité représentée par une femme et trois enfans, esquisse fort légère faite à la plume. Voici une note de Mr. Mariette sur ce dessein: „L'on sait que Raphael avoit préparé tous les desseins pour les peintures qui décorent dans le palais du Vatican la salle de Constantin; et qui depuis sa mort furent exécutés par deux de ses disciples, Jules Romain et le Fattore. Toutes ses peintures représentent différentes actions mémorables de

l'empereur Constantin; mais l'on voit aussi dans le même lieu un nombre de vertus qui accompagnent les trônes où sont assis divers souverains pontifes; il en est une parmi qui représente la charité, et quoique ce ne soit pas tout-à-fait la même chose que ce qui est exprimé dans le dessein que j'ai dans ma collection, j'ai un présentement que mon dessein est une premiere idée de Raphael pour parvenir à cette admirable figure; c'étoit là assez volontiers sa marche." Au verso de ce dessein est une étude pour une descente de croix, aussi à la plume. E. H. in folio.

8. Etude à la plume d'une Judith. Elle est en pied, vêtue d'une draperie légere qui laisse voir tout le nu. Elle tient de la main gauche la tête d'Holoferne; légérement esquisée à la plume. E. H. in folio.

9. Petit paysage orné de fabriques et de petites figures, qui donnent à manger à des poules.

10. Autre paysage représentant un pays montagneux.

Ces deux morceaux sont esquissés à la plume d'après nature. Raphael s'en servoit dans ses tableaux. Ils sont d'une grandeur égale E. L. in 4to.

11. Etude pour la descente des Sarracins au port d'Ostie; dessinée à la plume, d'une force et d'une expression étonnantes. Ce dessein a été gravé par *G. T. Prestel.* E. H. in folio.

12. Etude pour la pêche miraculeuse de

saint Pierre. Trois hommes debout qui se parlent. Une femme avec son enfant, assise sur une pierre; elle a un petit baril à la main. Sur le bord de l'eau deux femmes et un enfant; au milieu de l'eau deux bateaux, sur l'un desquels est notre Seigneur et des pêcheurs. Toutes ces figures sont terminées très exactement à la plume lavées et rehaussées de blanc avec soin. Ce dessein l'un des plus capitaux qu'on puisse voir, a été vendu 300 livres à la vente de Mr. Mariette. Il en existe à Nurenberg une copie qu'on fait passer pour l'original. E. L in folio.

13 Etude d'une Muse à la gauche d'Apollon sur le Parnasse, equisse légerement faite à la plume. E. H. in 4to.

14. Etude dans le même genre, d'une Muse à la droite d'Apollon. E. H. in 4to.

15. Esquisse légere et indéterminée à la sanguine de deux hommes à cheval, qui se font face E. H. in folio.

16. La Ste. vierge avec l'enfant Jesus qui est assis sur un coussin. Elle lui présente un fruit de la main droite, et a l'autre appuyée sur un livre ouvert. Ce morceau remarquable à tous égards et surtout pour le beau caractere du visage de la vierge, est dessiné à la pierre noire. E. H. in folio.

17. Fragment des carions des amours d'Acis et Galathée. On voit la tête et une partie de la gorge de Galathée, elle soutient sa tête d'une

main et regarde Acis dont on ne distingue que les deux mains. Ce dessein précieux est fait au fusain. E. H. in folio.

18. Premiere idée pour une sainte vierge avec l'enfant Jesus assis sur les genoux, à qui elle va donner le sein; à la plume. E. H. in 4to.

19. Autre esquisse d'une sainte vierge. Sainte Anne assise à côté d'elle prend l'enfant Jesus pour le mettre sur ses genoux; à la plume. E. H. in 4to.

20. Autre étude dans le même genre, de la sainte vierge de l'enfant Jesus, et du petit St. Jean Bapt. Croquis à la plume. E. H. in 8vo.

21. Etude d'une sainte vierge lisant dans un livre que l'enfant Jesus fait des efforts pour attraper. Au revers une feuille d'étude, où l'on voit quatre têtes dont deux sont mitrées; à la plume. E. H. in 4to.

22. Feuille d'étude, deux figures d'hommes à mi-corps, et trois têtes d'enfants; à la plume. E. H. in 4to.

23. Etude à la plume pour une descente de croix. Un homme nu qui marche les mains jointes et la tête baissée. Au revers on voit deux jeunes hommes déshabillés pour se baigner; l'un est prêt à se jetter dans l'eau, et l'autre s'y laisse glisser le long d'un bord escarpé. On peut voir dans cette simple esquisse la différence des sensations qu'éprouvent ces deux personnes. E. H. in 4to.

24. Etude pour une Cène. La table est placée dans une espece de galerie ouverte formée par des arcades. Dans les deux premieres, on voit Jesus Christ ayant à côté de lui St. Jean appuyé sur son épaule et sept autres apôtres. Au revers sont trois différentes études d'hommes, les mains attachées derriere le dos, et deux dos d'hommes. Le tout est esquissé à la plume avec l'esprit ordinaire à ce maitre. E. L. in fol.

25. Feuille d'étude et de griffonnement. On y distingue d'un côté la sainte vierge ayant l'enfant Jesus entre les bras. Le buste d'un prêtre avec une longue barbe, et la tête d'un juif d'une expression singuliere. De l'autre côté deux dos d'hommes, un enfant, qui s'élance des bras de sa mere, deux études de ce même enfant, un homme qui dort etc. à la plume. E. H. in fol.

26. Feuille d'étude de la sainte vierge tenant l'enfant Jesus, en cinq différentes attitudes; à la plume, et à la sanguine. Au revers une étude semblable d'un contour superbe; elle est faite à la mine de plomb et commencée à être terminé à la plume. E. H. in fol.

27. Feuille d'étude d'un homme sacrifiant sur un autel; à la plume. Au revers est l'étude d'une tête vue de face, à la sanguine. Il y a outré cela d'un côté et de l'autre des premieres idées qui sont trop confuses pour pouvoir être expliquées. E. H. in fol.

28. Etude pour le jugement de Salomon, d'une des meres et du bourreau; superbe dessein assez fini à la plume. Pièce quarrée in folio.

29. Etude de quelques figures de l'école d'Athènes peinte par Raphael au Vatican. Dessein capital à la plume rehaussé de blanc, sur papier bistré. Il a été gravé par *J. T. Prestel*.

30. Jean de Medicis cardinal envoyé par Innocent VIII. comme legat de Toscane retournant en sa patrie après la mort de Laurent de Medicis son pere. Dessein capital lavé d'encre de la Chine et rehaussé de blanc, sur papier bleu. Il a été aussi gravé par *J. T. Prestel* in folio.

31. Etudes à la plume d'enfans nus, qui jouent ensemble. E. L. in folio.

32. Portrait d'homme. Il a les cheveux plats et un bonnet sur la tête. On ne peut voir une tête plus savamment dessinée, d'une touche plus ferme, et d'un contour plus coulant; à la pierre noire. E. H. in folio.

33. Portrait d'une jeune femme vue de face et jusqu'aux genoux. Elle est couronnée de fleurs, et ses cheveux pendants reviennent sur ses épaules. C'est vraisemblablement le portrait de la maîtresse de Raphael. Piece capitale dessinée à la pierre noire, rehaussée de blanc sur une espèce de papier brouillard. E. H. in 4to. Ce morceau a été gravé par *Adam Bartsch*.

34. Etude de deux hommes couchés à terre qui dorment, à la sanguine. E. L. in 8vo.

35. Fort belle étude d'un bras allongé avec un rouleau dans la main; à la sanguine E. L. in 8vo.

36. Etude d'une sainte vierge assise, tenant l'enfant Jésus sur ses genoux et l'embrassant à la plume, sur papier huilé. E. H. in 8vo.

37. Une femme assise à terre, se nettoyant les pieds. Fragment d'un dessein à la plume, sur papier huilé. E. L. in 8vo.

38. Petit dessein à la plume d'un Centaure, le corps tout-à-fait baissé en avant, et levant les deux bras. E. L. in 8vo.

39. Le portrait de Dante qui se trouve dans le Parnasse au Vatican. Ce dessein à la plume a appartenu à Charles I Roi d'Angleterre. On voit la marque, que *Nicolas Lanier* garde des desseins de son cabinet y mettoit au plus capitaux. Il a été gravé par *Adam Bartsch*. E. H. in fol.

40. Le Miracle de Bolseno, dont le tableau a été exécuté par Raphael dans les salles du Vatican, au dessus d'une fenêtre dont l'ouverture coupe le bas du tableau en deux parties. Piece capitale de la plus grande beauté dessinée à la plume, lavée de bistre sur papier gris. E. L. in fol.

41. Très belle étude pour le couronnement de Charle-magne. C'est le prêtre qui est derriere la chaise, et deux autres figures. Ce beau dessein est fait à la plume, et rehaussé de blanc sur papier bistré; il a été gravé par *Adam Bartsch*. E. H. in 4to.

42. Etude des saintes femmes au pied de la croix. Ces figures sont remarquables par leur caractère de piété et de douleurs; à la plume. E. H. in folio. Ce dessein a été aussi gravé par *A. Bartsch*

43. Le grouppe de devant dans l'incendie de Borgo. Ce dessein fait à la sanguine et très-fini est un des plus capitaux de cette collection. Il n'y a rien qui surpasse la belle attitude de la mere qui engage son enfant à prier. E. H. in folio.

44. Dessein arrêté de la figure d'homme, qui se laisse descendre le long du mur, dans le tableau de l'incendie de Borgo. C'est peut-être le dessein le plus savant qu'on puisse voir; à la sanguine. E. H. in folio.

45. Etude de l'Apollon du festin des dieux, peint par Raphael au plafond de la Farnesine. On peut voir dans cette piece arrêtée tout le gracieux et toute la noblesse du dessein de Raphael. Elle a été gravée par *Adam Bartsch*. E. H. in folio.

46. La pêche miraculeuse. Belle composition de six figures; à la plume lavée de bistre et rehaussée de blanc, sur papier bistré. Si ce dessein précieux n'est pas de la main de Raphael même, il est au moins l'ouvrage d'un de ses plus habiles disciples. E. L. in fol.

47. Premiere idée d'un grand tableau historique d'une composition riche, consistant en plus de cinquante figures en différentes attitudes et

grouppées avec toute la sagesse ordinaire à ce grand artiste. On voit au milieu du dessein un prêtre assis sur une espèce d'autel, et entourré de six religieux de quelque ordre monastique, qui semble exposer des propositions en matière de théologie. Au bas et aux deux côtés de l'autel est un grand nombre de savans et de docteurs assis sur des bancs et sièges, dont quelques uns écoutent avec intérêt, et d'autres raisonnent entre eux sur les propositions qu'ils viennent d'entendre. Ce dessein est esquissé d'une plume très spirituelle, et légèrement lavé au bistre; c'est un des morceaux les plus précieux de cette collection; il a été payé par le prince de Ligne au prix de 105 florins d'Allemagne. E. L. in folio.

48. Etude d'un pied pour la figure de St. Pierre dans le fameux tableau de la transfiguration; dessiné à la pierre noire. E. H. in 8vo.

PIPI (Jules) dit Jules Romain, élève de Raphael, naquit à Rome en 1492 et mourut à Mantoue en 1546.

1. Le combat d'Enée et de Turnus; superbe dessein ceintré par le haut. On y distingue treize figures et quatre chevaux; il est fait à la plume avec bien de légèreté et d'esprit. E. L. in fol.

2. La façade d'un hôtel du côté du jardin. Au dessus de la porte est une statue de fem-

are dans une niche. La partie droite n'est qu'au simple trait ; à la plume lavé de bistre. E. L. in folio.

3. Une des portes de la ville de Mantoue. Elle est ornée de trois basreliefs et des armes de la ville. On y lit vers le haut: *Federicus. Dux. P. Mant. fecit.* Ce beau dessein est fait à la plume et lavé de bistre; E. L. in folio.

4. La moitié de cette même porte, en plus grand, dessinée à la plume et au bistre. E. L. in fol.

5 Superbe dessein représentant la flagellation de notre Seigneur. Il et attaché à la colonne d'un portique surmonté d'une balustrade, sur laquelle sont six Figures qui regardent en bas. Entre les colonnes sont deux statues dans des niches. La lumiere vient d'un pot à feu tenu par un jeune garçon, ce qui éclaire tout le sujet. Dessiné à la plume, lavé et rehaussé de blanc avec toute la finesse possible, sur papier bistré. E. H. in fol.

6. Ce dessein à la plume, lavé de bistre représente une chasse de cerfs et de sangliers. Sur le devant un chasseur enfonce un épieu dans le corps d'un sanglier qui est terrassé. Un homme qui court à cheval, le sabre à la main, et une femme, qui tire de l'arc, composent ce dessein qui est dans le genre du basrelief. E. L. in fol.

7. Une femme assise. Elle a le bras droit posé sur un genoux et la tête appuyée sur un mou-

choir qu'elle tient; à la gauche; à la plume. E. L. in fol.

8.-10. Trois petits desseins, chacun avec un revers; faisant six ésquisses différentes de la Ste. famille; à la plume. E. H. in 8vo.

11. Statue de femme ayant une draperie qui lui couvre le bras. Elle est apuyée sur un vase, a les jambes croisées, et tient de la main gauche la queue d'un dauphin, dont la tête est à ses pieds; à la plume lavé de bistre. E. H. in 8vo.

12. Une statue de sainte Catherine placée dans une niche; à la plume, lavé de bistre et rehaussé de blanc. E. H. in 8vo.

13. Une femme couronnée de fleurs. Elle tient d'une main un ruban en guise de rennes. Un Amour à ses pieds a l'air de vouloir l'emmener; à la plume lavé de bistre. E. H. in 4to.

14. Statue d'une femme vue de face, ayant les bras croisés sur la poitrine. Elle est vêtue d'une draperie dans le caractere antique. Dessein fort spirituel fait à la plume lavé de bistre. E. H. in 4to.

15. Une jeune fille assise, qu'une autre femme debout peigne, en lui faisant passer les cheveux au dessus de la tête. Ces deux figures sont drapées à l'antique. Dessein à la plume lavé de bistre. E. H. in 8vo.

16. Acis et Galathée. Ce dessein arrêté à la sanguine est d'après Raphael. Jules Romain

imitoit alors la methode de dessiner de Raphael. E. H. in 4.

17. Les nôces de Thetis et de Pelée mariés en triomphe par les divinités marines. L'Hymen les précéde avec son flambeau, et l'Amour les couronne; superbe dessein fait à la plume et lavé de bistre E. L. grand in fol.

18. Autre dessein fort précieux du même faire et de la même grandeur. C'est une composition de vingt figures en forme de basrelief. On y voit des guerriers nus passans une riviere à la nage, en portant leurs habillemens sur des boucliers, et d'autres arrivés au bord qui s'habillent.

19. Le jugement de Midas. Un genie couronne Apollon; Marsias représenté avec des oreilles d'âne applaudit à Pan. Tmolon entre les deux dieux s'éloigne. Pallas debout semble décider le jugement. Superbe carton dessiné à la plume, légerement lavé de bistre. Très grand morceau. E. L. in folio.

BAROZIO (Frederic) dit le Baroche; naquit à Urbin en 1528, et mourut dans la même ville en 1612.

1. Dessein gracieux et très-terminé au crayon noire et rouge et rehaussé de blanc au pinceau. Il représente la vierge du tableau de la Conception de l'eglise conventuelle de st. François d'Urbin. C'est un des plus beaux

desseins de cette collection; il a été gravé par *Adam Bartsch*. E. H. in fol.

2. Etude ou première pensée d'un Christ mis au tombeau; à la plume lavé de bistre, corrigé ensuite avec la pierre noire et la sanguine avec des lumieres ajoutées au pinceau. Le principal grouppe consiste en quatre figures. La sainte Magdelaine que l'on ne voit que jusqu'au dessous de l'épaule est la figure la plus achevée. Elle soutient le Christ tandis que Joseph d'Arimathée et Nicodème le portent pour le mettre au tombeau. On voit encore plusieurs autres figures qui ne sont que très légerement ebauchées. Le caractere du Christ et la position de son corps décèlent le grand dessinateur. E. H. in fol.

3. La vierge debout sur des nuages couvrant de son manteau différentes personnes qui l'invoquent, et parmi lesquelles se distingue un jeune homme vu à mi-corps et couvert d'un surplis, lequel lit avec dévotion ses prieres dans un petit livre. Vers le haut du tableau un ange en l'air tient une couronne sur la tête de la vierge. Ce superbe dessein est fait à la plume et à la pierre noire, lavé de bistre et rehaussé de blanc sur un papier brunâtre. E. H. in fol.

4. Un jeune homme, un genou en terre, et soutenant sous le bras un chien. Derriere lui un autre chien est couché à terre. Dessiné à la plume d'une touche grasse, lavé de

bistre et rehaussé de blanc sur papier gris. Ce beau morceau est en hauteur in 4to.

5. Un jeune moine à genoux, tenant de ses deux mains un papier; superbe dessein d'une plume hardie ferme et gracieuse lavé au bistre et rehaussé de blanc, sur papier gris. E. H. in fol.

6. Etude de trois figures faites pour regarder le Christ en croix. Les deux premières représentent S. Jean Baptiste et sont faites à la plume, lavées au bistre. La troisieme qui est la Ste Vierge est crayonnée à la sanguine et ensuite lavée au bistre et rehaussée de blanc. In 4to.

7. Un moine à genoux, les mains elevées vers le ciel. Dessein sur papier bleu, au crayon noir, rehaussé de blanc: la tête et les mains sont au pastel. E. H. in 4to.

8. Tête d'une Magdelaine pénitente. Elle est vue de trois quarts, ayant les cheveux épars, et les yeux tournés vers le ciel; à la sanguine melée d'un peu de pastel et de lavis. E. H. in 4to.

9. Buste de saint Jerôme, les mains croisées sur la poitrine; à la sanguine et estompé. E. H. in 8vo.

ZUCCHERO (Taddé) naquit à San Agnolo in Vado en 1529, et mourut à Rome en 1566.

1. Un religieux qui avec son cordon tire un enfant hors d'un puit; derriere lui est un autre

religieux; à la plume lavé d'encre de la Chine et de gomme gutte, rehaussé de blanc; sur papier bistré. E. H. in 4to.

2. Dans le ciel ouvert dieu le pere couronne la sainte vierge. Au bas du dessein un saint pape et S. Laurent sont à genoux en priere. Dans le lointain est esquissé le martyre de S. Laurent. A la plume lavé de bistre. E. H. in 4to.

3. Un saint religieux ayant à son côté un loup, semble parler aux habitans d'une ville, qui passent devant lui. Dans le fond à gauche est une femme sur le seuil de la porte; et vers la droite dans le lointain on voit plusieures figures qui descendent un escalier. A la plume lavé de bistre. E. H. in 4to.

4. Deux généraux Romains assis; ils ont tous deux le bâton de commandement. Celui de la droite paroît faire des reproches à l'autre. Il y a beaucoup de force et d'expression dans les figures et de noblesse dans le dessein. Il est très fini à la sanguine. E. H. in fol.

5. L'enfant prodigue revenant chez son pere, devant lequel il est à genoux. Plusieurs figures dans le fond expriment leur étonnement, et font remarquer, qu'on tue le veau gras pour son retour. Ce dessein d'une fort belle composition est dessiné au simple contour, à la plume.

6. Un grand autel d'une belle architecture

ROMAINE.

et orné de figures, grouppes, tableaux et basreliefs. Derriere le tabernacle on voit un tableau représentant la pentecôte; plus haut est un autre tableau représentant Jesus Christ qui donne les clefs à S. Pierre. Ce dessein capital est de toute beauté par ses details, la pureté du dessein et sa riche composition. Il est à la plume lavé de bistre. E. H. très grand in folio.

ZUCCHERO (Frederic) frere et disciple de Taddé, naquit à San Agnolo in Vado en 1543, et mourut à Ancone en 1609.

1. Une gloire céleste, où l'on voit six anges à genoux en deux rangs, adorant le pere éternel; aux deux côtés du ceintre de ce dessein est assis une Sybille et un prophète. Belle ésquisse faite à la plume, légerement lavée de bistre. E. L. in 4to.

D'ANGELI (Philippe) dit le Napolitain, de Rome; murut vers 1604.

1. Ste Magdelaine à genoux devant un crucifix à l'entré d'une grotte; à la plume, lavé d'encre de la Chine. E. L. in 8vo.

SCARCELLINO (Hypolithe) naquit à Ferrare en 1571. et mourut dans la même ville, en 1620.

1. Un guerrier rendant graces à dieu de la

victoire qu'il vient de remporter. Il a le pied sur un ennemi tué. Derriere un grouppe de prisonniers, qui se prosternent. A côté de lui on voit quatre guerriers qui viennent se joindre à sa priere. A la plume, lavé de bistre. E. H. in 4to.

2. Un repos en Egypte; la S. Vierge est assise à terre, tenant l'enfant Jésus sur ses genoux; derriere S. Joseph lisant et plus loin l'âne broutant. Petit dessein à la sanguine. E. L. in 8vo.

BORGIANI (Horace) naquit à Rome en 1577 et mourut dans la même ville en 1615.

1. L'annonciation. Dessein gracieux fait avec beaucoup d'esprit et renfermé dans une forme ovale. A la plume lavé de bistre. E. H. in 4to.

FETTI (Dominique) de Mantoue; disciple de Louis Cardi. Il naquit à Rome en 1589. et mourut à Venise en 1624.

1. Jeune fille assise dans un paysage ayant l'air de méditer. Il y a beaucoup de grace et d'expression dans sa tête. Dessein à la plume, lavé d'encre de la Chine. E. L. in 4to.

ROMAINE

SACCHI (André) dit Andreuccio, éleve de l'Albane, naquit à Rome en 1599. et mourut dans la même ville en 1661.

1. Figure de St. Joseph ayant un genoux en terre, et tenant un bâton à la main gauche. Belle esquisse à l'huile en grisaille. E. H. in folio.

2. Etude d'une vierge assise au pied de la croix; elle a les jambes allongées et la tête tournée vers le ciel. Esquisse dans le même genre que la précédente. E. L. in folio.

3. Tête d'un moine; il est vu de trois quarts et dirigé vers la gauche; à la sanguine. Piece quarrée in 8vo.

4. Une Nymphe couchée à terre, et parlant à un homme assis devant elle, lequel fait signe de sa main droite vers le ciel. Un Amour tenant son arc à la main voltige dans l'air, et deux autres Amours sont à côté de la Nymphe et de l'homme. A la pierre noire sur papier gris.

5. Statue d'un jeune saint religieux de l'ordre des Minimes. Joli dessein à la sanguine, rehaussé de blanc sur papier jeaunâtre. E. H. in folio.

ROMANELLI (Jean François) éleve de Pietre de Cortone, naquit à Viterbe en 1617. et mourut à Rome en 1662.

1. Ce dessein capital représente la naissance

de la vierge. Elle est entre les mains des sages femmes; celle qui l'a sur ses genoux est assise à côté d'un grand bassin devant la cheminée. Une femme à sa gauche fait chauffer un linge pour emmailloter la nouvellement née; d'autres sont derriere. Sur le devant on voit une jeune fille à genoux avec une aiguierre. Dans le fond de la chambre sainte Anne au lit invoque, les mains jointes, dieu le pere, qui apparoît dans une gloire environnée d'anges. Ce superbe dessein d'une belle composition est à la plume, lavé avec soin au bistre, et rehaussé de blanc. E. H. in folio.

2. Autre dessein capital du plus grand mérite. C'est un roi sur son trône, qui se fait apporter le butin fait sur l'ennemi, pour le distribuer au peuple. Grande composition de vingt six figures, à la plume, lavée de bistre, et rehausée de blanc. E. L. très grand in folio.

CANINI (Jean Ange.) naquit à Rome en 1617. et mourut dans la même ville en 1666.

1. Figure académique d'un Narcisse couché par terre et se regardant dans l'eau. E. L. in folio.

2. Autre pour une Diane debout, qui tire de son arc. Superbe piece, E. H. in folio.

Ces deux morceaux sont dessinés à la pierre

noire, estompés et rehaussés de blanc sur papier bleu.

3. La renommée représentée sous la figure d'une jeune femme ailée qui sonne de la trompette; elle est assise auprès d'un écusson surmonté d'un chapeau de cardinal et erigé sur un mur entre des colonnes. Au bas de l'écusson on voit un fleuve couché à terre et appuyé sur une cuve. Dans le fond est la vue d'une ville derriere laquelle on voit le soleil qui se leve. Entre la ville et le devant est un vaste champ, sur lequel on apperçoit un cerf qui arrive en galop. Beau dessein au bistre. E. L. in fol.

BALDI (Lazare) naquit à Pistoja en 1624. et mourut à Rome en 1702.

1. L'enlevement des Sabines; basrelief composé de six figures principales; derriere un therme on voit encore deux figures et un cheval. Le bout de la droite de ce dessein y a été ajouté après-coup; à la plume, lavé de bistre et rehaussé de blanc, sur papier bistré, E. L. in 4to.

MARATTI (Charles) éleve d'André Sacchi, naquit à Camerano en 1625, et mourut à Rome en 1713.

1. Une nativité; grande et belle composi-

tion à la plume lavée à l'encre de la Chine. La sainte vierge est d'un côté de la crêche; et St. Joseph de l'autre. Un rayon de lumiere descend du ciel sur la crêche et quelques anges voltigent au dessus. Plusieurs bergers et bergeres portent des offrandes. E. H. in fol.

2. La résurrection du fils unique de la veuve de Naïm. Il est sur un brancard au bord de la tombe. Il s'éleve en présence d'une foule d'hommes. L'étonnement des uns, l'air effraié des autres, des expressions de joie et piété font connoître le génie du maître. Ce dessein est à la plume lavé d'encre de la Chine et réhaussé de blanc, sur papier gris. Il a été gravé par *Adam Bartsch*. in 4to.

3. Dessein à la plume, lavé à l'encre de la Chine. Il représente la Ste. vierge assise au milieu d'une gloire d'anges; à la gauche est saint Joseph et devant elle est l'enfant Jesus debout, qui se panche vers le petit St. Jean assis aux pieds de la vierge. Celle-ci met une bague au doigt d'un S. éveque qui s'approche d'ellet Plus bas un autre saint assis sur des nues invoque, les bras ouverts, la Ste. famille. Il est accompagné de trois anges, qui portent sa crosse, sa mitre et un grand livre ouvert. E. H. in fol.

4. Dessein d'un bel effet, sur papier bleu à la plume lavé d'encre de la Chine et rehaussé de blanc. Il représente un malade au lit, guéri par la bénédiction d'un St. Jésuite. Plu-

sieurs spectateurs admirent ce miracle. Un homme avec un flambeau placé à côté du malade éclaire le sujet. E. L. in fol.

5. Deux différentes études pour la jambe gauche de l'ange qui tient le manteau de Jesus Christ dans le tableau du baptême de N. S. qui est aux chartreux à Rome; à la sanguine, sur papier bleu. E. L. in fol.

6. Jesus Christ priant au jardin des olives. Dans le ciel plusieurs anges tiennent les instrumens de la passion. Dans le lointain on apperçoit Judas et les satellites, et plus près de Jesus Christ trois disciples endormis; à la pierre noire. E. H. in quarto.

7. Première idée légerement esquissée à la pierre noire, d'un baptême de Jesus Christ dans le Jourdain. Sur le devant à gauche on voit une femme assise à terre ayant un enfant auprès d'elle. E. H. in 4to.

8. Diverses études pour une femme à genoux; à la sanguine. E. L. in fol.

9. Etudes de figures pour une nativité. La principale est celle d'un berger à genoux, vu par les dos; à la mine de plomb. E. H. in 4to.

10. Premiere idée très griffonnée du martyre du saint André; il est à genoux devant sa croix; à la plume. E. H. in 4to.

11. Un repos en Egypte. La Ste. vierge avec l'enfant Jesus est sur le devant du dessein. St. Joseph à genoux paroît parler à l'enfant. Des anges leur apportent des fruits. Dans

le lointain six bergers sont auprès d'un feu. Ce dessein est à la plume, lavé d'encre de la Chine. E. H. in fol.

12. La présentation de J. C. au Temple. Siméon debout tient l'enfant sur une draperie, invoquant sur lui le tout puissant. La Ste. vierge à genoux tend les mains pour le recevoir. St. Joseph est derriere parlant à une femme qui apporte l'offrande de deux pigeons. De droite et de gauche sont divers spectateurs. Les quatre principales figures sont terminées à la plume, lavées à l'encre de la Chine. E. H. in 4to.

13. Une adoration des bergers. La sainte vierge y est représentée montrant l'enfant Jesus à un pasteur qui vient lui offrir une brebis. Derriere on voit six figures. Le fond représente une architecture avec des colonnes. Ce beau dessein est fait avec bien de goût à la plume, lavé d'encre de la Chine. E. H. in fol.

14. Le portrait de Corrége. Dessein capital fait à la pierre noire, rehaussé de blanc, sur papier bleu. E. H. in folio. Il a été gravé à l'eau-forte par *Adam Bartsch*.

15. Dessein d'une figure drappée, fait d'après le mannequin. C'est un jeune prêtre vu de profil, qui par sa mine et ses deux bras étendus exprime de l'étonnement. Cette figure est grassement dessinée et estompée à la sanguine sur papier gris, et rehaussée de blanc. E. H. in folio.

16. Beau dessein à la plume, lavé à la sanguine et rehaussé de blanc. Il représente un autel, sur lequel la sainte vierge est assise; elle tient l'enfant Jesus, et est entourée d'anges. Au pied de l'autel St. Charles Borromée et un autre saint invoquent la Ste. vierge. Entre eux deux on voit deux anges dont l'un tient une tablette sur la quelle on lit *humilitas*. C'est la premiere esquisse d'un tableau dans l'église neuve à Rome. Ce morceau ceintré par le haut, est en hauteur in folio.

17. Esquisse de l'enfant Jesus supposé couché dans la crèche; à la sanguine. in 8vo.

FERRI (Cyro) éleve de Pietre de Cortone, naquit à Rome en 1634 et mourut dans la même ville en 1689.

1. La création du premier homme. Dieu le pere porté en l'air par des anges ordonne à Adam de se lever. Celui-ci est a genoux, et tient les deux mains croisées sur sa poitrine. Le fond représente le paradis avec les différens animaux. Beau dessein légerement tracé à la mine de plomb. E. L. in fol.

2. Etude d'une figure de Ste. Catherine à genoux devant l'enfant Jesus supposé. Cette esquisse rendue avec peu de chose est savamment touchée à la sanguine sur papier gris. E. H. in 4to.

ECOLE

MELCHIORI ou Merchiori (Jean Paul) disciple de Carle Maratti, naquit à Rome en 1644.

1. Minerve assise; elle a le casque sur la tête et tient de la main gauche l'égide appuyé sur une espece de piedestal. Ce dessein est à la pierre noire, rehaussé de blanc, sur papier brun. E. H. in fol.

LOCATELLI (Pierre) éleve de Pietre de Cortone. Il florissoit en 1690.

1. Paysage où l'on voit sur le penchant d'une colline, une terrasse avec quatre arbres rangés en distance presqu'égale. Ce dessein est à la pierre noire, lavé d'encre de la Chine et rehaussé de blanc dans le ciel et dans le lointain; sur papier teint en gris. E. L. in fol.

GIMIGNANO (Louis) naquit à Rome et mourut dans la même ville en 1697.

1. Un Saint disant la messe devant un roi qui est à genoux sur un prie-dieu. Un page tient sa couronne. Dans le fond des soldats et autres assistans sont à genoux autour de l'autel. Dans le haut plusieurs anges sont en attitude d'adoration de l'hostie que le Saint éleve et qui est entouré d'une auréole frap-

pante. Ce superbe dessein est au pinceau, lavé de bistre sur papier brun, et rehaussé de blanc. E. H. in folio.

PASSARI ou Passeri (Joseph) disciple de Carle Maratti; naquit a Rome en 1654. et mourut en 1714.

1. La naissance de la sainte vierge. Ste. Anne est dans son lit, deux femmes lui donnent du secours. Sur le devant la Ste. vierge nouvellement née est entre les mains des sages femmes. Celle qui la tient auprès d'un grand bassin, prend un linge, qu'une autre lui présente. St. Joachim est derriere, levant les yeux au ciel. Ce dessein qui est composé de onze figures est joliment tracé à la sanguine et rehaussé de blanc. E. L. in 4to.

BENEFIALE (Marc) disciple de Bonav. Lamberti, naquit à Rome en 1684. et mourut en 1764.

1. Caïn meurtrier de son frere Abel; ils sont entre deux autels; auprès de celui d'Abel se voient encore deux victimes; à la pierre noire lavé d'encre de la chine. E. H. in 4to.

BIANCHI (Pierre) naquit à Rome en 1694 et mourut dans la même ville en 1739.

1. Un château sur le sommet d'une mon-

tagne d'où tombe une masse d'eau ; à la gauche est une autre montagne séparée de celle-ci par une cascade. Ce paysage est fait d'après nature, au bistre et rehaussé de blanc, sur papier jeaunâtre ; il n'est point terminé. E. L. in fol.

SAVORELLI (Sebastien) prêtre à Forli ; disciple de Charles Cignani ; flor. vers 1720.

1. La naissance de la Ste. Vierge. Ste. Anne est dans un lit ; des servantes lui apportent des médicamens, sur le devant vers la droite une sage femme assise auprès d'un grand bassin tient l'enfant sur ses genoux ; vers la gauche une femme reçoit les félicitations d'un homme dont les serviteurs qui le suivent sont tous chargés de provisions. Composition de seize figures ; à la plume ; légerement lavé de bistre. E. L. in folio.

GIANI, peintre moderne à Rome.

1. Une mere portant sa fille au culte de la déesse Diane. Elles sont l'une derriere l'autre à genoux devant un autel orné du buste de cette déesse. Derriere elles est un pere, qui instruit son fils dans le même culte ; à la plume, lavé de bistre. Belle piece de forme ovale, E. H. in folio.

2. Une jeune femme ornant les cheveux de

son amant d'une couronne de laurier; ils sont assis sur un butte de terre. Dans le fond on voit vers la gauche une autre jeune femme qui cueille des fleurs, et vers la droite est la statue de Priape. Ce dessein est le pendant du précédent et fait dans le même genre.

ÉCOLE FLORENTINE.

MASACCIO (Thomas) naquit en 1417 à St. Giovanni di Val d'Arno, territoire de Florence, et mourut en 1443.

1. Ce dessein précieux à cause de son ancienneté est tout à fait dans le genre Etrusque. Il représente trois hommes nus. A la gauche l'un deux est debout et joue du violon; à la droite un autre s'appuye contre un tronc d'arbre et tient sur son épaule une corne d'abondance. Le troisieme est au milieu à genoux et s'appuye de ses bras sur un vase; à la plume lavé légerement. E. H. in fol.

LIPPI (Philippe) naquit à Florence 1431 et mourut en 1488.

1. La sainte Vierge assise tenant l'enfant Jesus. Elle est vue aux trois quarts, ayant le corps tourné vers la gauche; sur papier bleu, à la plume, rehaussé de blanc. E. H. in 4to.

GIAMBERTI (Julien) dit Giuliano da San Gallo. Sculpteur de la maison de Me-

FLORENTINE.

dicis; naquit à Florence en 1443, et mourut en 1517.

1. Etude pour une Judith. Elle tient le sabre d'une main et leve de l'autre la tête d'Holoferne, qu'elle regarde d'un oeil de commisération. La servante, qui n'est qu'esquissée, tient un vase pour recevoir la tête. Ce dessein a été fait à la pierre noire, arrêté à la plume et lavé de bistre. E. H. in fol.

2. Un guerrier sortant de sa tente, appuyé sur un bouclier et lisant attentivement dans ses tablettes. On voit aussi plusieurs autres guerriers armés de pied en cap parler ensemble; à la plume, lavé de bistre et rehaussé de blanc. E. H. in folio.

Au revers sont plusieurs esquisses, entre autres celle d'une statue de Laocoon dans une niche.

VINCI (Leonard de) né au château de Vinci en 1445 et mort à Fontainebleau en 1520.

1. Deux chevaux tête à tête; dessein très arrêté à la plume. E. L. in 4to.

2. 3. Deux têtes d'un homme et d'une femme. Dans de formes ovales; à la sanguine. E. H. in 8vo.

4. Portrait de Jerôme Savanarole, dans un médaillon renfermé dans un cadre orné de

C

deux figures, et dessiné par Vasari qui possedoit ce dessein. La tête est pleine d'expression; à la plume lavé de bistre, ainsi que le cadre de Vasari. Ce précieux dessein a été gravé par le Comte de Caylus: il est de forme quarrée in 4to.

Au verso de ce dessein on voit cinq aigles qui se battent pour un canard, que l'un d'eux tient sous ses gryphes. A la plume bien terminé.

5. Un vieillard à mi-corps. Ce beau dessein bien arrêté est à la plume, lavé légerement d'encre de la Chine sur papier bleu. E. H. in 8vo.

6. Feuille très précieuse composée de huit desseins différens. On y voit une tête de femme d'une délicatesse de contour et d'une finesse d'expression superbes. Au bas de cette tête est la figure d'un petit S. Jean Baptiste, par *Raphael*, dessinée d'une plume légere et très spirituelle. Ces deux desseins sont colés dans un encadrement dessiné à la plume et au bistre par *George Vasari*, et orné de deux chevaux marins, de cariatydes, de guirlandes et de mascarons. Cet artiste y a ménagé six places pour autant de carricatures dessinées à la plume par *Leonardo da Vince*. On en voit à chaque côté deux de forme ovale vers le haut, deux de forme quarrée au milieu, et deux en rond au bas du cadre. E. H. in fol.

FLORENTINE.

7. Carricature d'une tête d'homme, dessinée à la plume et bien terminée. In 8vo.

BONAROTA (Michel Ange) naquit au château de Chiusi en Toscane en 1474, et mourut à Rome en 1564.

1. Etude de trois moines debout dirigés vers la gauche. Celui qui est sur le devant, est très fini, les autres ne sont qu'ébauchés. Au revers un autre moine à genoux, avec un bonnet sur la tête, et vu par derriere. Il est parfaitement terminé à la plume. Dessein précieux. E. H. in folio.

2. Etude de cinq hommes nus tous debout, dans différentes attitudes, fièrement dessinés d'une plume grasse. Au revers deux autres de proportion plus grande. In folio.

3. Etudes pour le jugement dernier, de l'ange sonnant de la trompette et de trois morts qui ressuscitent. A la plume sur papier bleuâtre. E. L. in folio.

4. Etude de neuf différentes figures d'hommes, dont un est assis à côté d'un vase qui occupe le milieu du dessein; fièrement fait à la plume d'un stile unique et particulier à ce grand maitre. Pièce de forme quarrée in folio.

5. Etude d'homme nu assis, faite d'après nature. On voit à gauche vers le bas les deux mains étudiées séparément. A la sanguine, très fini, excepté la tête et les jambes. Au

revers plusieurs études de deux mains jointes; à la sanguine. E. H. in folio.

6. Etudes de deux corps d'hommes, dont l'un est vu de face, l'autre de profil; et de deux têtes de chevaux; d'une plume fiere et grasse. E. H. in folio.

7. Etude très fini à la sanguine, d'une cuisse et d'une jambe. Plus bas, une tête vue de profil, le cou tendu, et une main qui tient des lunettes devant les yeux. Vers le haut de la gauche le croquis d'une tête de mort avec des oreilles d'âne et une chaine autour du cou, avec une couronne qui est pendue. E. H. in folio.

8. Etude de deux corps d'hommes, l'un vu de profil, avec une jambe et la moitié d'un bras, et l'autre de face avec un bras. Les têtes sont dessinées au crayon et se voient à peine. Le reste est à la plume. Au revers un homme lançant un dard, vû par le dos jusqu'à la ceinture; assez fini à la pierre noire. E. H. in 4to.

9. Etudes de plusieurs bras avec leurs proportions. A la plume. E. L. in folio.

10. Premiere idée d'une descente de croix. Ce n'est qu'en la regardant attentivement qu'à cause du grand nombre de traits, on distingue une correction de dessein et un effet d'expression digne de ce grand dessinateur. Le Christ est entre les mains de Nicodème et de Joseph d'Arimathée. L'un des deux le

soutient par le bras, et une femme de bout par la poitrine, tandis que deux autres femmes lui soutiennent la tête. De l'autre côté la Magdelaine est à genoux et le tient embrassé. La sainte Vierge évanouie et assise à terre a la tête appuyée contre la cuisse de la femme qui est debout vers la droite du dessein. A la sanguine. E. H. in folio.

11. Etude d'un homme nu debout, ayant les mains liées derriere le dos; dessiné à la plume avec beaucoup de délicatesse et de légereté. E. H. in 8vo.

ANDRÉ VANNUCCHI dit DEL SARTO, naquit à Florence en 1478, et mourut dans la même ville en 1530.

1. Grand dessein très fini à la pierre noire retouché à la plume et rehaussé de blanc. Il représente la parabole de notre seigneur sur les ouvriers employés à la vigne. Composition de cinq figures. E. L. in Folio.

2. La mort et les miracles du bien heureux Philippe Florentin, de l'ordre des Servites. Ce dessein capital est composé de quatorze figures; il est à la plume, lavé de bistre et rehaussé de blanc. E. H. in folio. Il en existe une bonne estampe gravée par *Jean Turpinus*.

3. Un homme et une femme en dévotion et à genoux sur un dégré. La femme a devant elle deux enfans, dont elle tient un de ses

deux mains. Joli dessein à la mine de plomb lavé de bistre, par un anonyme fort habile, vraisemblablement d'après André del Sarto. E. H. in fol.

4. Un jeune homme debout vu par le dos. Il tend le bras droit et fait signe de cette main vers quelque chose. Fort joli dessein aux deux crayons. E. H. in 8vo.

5. Une conversation de trois petits paysans. Esquisse à la sanguine. E. H. in 8vo.

PERUZZI (Balthazar) naquit à Sienne en 1481. et mourut à Rome en 1536.

1. Les dieux assemblés dans l'Olympe, pour y écouter les plaintes de Venus et de l'Amour au sujet de Psyché; dessein capital à la plume, lavé de bistre d'après une peinture de *Raphael*, qui est dans la galerie du palais Ghigi; il existe une estampe de ce sujet, gravée par *J. Caraglio*. E. L. très grand in folio.

BECCAFUMI (Dominique) dit Micarino, naquit à Sienne en 1484, et mourut dans la même ville en 1549.

1. Dessein à la plume composé de plusieurs figures qui regardent sur le rivage deux corps morts apportés probablement par les flots de la mer. Un de ces cadavres est sou-

tenu par un homme qui vient de le retirer de l'eau pour le poser sur une grande pierre quarrée. E. L. in 4to.

BANDINELLI (Baccio, c'est à dire Bartholomé) peintre et sculpteur, né à Florence en 1487, et mort dans la même ville en 1559.

1. Hercule enfant étouffant les serpents, que Junon avoit envoyés pour le tuer. Ce dessein arrêté à la plume est E. H. in fol.

2. Cinq têtes d'hommes, dont deux avec barbe et vues de face, les autres étant de profil; grassement dessinées à la plume. Au revers on voit quatre études d'hommes et une de femme, qui paroissent aller faire un sacrifice payen. Ce dessein est aussi fait d'une plume grasse et hardie. E. L. in folio.

3. Figure académique d'un homme debout vu de profil. Il a le bras droit derriere le dos et montre de la droite vers le bas devant lui; à la plume. E. H. in fol.

BUONACORSI (Pierre) dit Perin del Vaga; naquit en Toscane en 1500, et mourut à Rome en 1547.

1. Croquis confus fait à la plume, qui paroît représenter un sacrifice offert par des Vestales. Il est sur deux plans. En bas six

femmes sont toutes tournées vers la droite. En haut on en voit sept autres, dont l'une est assise sur une espèce d'autel. E. H. in fol.

2. La statue de la paix représentée par une femme foulant aux pieds les attributs de la guerre, dont elle éteint le flambeau. Elle porte dans la main droite une branche d'olivier. Ce dessein sur papier bleu est fait à la plume, lavé de bistre. E. H. in fol.

3. Galathé debout dans une conque attelée de deux chevaux marins, dont elle tient les rennes; dessiné et lavé au bistre sur un papier brun. Pièce quarrée in 4to.

4. Un enfant assis qui pleure, et auprès une femme à genoux accroupie tout à fait, comme pour baiser la terre; à la plume lavé de bistre et rehaussé de blanc, sur papier bistré. E. L. in 4to.

5. Le côté d'un autel, sur lequel un ange tient un chandelier. En avant la statue de S. Marc assis sur un piédestal. Beau dessein à la plume, lavé de bistre et rehaussé de blanc, sur papier bistré. E. H. in 4to.

6. Un évèque assis sur un nuage, très artistement dessiné à la plume et lavé de bistre sur papier brunâtre. E. L. in 4to.

7. Timoclée au trône d'Alexandre le grand, amenée garrotée par des soldats, après avoir poussé dans un puit un des capitaines de ce Roi, qui avoit voulu abuser de sa vertu. Le héros touché du courage de la prisonniere,

lui pardonne. Ce sujet composé de seize figures est richement dessiné à la plume, lavé d'encre de la Chine, et rehaussé de blanc, sur Papier bleu. E. H. in folio.

8. Une sainte vierge assise, ayant l'enfant Jesus sur ses genoux. Petit dessein à la plume, lavé au bistre, et rehaussé de blanc, sur papier bleu. E. H. in 8vo.

9. Romulus et Remus allaités par une louve. Au deux crayons. Ce dessein paroît être d'un graveur d'après *Perin del Vaga*. E. L. in folio.

10. Morceau de Corniche soutenue par deux Cariatides et decorée de divers ornemens Arabesques. Dessiné grandement à la plume, lavé de bistre. E. L. in folio.

CELLINI (Benevenuto) sculpteur peintre et graveur; naquit à Florence en 1500 et mourut dans la même ville en 1570.

1. Figure hiéroglyphique composée des signes du Zodiaque; dessein fort singulier fait à la plume légerement lavé au bistre E. H. in 4to.

SOLARIO (André) dit Gobbo, disciple de Leonard da Vince; florissoit à Milan vers 1530.

1. La Ste. vierge assise, tenant sur ses genoux l'enfant Jesus qu'elle embrasse avec tendresse; à la plume. E. H. in 4to.

ÉCOLE

ROSSI (François, de) di Cecchino del Salviati, naquit à Florence vers 1510 et mourut en 1563.

1. Statue d'une femme dans une niche. Elle tient de la main droite élevée une couronne de laurier, et de l'autre un long bâton. Dessein capital de la plus grande beauté fait à la plume lavé de bistre et rehaussé de blanc, sur papier bistré. E. H. in folio.

2. Autre statue d'une femme dans une niche tenant un globe sur la peaume de sa main droite. Ce dessein est fait comme le précédent et lui sert de pendant. E. H. in Folio.

3. Jesus Christ disputant au temple. Il est debout sur un gradin entre deux colonnes torses, et entouré d'une grande foule de peuple. Sur le devant les docteurs de la loi assis en cercle discutent les points avancés par le jeune Christ. Ce dessein d'un grand effet par sa riche composition et par les caracteres des figures, est à la sanguine, retouché à la plume et rehaussé de blanc, sur papier huilé. E. H. in folio.

4. Figure d'une femme nue. Elle verse une liqueur d'un vase dans un autre. Beau dessein fait à la pierre noire, et rehaussé de blanc, sur papier bleu. E. H. in folio.

BARBIERE (Dominique del) peintre de Florence, florissoit vers 1544.

1. Un ange debout, les ailes étendues son-

pant des deux trompettes. Jolie esquisse à la plume et au bistre. E. H. in 4to.

VASARI (George) naquit à Arezzo en Toscane en 1512 et mourut à Florence en 1574.

1. Un ange qui pince de la harpe. E. H. in 8vo.

2. Cinq anges à mi-corps dont trois chantent dans un livre, et deux dans un autre. E. L. in 8vo.

3. Trois Tritons dont l'un sonne de la trompe marine. E. H. in 8vo.

Ces trois desseins d'un joli fini sont à la plume, lavés de bistre et rehaussés de blanc, sur papier bistré.

4. Tableau d'église représentant le pere éternel assis dans le ciel et entouré d'anges. Au bas devant une espece de terrasse deux saints et deux saintes debout regardent en haut. Dans le coin de la gauche tout au bas on voit une figure à mi-corps, qui prie les mains jointes. Le tableau est enchassé dans une espece de boiserie, dans les deux compartimens de laquelle on voit deux figures de saints et à côté du ceintre à droite, le grouppe d'une femme et de deux enfans, et à gauche une femme seule. Ce tableau semble être d'un autre maître que Vasari, qui n'en paroît avoir fait que l'encadrement. Piece presque quarreé à la plume, lavée de bistre. in 4to.

5. Jacques second prévot de Paris blessé au siège de Ravennes près Ferrare le 25. Mai

1512. Il est représenté porté par deux hommes habillés dans le costume du tems. Le fond montre une ville bien bâtie. Le peuple s'empresse à l'entour de lui. Dessein capital très fini à la plume, lavé de bistre. E. H. in folio.

RONCALLI (Christofano) dit Pomerancio, naquit à Pomerancio dans la Toscane en 1552, et mourut à Rome en 1626.

1. Sainte Marguerithe assise à terre, et tenant des deux mains une ceinture, avec laquelle elle enchaîne le dragon; à côté est un homme à cheval avec une épée à la main. Le cheval marche par dessus le dragon. Ce dessein est d'une plume grasse, lavé d'encre de la Chine et rehaussé de blanc, sur papier bleu. E. H. in folio.

2. Grotte dans laquelle un saint est à genoux devant un crucifix, qu'il montre à plusieurs hommes qui viennent d'un air très empressé l'engager à quitter sa retraite. Hors de la grotte vers la gauche du dessein on apperçoit quelques têtes de soldats avec des piques. Ce dessein est à la sanguine, repassé d'un trait de plume gras et hardi, et surlavé d'un peu de bistre. Dans la forme de ceintre. E. L. in 4to.

BOSCOLI (André) de Florence; élève de Tito-Titi, naquit en 1553, et mourut en 1606.

1. Deux femmes debout dans des attitudes qui expriment une frayeur. Dessein fait avec

beaucoup de hardiesse et de légereté à la plume, lavé de bistre. E. H. in 4to.

TEMPESTA (Antoine) né à Florence en 1555 et mort en 1630.

1. Un saint à genoux exorcisant un possédé. Celui-ci a le corps renversé en arriere et est soutenu par deux hommes. Esquisse légere fait à la plume, lavé de bistre. E. H. in 4to.

2. Ce dessein fait comme le précédent, représente une procession de Religieuses portant dans une espece de coffre les reliques d'un éveque qui voltige dans les airs, soutenu par deux anges. Des spectateurs à genoux regardent passer cette procession. E. L. in 4to.

3. Six petits dessins joints ensemble. Trois représentent des combats entre deux cavaliers; un autre celui d'un cavalier et d'un homme à pied, et les deux derniers sont de trois figures; à la plume lavé de bistre avec esprit et légerté. E. L. in 8vo.

4. Un pape recevant un cardinal. Le saint pere est assis sur la chaire au dessous d'un baldaquin. Le clergé est assemblé tout au tour et le peuple est derriere les bancs. Ce beau dessein très terminé à la plume, lavé de bistre et rehaussé de blanc sur papier bistré, est collé dans un encadrement exécuté probablement en boiserie. On y voit à droite et à gauche deux Cariatides qui soutiennent la console

et en haut un écusson avec deux anges et deux femmes couchées sur les côtés d'une espece de fronton brisé. Des figures de mascarons et des guirlandes terminent le bas. Cet encadrement est à la plume, lavé de bistre, sur papier blanc. E. H. in folio.

5. Dessein très arrêté à la plume et au lavis, représentant une bataille d'anciens Romains. Le grouppe principal consiste en cinq cavaliers combattant avec la lance et l'épée, dont l'un est terrassé. On voit en outre un grand nombre de figures, toutes très bien caracterisées. E. L. in folio.

PASSIGNANO (Dominique) éleve de Fred. Zucchero, naquit à Florence en 1558 et mourut dans la même ville en 1638.

1. Une colonne d'artillerie et d'infanterie débouchant d'un chemin creux; de droite et de gauche on voit des patrouilles de cavallerie, dont la derniere est au galop pour attaquer; à la plume lavé au bistre. E. L. in 4to.

CARDI (Louis) dit Civoli ou Cigoli; naquit à Cigoli en Toscane en 1559, et mourut en 1613.

1. Agar abandonnée au désert. Elle est assise sur des grosses pierres et tourne la tête vers un ange qui descend du ciel pour la consoler. Le petit Ismael couché, dort la tête appuyée contre un paquet. Belle esquisse à

FLORENTINE.

la plume, lavée de bistre, rehaussé de blanc sur papier bistré. E. H, in 4to.

2. Jesus Christ faisant approcher les petits enfans. Il est représenté dans le moment, où il dit à ses disciples: *laissez en paix ces enfans, et ne les empêchez pas de venir à moi: car le royaume du ciel est pour ceux qui leur ressemblent*; à la plume, lavé de bistre. E. H. in 4to.

3. St. François recevant les stigmates. Au revers St. Antoine de Padoue ayant sur ses bras l'enfant Jesus; à la sanguine. E. H. in 4to.

4. Jesus Christ depouillé par les bourreaux, prêt a être attaché sur la croix. Au revers le même sujet avec quelques différences; à la plume lavé de bistre. E. H. in folio.

VANNI (François) naquit à Sienne en 1563, et mourut dans la même ville en 1609.

1. Un saint religieux porté par quatre hommes sur un brancard, sur lequel il est assis. Il donne sa bénédiction au peuple qui l'entoure, et dont une grande foule le suit. Ce dessein est de forme ovale sur papier jeaunâtre; il est à la plume, lavé de bistre et rehausé de blanc. E. H. in folio.

2. Superbe dessein d'un fort bel effet et touché avec beaucoup de goût et d'art. On y voit vers le haut la Ste. Vierge avec l'enfant Jesus dans une gloire d'anges; elle est invo-

quée par un S. religieux qui est à genoux au bas du dessein. Vers la droite un autre S. religieux du même ordre, les mains croisées sur la poitrine, est à genoux devant un crucifix; et au milieu sur le devant sont deux anges qui feuilletent dans un des livres qui sont couchés par terre à leurs pieds. Ce dessein est à la plume, lavé d'encre de la Chine, quelque peu rehaussé de blanc. Les carnations sont légerement lavées en rouge et la jupe de la vierge en bleu. E. H. in folio.

3. Ce petit dessein précieux représente un St. évêque les mains jointes, tenant sa crosse dans les bras. Il a à ses côtés d'une part le Christ couronné d'épines, les bras liés, tenant un roseau d'une main, et couvert de son manteau: et d'autre part la Ste. vierge tenant l'enfant Jésus. Ces trois figures sont représentées debout et vues de face; à la plume, lavé d'encre de la Chine et rehaussé de blanc, sur papier bleu. Piece de forme quarrée in 4to.

4. Etude de deux femmes qui marchent ensemble et dont une porte un enfant sur les bras. En demi-corps. Dessein fait avec beaucoup d'esprit et de précision à la sanguine E. H. in 8vo.

5. Quatre saints religieux à genoux devant la vierge, qui leur apparoît dans des nuages; à la sanguine et lavé en rouge. E. H. in 4to.

6. Quatre hommes marchant à grands pas et portant sur leurs épaules une espece de

coffre; un jeune homme, un flambeau à la main, marche à côté d'eux. Vers le haut voltige un ange, qui porte une banderole; belle pièce à la plume et à la mine de plomb, légerement lavée au bistre et rehaussée de blanc. E. H. in folio.

7. St. François Xavier à genoux sur les dégrés d'un autel; il est en méditation sur un crucifix, qu'il tient à la main. Au dessus voltige un ange, qui va lui mettre une couronne sur la tête. Fort beau dessein à la pierre noire, lavé de bistre. E. H. in 8vo. Il a été gravé par *Adam Bartsch*.

8. Une religieuse debout; elle marche un livre à la main. Dans le fond on voit une autre religieuse à genoux devant un autel dans une église. Superbe dessein fait aux deux crayons. E. H. in folio. Il a été pareillement gravé par *Adam Bartsch*.

9. La S. vierge à mi-corps. Elle est dans une attitude qui exprime sa tristesse. Plusieurs anges, qui lui montrent les instrumens de la passion, l'entourent; à la plume; lavé de bistre, sur papier bleuâtre. E. L. in 4to.

10. Statue d'une religieuse debout dans une niche; à la sanguine. E. H. in 4to.

11. François de Paule traversant la mer debout sur la voile d'un vaisseau. Joli dessein à la pierre noire et lavé d'encre de la Chine. E. H. in 4to.

VANNI (Raphael) de Sienne; élève de son père François Vanni.

1. Deux moines à genoux invoquant la Ste. Vierge qui leur apparroît dans des nues. Elle y est assise dans une gloire d'anges et ayant l'enfant Jesus sur ses genoux. Dans le fond on voit une ville. Beau dessein légerement esquissé à la plume, et lavé d'encre de la Chine E. H. in 4to.

SALIMBENE (Ventura) dit Bevilaqua, naquit à Sienne 1567 et mourut dans la même ville en 1613.

1. Un religieux et une religieuse de l'ordre de St. François à genoux aux pieds de la Ste. Vierge qui tient l'enfant Jesus sur ses genoux; à côté d'elle sont encore deux autres Saints. Croqué à la plume et lavé légerement. E. H. in 8vo.

2. Le pape sur son trône et plusieurs Cardinaux à l'entour, reçoit un général qui lui présente un bâton de commandement. Il est suivi de soldats, qui apportent les dépouilles de l'ennemi; à la plume lavé légerement au bistre. E. L. in 4to.

MELISSI (Augustin) Peintre de Florence, né en 1580, mort en 1650.

1. Etude d'une figure de femme en habits larges et vue par le dos. Ce dessein est fait avec esprit, à la sanguine. E. H. in 8vo.

FLORENTINE.

BERETINI (Pierre) dit Pietre de Cortone, naquit à Cortone en 1596 et mourut à Rome en 1669.

1. Jupiter et Leda. Elle est couchée, le cigne derriere elle s'approche pour la baiser. Quatre petits Amours, dont un se couvre la figure d'un masque, forment le reste du sujet, qui est croqué à la plume, et légerement lavé. E. L. in folio.

2. L'annonciation. La Vierge à genoux leve les yeux vers l'ange Gabriel qui descend du ciel sur des nues, à travers desquelles on distingue l'esprit de l'enfant Jesus ayant à chaque côté un petit ange. Dessein bien gracieux, fait à la sanguine. E. H. in folio.

3. La fille de Jephté venant audevant de son pere. Composition de huit figures; à la plume lavé d'une teinte rougeâtre. E. L. in 4to.

4. Les Juifs d'Asie se saisissant de S. Paul à Jerusalem. Belle esquisse de beaucoup de figures faite au bistre et rehaussée de blanc sur papier bistré. E. L. in folio.

5. Feuille d'étude, où l'on voit dix-huit têtes coeffées de casques et quatre casques seuls; à la plume lavé d'encre de la Chine. E. L. in folio.

6. Un S. Cardinal portant une croix, et marchant sous un dais qui est porté par quatre prêtres. Des deux côtés le peuple se prosterne à genoux. Esquisse très légerement

croquée à la pierre noire, et terminée en quelques endroits à la plume. E. H. in folio.

7. Etude d'un homme nu, un genou en terre, tenant de la main droite un bâton. Il semble exprimer une frayeur. Cette figure est faite pour un plafond, et est éclairée par en bas. Dessein à la sanguine rehaussé de blanc sur papier gris. E. L. in folio.

8. Le pere éternel improuvant à Adam et Eve le péché éternel. Légerement esquissé à la plume et au bistre. Au Verso de ce morceau est l'étude d'un homme un genou en terre, implorant le ciel les bras elevés. E. H. in 4to.

9. L'assomption de la Ste. vierge. Esquisse d'une superbe ordonnance griffonnée à la mine de plomb. E. H. in folio.

10. Croquis à la sanguine représentant un S. éveque assis, donnant la bénédiction. E. H. in 4to.

11. Etude et premiere pensée griffonnée à la pierre noire, qui représente le ciel ouvert. Sur les nues on voit nombre de Saints parmi lesquels on distingue huit figures principales, entre autres David pinçant de la harpe. Les autres tout à fait griffonnées sont plus difficiles à distinguer. Ce grand dessein est d'une belle composition, avec de beaux caracteres de têtes. E. L. très grand in folio.

BELLA (Etienne della) naquit à Florence en 1610, travailla long tems à Paris et à Florence et mourut en 1664.

1. Saint Alexis couché sur la paille. Il a les yeux tournés vers le ciel, d'où un ange lui apporte une palme et une couronne de fleurs. Dans le fond est le jardin d'un palais auprès de l'escalier duquel le Saint est couché. Ce dessein précieux est fait à la sanguine et retouché à la plume. E. H. in folio.

2. Un page marchant vers la droite. Joli dessein aux deux crayons. E. H. in folio.

3. Petite feuille d'étude, où l'on voit la figure d'un Turc supposé arrêtant un cheval, et cinq têtes de cheveaux en différentes tournures. Ce morceau, s'il n'est pas de la main de *la Belle*, est au moins très dans sa maniere; il est fait d'une plume très spirituelle, in 8vo.

TESTA (Pietre) naquit à Lucques en 1611; et se noja dans le Tibre en 1649.

1. Pièce allégorique sur la peinture; grande composition de beaucoup de figures où l'on voit tant d'idées incohérentes, qu'il n'y a pas moyen de deviner le but de l'artiste. C'est dans ce morceau, comme en général dans toutes les compositions de ce maître, que l'on apperçoit un genre d'inspiration, qui fait croire

que l'imagination de cet artiste a été quelquefois égarée. Ce dessein en largeur grand in folio est fait à la plume lavé au bistre et rehaussé de blanc.

2. Une femme assise à terre, ayant un enfant entre les bras; à côté d'elle une autre femme à genoux en priere. Derriere ces deux figures est une jeune dame à genoux, qui prie les bras ouverts; une vieille femme voilée, qui est debout près d'elle, lui montre l'objet de l'adoration. Belle esquisse légèrement tracée à la pierre noire, sur papier bleu, E. L. in folio.

3. Etude de deux troncs d'arbres; à la plume. Piece de forme quarrée, in 4to.

DOLCE (Carle) né à Florence en 1616 et mort dans la même ville en 1686.

1. La S. Vierge à mi-corps donnant le sein à l'enfant Jesus; dans une forme ovale. Ce dessein capital est fait avec toute la délicatesse, la grace et le précieux ordinaires à ce peintre. Les carnations sont estompées aux deux crayons, la chevelure de l'enfant est teinte de jeaune, le manteau de la vierge en bleu, et son habit en couleur de rose. Le tout ensemble paroît être fait au pastel. E. H. in 4to.

MORANDI (Jean Marie) naquit à Florence en 1622 et mourut en 1717.

1. Jésus Christ rendant la vue aux deux aveugles, qu'il rencontra en sortant de Jéricho; à mi-corps; légerement esquissé à la pierre noire, lavé de bistre. E. L. in 8vo.

2. Un portement de croix. Composition de beaucoup de figures. Esquisse légerement faite à la plume lavé d'encre de la Chine. E. H. in 4.

GABBIANI (Antoine Dominique) naquit à Florence en 1652 et mourut en 1726.

1. Dessein pour un panneau, qui représente S. François assis sur une motte de terre et considérant un crucifix, qu'il tient de ses deux mains; à la plume, lavé d'encre de la Chine. E. H. in 4to.

PETRUZZI (François) de Florence; disciple de Balthasar Franceschini; naquit en 1660 et mourut en 1719.

1. Le baptême de notre Seigneur dans le Jourdain; d'après Paul Veronese.

2. La Sainte Vierge et l'enfant Jesus sur des nuages et au dessous S. Onuphre, S. Laurent, S. Roch et S. Sebastien. Sur le devant du tableau S. Jean Bapt. et Ste. Magdelaine à genoux.

3. Notre Seigneur assis sur des nuages, les bras en croix; à côté de lui sont S. Pierre et S. Jean l'evangeliste. Il est invoqué par qua-

tre Saints, qui lui présentent un Cardinal; d'après *Louis Carrache*.

4. La Ste. Vierge avec l'enfant Jesus assis sur un autel; à sa droite deux anges dont un joue de la guittarre. Au bas St. Jean Baptiste et un saint évêque; et tout à fait au bas un religieux et une religieuse, vus à mi-corps; d'après *P. Veronese*.

5. La Sainte Vierge sur un piedestal, sur lequel deux anges la soutiennent par en bas. Elle porte sur le bras droit l'enfant Jesus et tient un livre de la main gauche. S. François d'Assise tenant une petite croix et St. Jean l'Evangeliste ayant un livre entre les mains, sont à la droite et à la gauche de la Vierge; d'après *André del Sarto*.

6. La descente de Croix de N. S.; composition de dix figures; deux hommes sur des échelles descendent le corps de notre Seigneur; d'après *Louis Cigoli*.

7. La Ste. Vierge assise sur des nuées, et environnée d'anges. On voit dans la partie inférieure du tableau, S. Blaise, S. Magdélaine et S. Marguerithe. Superbe dessein d'après un tableau de *C. Cagliari*.

Ces sept desseins en hauteur in folio sont d'après des tableaux qui se trouvent dans les églises de Florence. Ils sont parfaitement finis au bistré et rehaussés de blanc, sur papier bistré, et sont les mêmes d'après lesquels *Ant. Lorenzini* a exécuté ses estampes.

LUTI (Benoit) naquit à Florence en 1666 et mourut à Rome en 1724.

1. Jesus Christ entouré d'anges apparoissant à S. Barbe à genoux. Beau dessein fait à la plume, lavé d'encre de la Chine, et rehaussé de blanc, sur papier bleu. E. H. in fol.

2. La mort de Caton d'Utique. Esquisse fort légere à la plume, lavé d'encre de la Chine. E. L. in 4to.

3. S. Catherine de Sienne prenant la communion; premiere idée à la pierre noire, sur papier gris. E. H. in fol.

4. Jesus Christ chez Marthe et Marie, dans le moment où il dit: *Marthe a pris la meilleure part etc.* Esquisse à la sanguine sur papier jeaunâtre. E. H. in folio.

5. Tête de jeune fille couchée, les yeux entr'ouverts. Peint au pastel sur papier teint en gris. E. L. in folio.

6. La Vierge à mi-corps, donnant le sein à l'enfant Jesus. Superbe piece ébauchée au pastel. In 4to.

7. Tête de jeune fille, qui paroît être effrayée. Esquisse faite au pastel sur papier bleu. In 4to.

GALEOTTI (Sebastien) naquit à Florence en 1676, et mourut à Gênes agé de plus de 70 ans.

1. Piece allégorique représentant la récep-

tion d'un saint pape dans le ciel. Il est à genoux sur des nues; ses bras tendus et sa tête élevée marquent son desir d'entrer dans le royaume des cieux. Deux matrones lui tiennent une couronne sur la tête. Vers le haut une troisieme écrit dans le livre des destins. Au bas du tableau voltige un ange sonnant de la trompette; à la plume, lavé de bistre. E. H. in fol.

SERVANDONI (Jean Nicolas) naquit à Florence en 1695 et mourut à Paris en 1766.

1. Grand dessein allégorique. Sur le devant à gauche on voit un sculpteur dégrossir une Statue. L'envie, qui est cachée derriere, ne le perd pas de vue. A côté des Génies emportent un trophée d'armes. Au milieu Apollon montre du doigt le temple de mémoire à un jeune artiste, qui lui présente un médaillon; il lui est amené par le tems et par Minerve. Dans le lointain s'apperçoit Pégase au sommet de l'Hélicon à la source duquel plusieurs personnes puisent. Ce dessein à la plume, lavé de bistre est d'un très-grand effet. E. L. très grand in fol.

MILANI (Joseph) de Pise, florissoit en 1750.

1. Une religieuse debout; elle montre de

la main gauche un chapelet, qu'elle tient de la droite; à la sanguine. E. H. in fol.

2. Feuille d'esquisse, pour le Seigneur, qui s'entretient avec la Samaritaine auprès du puits; à la plume. Piece de forme quarrée in 4to.

3. Une sainte religieuse à genoux invoquant Jesus Marie et Joseph, qui lui apparoissent portés sur des nuages. Esquisse légere à la sanguine et corrigée à la plume. E. H. in fol.

4. Le pere éternel dans une gloire d'anges. Esquisse faite avec beaucoup d'esprit, à la plume, lavée de bistre. E. H. in fol.

5. Une femme, un voile sur la tête, assise sur une chaise et dormant; légerement esquissé à la plume. E. H. in 8vo.

BARTOLOZZI (François) natif de Florence, demeurant à Londres depuis l'an 1765.

1. La fille de Pharaon faisant retirer du Nil le petit Moïse couché dans un panier. Superbe dessein très arrêté à la sanguine d'après *Amiconi*; il en existe une estampe gravée par *J. Volpato*. E. L. in fol.

ÉCOLE VENITIENNE.

SQUARZIONE (François) naquit à Padoue en 1394 et mourut dans la même ville en 1474.

1. Un homme armé de toutes pieces, assis sur un banc devant une table sur laquelle il a le coude appuyé, et la tête sur la main. Il est vu par le dos. Ce dessein très fini est à la plume, lavé et rehaussé de blanc, sur un papier rougeâtre. E. H. in 4to.

VECELLI (Titien) naquit à Cadore dans le Frioul en 1477, et mourut à Venise en 1576.

1. Vue d'un bourg, avec plusieurs moulins sur une petite riviere. Dans le lointain une montagne escarpée. A la plume. E. L. in 4to.

2. St. Jerôme à genoux, les mains jointes, devant un crucifix. Dans le lointain on voit son lion; à la plume, sur papier bleu. Piece de forme quarrée in 4to.

3. Paysage montagneux; dans le fond un village dans les gorges des montagnes; vers le milieu deux figures sur un pont; et sur le

devant un jeune homme couché; à la plume. E. L. in fol.

4. Paysage à la plume, lavé de bistre, où l'on voit vers le milieu une cascade, qui coule entre deux petits rochers ornés d'arbres. E. L. in fol.

5. La S. Vierge assise sur un autel, ayant l'enfant Jesus sur ses genoux. Au bas vers la gauche on voit un S. Evangéliste, et vers la droite plusieurs religieux, qui adorent l'enfant Jesus. Croquis à la sanguine. E. H. in fol.

CARPACCIO (Victor) de Venise, fleurit 1495.

1. Un très ancien morceau soigneusement dessiné à la plume, d'un grand fini. On y voit au milieu le diable monté sur un taureau un trident à la main. Il s'approche d'un bâtiment, à la porte duquel sont plusieurs hommes nus qui s'empressent d'y entrer. Un d'eux allant au devant du diable semble par ses gestes vouloir l'exorciser. Vers la droite sur une montagne sont sept autres hommes nus, dont les uns couchés à terre dorment, les autres s'éveillent et se levent. Le fond est un paysage montagneux d'une vaste étendue orné d'arbres et de fabriques. E. L. in fol.

ÉCOLE

DEL PIOMBO (Sebastien) élève de Michel Ange, naquit à Venise en 1484 et mourut à Rome en 1547.

1. L'assomption de la Vierge. Dessein d'un effet très piquant; à la pierre noire sur un papier rougeâtre. E. H. in 4to.

LAURETI (Thomas) dit Siciliano; disciple de Sebastien del Piombo; flor. 1580.

1. Projet de fontaine surmontée d'un homme ailé, qui donne de l'eau par une conque marine qu'il tient à la bouche.

*2. Autre projet de fontaine; on y voit Neptune avec son trident placé sur la hauteur d'une colonne.

3. Autre avec un changement pour le haut. L'un est la Nature donnant de l'eau de ses mamelles, et l'autre est Hercule combattant le Cerbère.

4. Autre; on y voit vers le haut Hercule embrassant une colonne.

Ces quatre desseins faits à la plume et lavés de bistre, sont d'une grandeur égale. E. H. in fol.

VÉNITIENNE.

NANI (Jean) da Udine, élève de Raphael, né à Udine dans le Frioul en 1494, et mort à Rome en 1564.

1. Cinq bouquets de fruits et de fleurs peints à gouache sur papier gris, pour servir aux ornemens des loges de Raphael. Pièce belle et précieuse. E. H. in fol.

PONTE (Jacques da) dit le Bassan, né à Bassano dans l'état de Venise en 1500, et mort dans le même lieu en 1592.

1. Portrait d'une femme presque de face, esquissé à l'huile sur papier gris. Dessous on lit : *Ritratto della madre di Messer Galeazzo Pilatti, che fù ritrovato nelle eredità di Galeazzo e Annibale fratelli e figli di detta Madre.* E. H. in fol.

ROBUSTI (Jacques) dit le Tintoret, naquit à Venise en 1512 et mourut dans la même ville en 1594.

1. L'invention de la sainte croix par S. Hélène. Trois hommes sont occupés à sortir la vraie croix de la terre. Un ouvrier dans un trou, monté sur une échelle, pousse la croix. S. Hélène, suivie de ses femmes, est à genoux. Un paysage forme le fond. Ce dessein capital est à la plume, lavé d'encre de la Chine

et rehaussé de blanc. C'est un des desseins les plus piquants et des plus achevés de ce maître. E. L. in fol.

2. Premiere idée d'un masacre des innocens. Très petit dessein joliment composé. Le fond est de l'architecture; à la sanguine, retouché à la plume, avec un peu de lavis. Au revers on voit des études d'une autre main. Piece de forme presque quarrée in 8vo.

3. Etude de trois femmes. Une d'elles à genoux s'évanouit, et est secourue par une autre. A la plume lavé de bistre. E. H. in 4to.

4. La mort de Virginie. Le decemvir Appius Claudius est assis sur son trône entouré de gardes. Le corps de Virginie est etendu mort par terre. Sur le devant on voit L. Virginius, qui tient encore le poignard à la main. C'est une premiere idée faite à l'huile d'une couleur brune sur papier blanc. E. H. in 4to.

5. Jesus Christ au jardin des olives, soutenu par un ange. On voit dans le ciel le calice d'amertume. Ce dessein est à la plume, lavé de bistre. E. H. in fol.

6. Etude pour un des bourreaux du crucifiement, qui est connu par la belle estampe gravée par *Augustin Carrache*. Joli morceau à la plume et au bistre. E. H. in 4to.

ROBUSTI (Jaques) dit le Tintoret, naquit à Venise et se jetta par la fenêtre en 1594.

1. L'assomption de la sainte Vierge, sa tombe occupe le milieu du dessein, et est entourée de onze figures en attitude d'admiration. La vierge est portée en l'air par nombre d'anges dont un est encore à moitié dans le tombeau. Ce dessein sur papier bleu est d'une plume grasse et savante, lavé d'encre de la Chine. E. L. in Folio.

2. Le jugement universel; composition de près de cent figures, supérieurement bien dessinée à la plume, lavée et rehaussée de blanc sur papier bistré. Ce dessein capital et des plus beaux de cette collection en est aussi le plus grand, car il a une hauteur de 3 pieds 8 pouces sur une largeur d'un pied 4 pouces.

BORDONE (Paris) né à Trevise en 1520 et mort à Venise en 1585.

1. Un noble Venitien et son épouse à genoux l'un vis-à-vis de l'autre invoquant quelque Sainte supposée transportée au ciel par des anges. On n'en voit que les pieds qui sortent des nues. Les deux devots sont entourés de quatre Saints. Ce beau dessein est fait d'une plume grasse et spirituelle, légerement lavé au bistre. E. H. in folio.

ECOLE

SCHIAVONE (André) naquit à Sebenigo en Dalmatie en 1522, et mourut à Venise en 1582.

1. Rebecca et Eliezer. Elle est debout auprès d'une fontaine et présente à Eliezer une grande cruche d'eau. Vers la gauche dans le fond on voit les gens d'Eliezer occupés à décharger leurs chamaux; à la plume lavé légerement au bistre. E. L. in folio.

FARINATI (Paul) dit degli Uberti, né à Verone en 1522 et mort dans la même Ville en 1606.

1. Le baptême de notre Seigneur; il occupe avec St. Jean le milieu du dessein. Vers le haut le pere éternel paroît dans des nuages et le saint Esprit est plus bas. Le fond est un paysage montagneux. On voit plusieurs changemens faits aux jambes des deux figures principales. Ce dessein capital est à la plume, lavé de bistre et rehaussé de blanc. E. H. in folio.

2. Autre dessein capital fait à la plume légerement lavé de bleu d'Inde et rehaussé de blanc, sur papier bleu. On y voit la Ste. Vierge assise sur une espece d'estrade, et ayant l'enfant Jesus sur ses genoux. Deux anges assis sur les branches d'un arbre, au pied duquel la vierge est placée, sont occupés à cueillir des fruits pour les apporter au petit Jesus. Au bas de l'estrade à droite est St. François

d'Assis debout une croix à la main; et à gauche sur un des dégrés de l'estrade un St. éveque est assis. Tout au bas de ce même côté un homme dont on ne voit que la tête et les deux mains, prie la vierge avec beaucoup de ferveur. — Au revers on voit une premiere idée de ce même sujet traité différemment. E. H. in folio.

3. Un vieillard donnant la bénédiction nuptiale à deux jeunes personnes entre lesquelles il est placé. Derriere aux deux côtés on voit les temoins. Fort beau dessein dans le goût d'un basrelief, fait à la plume, lavé de bistre et rehaussé de blanc, sur papier bleu. E. L. in folio.

4. Etudes de deux Sybilles supposées assises sur les ceintres d'une voute. L'une est vue de face, l'autre par le dos. Ces deux figures sont fort bien dessinées à la plume, lavées de bistre et rehaussées de blanc sur papier bistré. E. H. in 4to.

ZELOTTI (Jean Baptiste) naquit à Verone en 1530, et mourut en 1590.

1. Corniche orné de deux femmes assises à terre, dont l'une est accompagnée d'un enfant; elles servent de support à un petit tableau fait en basrelief. Dans l'avant corps, à la gauche on voit le buste d'un homme en médaillon; et dans l'autre à la droite un guer-

rier debout, armé d'une lance et d'un bouclier; à la plume, lavé de bistre. E. L. in folio.

2. Deux Cariatides assises dos à dos. Elles ont le sein et les bras nus et semblent soutenir quelques entablemens; à la plume, lavé légerement d'encre de la Chine, et rehaussé de blanc, sur papier bleu. E. H. in 4to.

CALIARI (Paul dit Veronese), né à Verone en 1532, et mort à Venise en 1588.

1. Etude de la vierge à genoux en priere au moment que l'ange vient lui annoncer le mystere de l'incarnation. Ce beau dessein est très fini à la plume. E. H. in 4to. Il a été gravé par *A. Bartsch.*

2. Le martyre d'un saint. Il est à genoux et tend les bras, pour invoquer la Ste. vierge, que l'on voit vers le haut dans le ciel. Plusieurs bourreaux l'entourent et le maltraitent à coups de pierre et de massue. Dessein d'un contour fort spirituel fait à la plume, lavé légerement au bistre. E. H. in folio.

3. L'enlevement d'Europe; esquisse fort légere à la sanguine, sur un papier gris. E. L. in fol.

4. Deux grands anges voltigeant en l'air; ils se tiennent joints d'une main, et portent de l'autre une Ste. hostie. Esquisse à la sanguine, sur papier brouillard. E. L. in 4to.

PALMA (Jacques) dit le vieux, né à Seri-
nato près de Bergame en 1540, et mort
à Venise en 1588.

1. La Vierge et S. Joseph adorant l'enfant
Jesus couché à terre devant eux; la vierge
est à genoux, et Joseph est assis au pied d'un
arbre; légerement esquissé au pinceau et au
bistre. E. H. in 4to.

PALMA (Jacques) dit le jeune, parent du
vieux, né à Venise en 1544, et mort
dans la même ville en 1628.

1. La S. Vierge en priere auprès de la
crêche. Dans le fond est S. Joseph qui dort.
Quatre anges voltigent dans le haut du dessein. Joli morceau à la plume, lavé de bistre.
E. H. in folio.

2. La Ste. Vierge ayant l'enfant Jesus sur
ses genoux; elle est au milieu de trois Saints
et d'une sainte reine, qui montre à Jesus la
croix. Les figures sont à mi-corps; à la plume,
lavé de bistre, et rehaussé de blanc, sur papier brunâtre. De forme quarrée in 4to. Au revers, deux esquisses pour une adoration.

3. L'assomption de la Vierge; premiere
idée griffonnée à la plume. E. H. in 8vo.

4. La Cêne. E. L. in 4to.

5. La décolation de S. Jean Baptiste. Sur
le devant un S. évêque, et de l'autre côté
un S. religieux. E. H. in 8vo.

ÉCOLE.

6. S. Jean dans l'isle de Pathmos. E. H. in 8vo.

7. Trois Saints intercédant la Ste. Vierge, qui leur apparoît dans le ciel. E. H. in 8vo.

8. S. Laurent, S. Augustin et une Sainte debout sous une arcade. E. H. in 8vo.

9. La résurrection. En hauteur in 4to.

10. Le même sujet, traité différemment, sur la même feuille l'étude d'un des gardes qui s'enfuit. E. H. in 4to.

11. Les Saintes femmes pleurant le corps de Jesus Christ. E. H. in 8vo.

12. Feuille d'étude contenant environ vingt différentes figures drapées. Au revers d'autres études, parmi lesquelles se distingue une Cêne. E. L. in 4to.

13. Jesus Christ arrêté dans le jardin. Jolie composition de plus de douze figures. E. L. in 4to.

14. Feuille d'étude, où l'on voit entr' autres une St. Vierge, S. Laurent et S. Jacques. De forme quarrée in 4to.

15. Un homme renversé. De forme quarrée in 8vo.

Toutes ces jolies esquisses sont faites à la plume, lavées de bistre et rehaussées de blanc, sur papier jeaunâtre.

FRANCO (Jean Bapt.) dit Semoleo, florissoit vers le milieu du XVI. Siecle et mourut en 1561.

1. Un soldat aveugle conduit par deux autres militaires à un saint homme qui le guérit. Plusieurs figures en diverses attitudes sont à l'entour. Dans le fond on voit un palais, sur l'escalier duquel plusieurs personnes montent et descendent. Ce dessein est à la plume, lavé légerement. E. H. in folio.

2. Les murs de Jéricho tombant devant l'arche. Des soldats couverts de leurs boucliers se préparent à donner l'assaut. Ce superbe dessein légerement esquissé à la plume est d'après un tableau de *Raphael*. E. L. in fol.

ROTA (Martin) natif de Sebenigo en Dalmatie, florissoit vers 1570.

1. La résurrection générale. Belle et riche composition. Vers le milieu est un homme debout couvert d'une draperie volante; il a les bras ouverts, sa tête chauve ornée d'une longue barbe est tournée vers les cieux ouverts. Les nues sont agitées par des vents, qui soufflent sur la terre; nombre de figures, qui sortent de la terre, sont grouppées différemment. Ce petit dessein précieux par son fini et son expression est à la plume, lavé de bistre et rehaussé de blanc, sur papier bistré. E. H. in 4to.

2. Sujet semblable composé de beaucoup de figures en différentes attitudes. Derriere une grande touffe d'arbres on voit un homme qui s'avance vers un rayon, qui part du ciel ouvert. Ce dessein d'une composition neuve est fait à la plume, sur papier gris, ombré à l'encre de la Chine et rehaussé de blanc. Il est d'un effet très piquant. E. H. in folio.

3. Jupiter foudroyant les Titans. Esquisse à la sanguine, repassée à la plume, sur papier brun. E. L. in 4to.

4. Feuille d'étude, où l'on voit onze figures d'hommes debout en différentes attitudes, qui causent ensemble. Quelques unes sont nues, les autres couvertes de larges draperies; à la plume, lavé d'encre de la Chine. E. H. in 8vo.

RICCI (Felix) dit Brusasorci, naquit à Verone en 1540 et mourut en 1605.

1. La Vierge assise dans une gloire d'anges, et tenant l'enfant Jesus, qui est debout auprès d'elle. Superbe dessein fait avec beaucoup de grace aux deux crayons et rehaussé de blanc. Sur papier bleu. E. H. in 4to.

2. La Vierge assise tenant l'enfant Jesus debout sur ses genoux. Celui-ci tient un bouquet de roses à la main, et la Vierge un chapelet. Deux anges en l'air chargés de chapelets et tenant chacun une couronne ro-

yale en tiennent une de ces dernieres ainsi qu'une couronne de fleurs audessus de la tête de la Vierge; à la sanguine. E. H. in 4to.

LIGOZIO (Jacques) né à Verone en 1543 et mort à Florence en 1627.

1. Jesus Christ porté au tombeau; composition de dix figures. Ce beau dessein est fait à la plume, lavé d'encre de la Chine et rehaussé de blanc, sur papier bistré. Il est de forme ovale, E. H. in folio.

MALOMBRA (Pierre) naquit à Venise en 1556 et mourut dans la même ville en 1610.

1. Le sacrifice d'Abraham ; à la plume, lavé de bistre. E. H. in 4to.

CORONA (Leonard) naquit à Murani en 1561, et mourut en 1605.

1. Ce dessein à la plume, lavé légerement, représente un page dans un costume Espagnol; il est debout, vu de profil, et porte un flambeau allumé sur son épaule. E. H. in fol.

VAROTARI (Alexandre) naquit à Padoue en 1590, et mourut en 1650.

1. Pharaon et son armée engloutis dans la mer rouge. On le voit lui même sur son char à la merci des flots, ainsi que nombre de

soldats, les uns à la nage, les autres encore à cheval. Grand dessein sur papier bleu, à la plume, lavé de bistre et rehaussé de blanc. E. L. in folio.

TURCHI (Alexandre) dit Véronèse, ou l'Orbetto, naquit à Verone en 1600, et mourut à Rome en 1670.

1. Le camp d'Holopherne surpris. Dans la tente du devant on voit Judith mettant la tête du général dans un sac; à la plume, lavé légerement de différentes couleurs; en forme de frise. E. L. in 4to.

LIBERI (Pierre) naquit à Padoue en 1600 et mourut à Venise en 1677.

1. Le massacre des innocens, d'une ordonnance belle et bien grouppée, dans la maniere du *Tintoret*. On y compte vingt une figures principales, légerement esquissées à la pierre noire, terminées et lavées à l'encre de la Chine, et rehaussées de blanc, d'un grand effet, sur papier bleu. E. L. in folio.

MAFFEI (Francois) de Vicence; mort à Padoue en 1660.

1. Une jeune femme assise donnant le sein à son enfant; à côté d'elle est un autre enfant assis par terre, qui boit dans une coupe;

légèrement esquissé à la plume, lavé de bistre. E. H. in 4to.

CARPIONI (Jules) éleve d'Alexandre Varotari; naquit à Venise en 1611, et mourut dans la même ville en 1674.

1. Le mariage de sainte Catherine, superbe piece hardiment dessinée à la sanguine et rehaussée de blanc au pinceau, d'une touche fort determinée; sur papier bleu. E. H. in fol.

2. La circoncision; composition de plus de douze figures dessinées avec beaucoup de goût; à la sanguine, rehaussé de blanc sur papier jeaunâtre. E. H. in fol.

DIAMANTINI (Jean ou Joseph) de Romagna; il s'étoit établi à Venise et vivoit vers la fin du XVII. Siecle.

1. Mercure endormant Argus; croqué légerement et avec bien de l'esprit. E. H. in 4to.

TREVISANI (François) naquit à Capo d'Istria près de Triest en 1656 et mourut à Rome en 1746.

1. L'ivresse de Noé. Il est représenté couché sous une tente. Cham debout à la gauche du dessein le montre, et ses freres Sem et Japhet le couvrent en détournant les yeux,

ce dessein en forme de plafond est à la sanguine, retouché à la plume et lavé de bistre. E. L. in 4to.

RICCI (Sebastien) né à Bellino en 1659 et mort à Venise en 1734.

1. Ce dessein à la pierre noire, rélevé de quelque peu de blanc représente, dans un angle ceintré du haut, un S. évêque assis sur des nues. Un ange soutient son chapeau de cardinal, et un autre plus bas montre un grand livre. Sur papier gris. E. H. in 4to.

2. Dessein d'un tableau d'Autel, où l'enfant Jesus debout caressant S. Jean Baptiste est appuyé sur les genoux de la S. Vierge, qui est assise dans une niche, sur un piedestal, au pied duquel est *S.* Catherine et S. Jean L'évangéliste. Ce dessein d'après *Louis Carrache* est fait dans la même manière que le précédent, excepté les chairs, qui sont estompées d'un peu de sanguine. E. H. in fol.

3. L'ange ordonnant à Tobie de prendre le poisson. Tobie est représenté dans le moment où tout effrayé il retire ses pieds du fleuve du Tigre, d'où sort le poisson pour le dévorer; à la plume lavé d'encre de la Chine.

4. Deissein allégorique sur la liberté d'une république; à la plume et au bistre. E. H. in fol.

BELLUCCI (Antoine) de Venise; naquit en 1654, et mourut à Soligo dans le Trevisois en 1726.

1. Des anges délivrant quelques ames du purgatoire; vers le haut de la piece est la St. Trinité dans une gloire céleste. Esquisse fort légere faite à la plume, lavée d'encre de la Chine. E. H. in fol.

TIEPOLO (Jean Bapt.) naquit à Venise en 1693, et mourut à Madrid en 1770.

1. S. Romuald s'élançant vers le ciel. Il est à genoux sur des nuages et accompagné d'anges. On voit aussi à côté d'autres moines de son ordre. Esquisse légere à la plume, lavée de bistre. E. L. in fol.

FONTEBASSO (François) naquit à Venise en 1709. et mourut à S. Petersbourg en 1769.

1. La chûte des anges rebelles; composition de dix figures. Superbe dessein fait à la plume, lavé de bistre. E. H. in fol.

MAGGIOTTO (François) éleve de Piazetta, florisoit à Venise vers l'an 1766.

1. L'intérieur d'une maison de paysan; on y voit vers la droite une jeune femme don-

nant la bouillie à un enfant en maillot, duquel un autre enfant s'approche pour lui apporter une poupée. Vers la gauche sur le devant un paysan assis tient d'une main son bâton et de l'autre une cruche. Dans le fond est une vieille femme debout qui file. Dessein très arrêté lavé d'encre de la Chine. E. L. in fol.

2. Le pendant de la piece précédente, représentant une querelle de deux paysans dans un cabaret.

FONTANA (Jean) Venitien.

1. St. Benoît ou quelque autre saint de son ordre rappellant à la vie un enfant mort, en présence de ses parens etc. Dessein arrêté, fait à la plume et lavé au bistre. Ce Fontana n'est pas connu; à juger d'après la maniere de dessiner, il paroît avoir vécu vers la fin du XVI. siecle.

ÉCOLE LOMBARDE.

SUARDI (Bartholomé) dit Bramantino, florissoit à Milan vers 1440.

1. Deux moines debout l'un derriere l'autre; celui, qui est plus en avant fait la lecture dans un grand livre. Esquisse à l'huile en grisaille, d'un grand effet par l'entente des jours, la simplicité des draperies et le caractere des figures. E. H. in folio.

MANTEGNA (André) éleve de Squarzione, peintre et graveur, naquit à Mantoue en 1451 et mourut à Padoue en 1517.

1. Deux hommes à cheval; celui de la gauche est vu par devant, et l'autre par derriere; celui-ci a sur la tête un petit bonnet, et des cheveux longs que lui pendent sur les épaules. Ce dessein rare et curieux pour les costumes est entierement terminé à la plume avec soin et finesse. Il est malgré son ancienneté fort bien conservé. E. L. in 4to.

DOSSI (Dosso) naquit à Ferrare en 1474, et mourut dans la même ville en 1558.

1. Feuille d'étude de différentes figures d'hommes nus couchés et accrochés. Ce petit dessein rare est fait d'une plume fort spirituelle. E. L. in 4to.

RAIMONDI (Marc Antoine) naquit à Bologne vers l'année 1488, et mourut dans sa patrie vers 1546.

1. Le massacre des innocens. Piece capitale de la plus grande beauté dessinée à la plume avec un esprit admirable. C'est le même sujet, que l'on voit sur les deux fameuses estampes de Marc Antoine; mais les proportions sont un peu plus petites dans ces dernieres. E. L. in folio.

PRIMATICE (François) dit le Bolonese, éleve de Jules Romain, né à Bologne en 1490 et mort à Paris en 1570.

1. Ulysse embrassant Circé. Composition de six figures, dont le sujet a été exécuté par cet artiste à Fontainebleau. Ce dessein est de forme ovale, précieusement fini, et terminé à la sanguine, rehaussé de blanc, sur papier rougeâtre. E. H. in folio.

2. Sujet allégorique. Le génie d'une bonne administration fait voir, que sous son regne

le commerce, qui a pour base l'équité, et protégé par la Justice, amène l'abondance sur la terre. Ce dessein composé de quatre figures principales et de quatre enfans, est à la plume, lavé de bistre, et rehaussé de blanc. C'est un dessein capital, tant pour sa beauté que pour le fini; il a été acheté au prix de 100 liv. de France. E. H. in folio.

3. Plafond éxagone. Apollon vû en racourci, est assis sur un tabouret, les pieds appuyés sur un marchepied. Il est soutenu sur des nues, des quelles à ses pieds, on voit sortir deux têtes d'hommes, et à côté, un peu en dessous, on voit un des Signes du Zodiaque. Ce superbe dessein est à la plume, lavé et terminé au bistre, et rehaussé de blanc. In 4to.

ALLEGRI (Antoine) dit le Corrége; naquit en 1494 à Corrége dans le Modénois et mourut dans sa patrie en 1534.

1. La Ste. Vierge occupée à coudre étant assise près de Ste. Elisabeth qui file; à leurs pieds l'enfant Jesus et le petit S. Jean se caressent. Vis-à-vis S. Joseph est occupé à scier du bois. Autour de ces figures sont plusieurs autres essais. Joli croquis fait à la plume, E. L. in 4to.

2. La Sainte Vierge assise tenant l'enfant Jesus sur ses genoux. Elle est tournée vers

la droite, où l'on apperçoit une figure à genoux, qui soulevant la main de l'enfant paroît la baiser. Ce dessein est aux deux crayons, et peu terminé. E. H. in folio.

3. Sainte famille. La vierge découvre l'enfant Jésus, qui tient une petite croix à la main. S. Joseph est derriere, les mains jointes. Croquis à la plume, E. H. in 4to.

4. Un Amour en l'air tirant une fleche. Dessein précieux à la pierre noire, et rehaussé de blanc, sur papier gris. E. H. in fol. Il a été gravé par *Adam Bartsch*.

5. Un Amour tendant son arc. Joli croquis à la plume et lavé d'encre de la Chine. E. H. in 8vo.

6. Un homme debout fort effrayé, et se cachant la figure d'un bout de son manteau, en tenant l'autre coin étendu vers l'objet, dont il paroit avoir peur. Dessein à la sanguine. E. H. in fol.

CARPI (Jerôme) dit Girolamino da Carpi; naquit à Ferrate vers 1500; et mourut en 1556.

1. Le pere éternel sur des nuages dans une gloire d'anges; à la plume lavé de bistre, sur papier bleu. E. H. in 4to.

LOMBARDE.

MAZZUOLA (François) dit le Parmesan ; né à Parme en 1505 et mort à Casal Maggiori en 1540.

1. Figure de mascaron, de face ; a la plume, layé d'encre de la Chine. Piece de forme quarrée. in 8vo.

2. Figure de diable, vue de profil ; superbe dessein à la plume, de la même grandeur que le précédent.

3. Feuille d'étude pour la main d'un moine qui écrit. Le moine est esquissé légerement à une de ces études ; à la sanguine. E. L. in 4to.

4. Jeune fille debout vue de face. Elle est habillée à l'antique et porte un vase sur la tête. Les deux bras manquent. Ce petit dessein à la sanguine est d'un fini précieux. E. H. 8vo.

5. Petit dessein de la plus grande beauté, représentant une jeune femme enceinte richement habillée. Il est à la mine de plomb avec un peu de blanc. E. H. in 8vo.

6. Un homme nu accroupi sur la jambe gauche, et soutenu par une femme, qui pleure derriere lui ; à la plume. Piece de forme quarrée in 4to.

7. Feuille d'étude, où l'on voit plusieurs fois répétée une femme assise, qui caresse un enfant venant derriere elle, et qu'elle regarde en tournant la tête ; à la plume ; l'es-

quisse la plus finie est lavée au bistre. E. H. in folio.

8. Adam et Eve. Petit dessein de forme quarrée, à la plume, in 8vo.

9. Apollon jouant du violon. Une draperie flotte derriere lui; il porte un carquois rempli de fleches. Ce superbe dessein à la plume, lavé de bistre, est sur papier bleu. E. H. in 8vo.

10. Etude de douze différentes têtes d'hommes et de femmes; à la plume; piece de forme quarrée in 8vo.

11. Un homme assis dans un paysage près d'une femme, avec laquelle il paroît s'entretenir. Beau dessein à la pierre noire, rehausé de blanc. E. H. in 8vo.

12. Mutius Scévola mettant sa main au feu; légerement dessiné à la pierre noire. E. H. in 8vo. Ces trois desseins ont été gravés par *Adam Bartsch*.

13. La S. Vierge assise, ayant sur ses genoux l'enfant Jesus. Ce dessein est remarquable pour l'air gracieux qu'il y a dans la figure de la Vierge; cependant on doute de son originalité. Il est fait à la sanguine, sur papier rougeâtre, et rehaussé de blanc. E. H. in 8vo.

14. Une religieuse à genoux. Elle est vue de profil, tenant d'une main une palme et de l'autre un petit livre ouvert. Cette belle esquisse est faite d'une plume grasse, lavée

et rehaussée de blanc, sur papier bleu. E. H. in 8vo. On en a une estampe gravée à l'eau-forte par *A. Bartsch.*

15. Un homme nu couché à terre, appuyé sur le bras gauche, et tenant de la main droite une ecuelle: à côté de lui est Cupidon debout; dessiné à la plume, et rehaussé de blanc sur papier bistré. Ce morceau est fort bien dans le goût du Parmesan; cependant on n'oseroit pas repondre de son originalité. In 4to.

16. Etude pour la figure d'un Neptune assis, tenant son trident. Superbe esquisse faite à la pierre noire, lavée de bistre, quelque peu rehaussée de blanc. E. H. in 4to.

17. S. Jean assis dans le desert. Cette figure est esquissée avec beaucoup de grace à la sanguine, et estompée. E. H. in 8vo.

CAMPI (Jules) naquit à Cremone flor. vers 1530.

1. Un éléphant dormant appuyé contre deux arbres.

2. Un lion, qui devore une autre bête féroce.

3. Une biche, qui regarde dans le gosier d'un lion couché.

4. Un berger près de ses moutons, perçant de sa lance un loup déja terrassé.

Ces quatre desseins d'une même grandeur sont à la plume, lavés de bistre. E. H. in 8vo.

BAROZZI (Jaques) dit Vignola; naquit à Vignola en Modene en 1507. et mourut à Rome en 1573.

1. Un peristile en demi-cercle, terminé devant par une terrasse avec un double escalier; à la plume, lavé de bistre. E. L. in fol.

2. Thisbé s'enfonçant l'epée près du corps mort de Pyrame. Ce dessein rare d'un effet très piquant, est fait à la pierre noire, et rehaussé de blanc sur tous les clairs; sur un papier teint d'une couleur grise cendrée. E. L. in 4to.

RAMENGHI (Bartholomé) dit Bagnacavallo; disciple de Raphael. Il florissoit à Bologne en 1542.

1. Le mariage de Ste. Catherine. La Vierge assise vers la gauche lit dans un petit livre qu'elle a dans la main droite; elle tient de l'autre l'enfant Jesus, assis sur ses genoux. Celui-ci présente une bague à Sainte Catherine, qui est à genoux devant la Vierge. St. Joseph est derriere au milieu du tableau. Ce dessein est croqué à la sanguine, terminé à la plume, et lavé au bistre. E. H. in fol.

PELLEGRINI (Pellegrin) dit Tibaldi, naquit à Bologne en 1522 ou 1527. et mourut à Milan en 1591 ou 1596.

1. Le couronnement d'épines. Composition de plus de vingt figures. Ce beau dessein est fait à la plume, lavé de bistre, et rehaussé de blanc, sur papier bleu. E. L. in folio.

BEZZI (Jean François) dit Nosadella; peintre de Bologne, mort en 1571.

1. Pluton tenant sur l'épaule une fourche et marchant vers la gauche; à la plume lavé de bistre. E. H. in folio.

2. Moïse avec les tables de la loi. Joli morceau dessiné et lavé à la sanguine, et corrigé en quelques endroits à la plume. E. H. in 4to.

PASSEROTTI ou Passarotti (Bartholomé) de Bologne. Mort en 1592.

1. Figure académique d'un homme debout, dirigé vers la gauche et vu presque par le dos. Il a une ceinture de linge, dans laquelle il met ses mains. Ce superbe dessein est grassement fait à la plume. E. H. in folio.

2. Etude pour un St. Jean Baptiste. Il est debout, le corps de face, la tête dirigée vers la droite; il tient de la main gauche une petite écuelle, et de l'autre un bâton;

dessiné dans le même goût que la piece précédente. E. H. in folio.

3. Judith dans la tente d'Holoferne; elle est au milieu du dessein, tenant de la main droite la tête de ce général contre sa cuisse, et élevant de l'autre le sabre en l'air. Son corps est vû de face et sa tête de profil, tournée vers la droite, où est sa servante à côté d'elle; à la plume légerement lavé d'encre de la Chine, et rehaussé de blanc, sur papier jeaune. E. H. in folio.

SAMACCHINI ou Fumacchini (Horace) natif de Bologne, mourut vers 1595.

1. L'ascension de la S. Vierge. Elle est dans les cieux, assise entre deux anges. Son tombeau est entouré de douze figures; à la plume, lavé de bistre, et rehaussé de blanc, sur papier brun. E. H. in folio.

PROCACCINI (Camille) naquit à Bologne en 1546, et mourut à Milan en 1626.

1. Feuille d'étude à la sanguine de deux hommes nus, dont l'un est appuyé sur le coude, et montre quelque chose du doigt. E. H. in 4to.

2. St. François à genoux, et sa tête répétée avec changemens; étude à la sanguine. E. H. in 8vo.

3. Fuite en Egypte. La vierge est représen-

tée à terre, donnant le sein à l'enfant Jesus. Petit dessein à la plume, lavé légerement. E. L. in 8vo.

PROCACCINI (Jules César) fils d'Hercule l'aîné; mort à Milan vers 1626, âgé environ 78 ans.

1. St. François vu jusqu'aux genoux, adorant l'enfant Jesus, que la Ste. vierge tient entre ses bras, en lui apparoissant dans les nues. Ebauché à la sanguine et corrigé ensuite d'une plume grasse et ferme. E. H. in 4to.

CARRACHE (Louis) né à Bologne en 1555 et mort dans sa patrie en 1618.

1. Un écusson vuide surmonté d'un chapeau de cardinal et soutenu par huit petits génies, qui voltigent à droite et à gauche. Deux fleuves servent de support. Beau dessein à la plume. E. L. in folio.

2. St. Joseph au lit de la mort visité par Jesus Christ, qui lui montre le chemin du ciel. La Ste. vierge en pleurs est à côté du lit, et deux anges, dont l'un tient un flambeau, sont de l'autre côté. Le fond représente un attelier de charpentier. Ce dessein un peu ceintré par en haut est à la plume, lavé de bistre et rehaussé de blanc, sur papier brunâtre. E. L. in folio.

3. Figure académique d'un homme. Il est

à genoux vu par devant, les jambes en raccourci, le corps courbé en avant, s'appuyant à terre sur la main gauche; à la sanguine.

4. Deux religieux et une religieuse à genoux devant la Ste. Vierge, qui est assise sur une espece de trône. Dessein capital à la plume, lavé de bistre et rehaussé de blanc. E. H. in folio.

5. Tête d'un vieillard coëffé d'un turban. Joli petit dessein à la plume. E. H. in 8vo.

6. L'archange Michel combattant le démon. Le ciel est ouvert, et l'on y voit dieu le pere dans une gloire d'anges. Ce morceau capital, qui fait tout l'effet d'un tableau, est peint à l'huile. Il est en hauteur d'un très grand format in folio.

CARRACHE (Augustin) cousin germain de Louis, naquit à Bologne en 1557, et mourut à Parme en 1605.

1. Venus sur les eaux. Elle est assise dans une conque, et tient des deux mains un voile. Beau dessein à la sanguine. E. H. in 8vo.

2. Un jeune homme endormi la tête couchée sur ses deux bras, desquels il s'appuye sur une table, où l'on voit une chandelle. Esquisse faite d'une plume savante, vraisemblablement d'après nature. E. L. in 4to.

3. Repos en Egypte. St. Joseph assis à terre au pied de la vierge qui est assise à côté sur le debris d'un piedestal ayant sur ses genoux Jesus. Elle est vue presque par le dos et

LOMBARDE. 91

tourné la tête. Ce dessein bien intéressant est fait d'une plume savante, et assez terminé. E. H. in 4to.

CARRACHE (Annibal) frere puiné naquit à Bologne en 1560 et mourut à Rome en 1609.

1. Académie d'une figure d'homme ayant les mains liées derriere le dos. Ce dessein est fait grassement à la pierre noire, mais peu terminé, sur papier bleu. E. H. in folio.

2. Etude croquée à la plume d'un Christ portant sa croix, qui apparoît à un homme à genoux. Ce sujet est esquissé deux fois sur la même feuille. E. L. in folio.

3. Figure académique d'un homme assis sur une de ses jambes; largement dessiné à la pierre noire, sur papier gris. E. H. in fol.

4. Une place publique. Beaucoup de gens s'y promenent, d'autres sont occupés; quelques estropiés demandent l'aumône. Au revers est un paysage. Ces deux desseins sont légerement esquissés à la plume. E. L. in folio.

5. Le Triomphe de Bacchus et d'Ariadne, chacun sur un char. Un Amour conduit celui d'Ariadne, attelé de deux chevres. Un génie voltigeant au dessus d'elle la couronne. Celui de Bacchus est trainé par des tigres et suivi de chameaux et d'éléphants. Le dieu même est soutenu par une Bacchante qui marche à côté

du char. Ce dessein à la plume, lavé légerement d'encre de la Chine, est une premiere idée d'Annibal Carrache pour le triomphe de Bacchus, qu'il a peint au palais Farnese à Rome. E. L. in folio.

6. Toute premiere pensée de la figure de Bacchus et de la Bacchante qui le soutient, pour le sujet précédent; et à côté quelques autres griffonnemens sur la même feuille. Croquis à la plume. E. L. in 4to.

7. Ariadne sur son char, plus terminée que dans le Nro. 5. Superbe dessein à la plume, lavé d'encre de la Chine, de forme quarrée in 4to.

8. Feuille d'étude très intéressant. On y distingue parmi plus de trente têtes de femmes en profil un buste d'Antinous dans un médaillon, qui est très fini; à la plume. E. H. in folio.

9. Académie d'un homme vu de face, montrant quelque chose du doigt. Il est à mi-corps et dessiné grassement à la pierre noire sur papier bleu. E. L. in folio.

10. Esquisse d'un mausolée; à droite et à gauche deux femmes qui servent de supports; audessus une tête de mort couverte d'un voile, qui pend des deux côtés du mausolée; à la plume lavé de bistre. E. H. in 4to.

11. Paysage orné de fabriques, figures et animaux, croqué lestement à la plume. Sur le devant vers la gauche est un paysan vu de face enveloppé dans son manteau, et ayant

le chapeau sur la tête. Il parle à un petit garçon à côté de lui, vu par le dos. Ces deux figures sont lavées à l'encre de la Chine. E. L. in folio.

12. Autre paysage. On y voit sur le devant deux arbres et à côté une souche avec une branche verte. Dans le fond est la vue d'un petit fort. Beau dessein arrêté à la plume. E. L. in folio.

13. Piece de boiserie consistant en deux encadremens ornés de têtes de mascarons, de festons et de deux figures d'hommes qui servent de supports; à la plume, lavé de bistre. E. H. in folio.

14. Un pilastre où l'on voit sur le devant accollée une statue d'homme nu qui soutient la corniche; à la plume, lavé d'encre de la Chine. H. H. in 4to.

15. Etude et projet d'un plafond. Chaque côté et chaque compartiment est d'une composition différente. Ils sont tous ornés de beaucoup de figures, dont il n'y en a pas une seule, où l'on ne puisse admirer la pureté du dessein et l'expression, qui lui convient; à la plume, lavé de bistre. E. H. in fol.

16. Trois mascarons différens, grassement dessinés à la sanguine. E. H. in 4to.

17. Etude de plusieurs figures, entre autres de deux femmes assises ensemble sur le devant et lisant dans un livre; croqué légerement à la plume. E. L. in 4to.

18. Etude pour la galerie Farnese. Dans un des compartimens est Jupiter et Junon, dans un autre est Marsias écorché, et dans le troisieme Borée qui enleve Orithie; à la plume, lavé de bistre. E. L. in folio.

19. La sainte Vierge assise; elle tient l'enfant Jesus, qui a la main sur un ciboire que lui apporte Ste. Claire. St. Joseph appuyé sur un bâton, est derriere la vierge. Ce petit dessein précieux par son fini, est à la plume lavé d'encre de la Chine. Il est de forme quarrée in 8vo. Le *Guide* l'a gravé en plus grande forme.

20. Dessein capital et des plus beaux de cette collection, qui représente Jesus Christ soutenu par deux anges. St. Magdelaine à genoux lui leve une des ses mains, et la Ste. Vierge de l'autre côté tend les bras pour le recevoir. La composition du sujet, l'expression des figures, la pureté et le fini du travail, tout se rassemble dans ce dessein, pour en faire un des plus beaux, que l'on puisse voir. Il est fait à la plume, lavé de bistre, sur papier jaunâtre. Il en existe une belle estampe gravé par *Pierre Ballin*. E. H. in folio.

21. Figure académique d'un homme couché sur le dos, et appuyant sa jambe droite sur une escabelle; à la sanguine. E. L. in folio.

22. Académie d'homme vu jusqu'à la ceinture, la tête vûe de profil. Il montre quelque chose de la main gauche, et a l'autre pen-

dante; largement dessiné au crayon noir, sur papier bleu. E. L. in fol.

23. Un saint à genoux, invoquant la clémence de Dieu sur un petit enfant qu'il a dans ses mains, ainsi que sur deux malades couchés à ses pieds. Il est accompagné de trois moines de son ordre, dont un à genoux près de lui, prie dans un livre. Petit dessein à la plume, lavé d'encre de la Chine, que l'on croit être de la main d'Annibal Carrache. E. H. in 8vo.

24. St François stigmatisé, hardiment esquissé à la plume. E. H. in 8vo.

25. La S. Magdelaine pénitente; à mi-corps; griffonée d'une plume savante. E. L. in 8vo.

26. La Samaritaine au puits avec Jesus Christ. Petite esquisse faite à la sanguine, et ensuite corrigée à la plume. E. H. in 4to.

27. Deux hommes à genoux, vus par le dos, ils sont enveloppés de larges manteaux. Superbe dessein fait d'une plume grasse, lavé de bistre. E. H. in 4to. Il a été gravé par *Adam Bartsch*.

28. Académie d'un homme assis sur une pierre, le pied gauche relevé dessus; au crayon noire, estompé, et rehaussé de blanc, sur papier gris. E. H. in fol.

29. Croquis très confus fait d'une plume spirituelle sur papier gris. Un jeune homme vu par le dos s'efforçant de mettre un pa-

quet lourd entre les mains d'un autre homme. Deux vieillards debout à côté d'eux les regardent. E. H. in folio.

30. Les saintes femmes pleurant le corps de Jesus Christ, que la vierge soutient sur ses genoux; croqué à la plume. E. L. in 8vo.

FACINI (Pierre) de Bologne, naquit en 1562 et mourut en 1602.

1. Le baptême de Jesus Christ. Il est à genoux sur une pierre au milieu du Jourdain; vers la gauche dans un petit éloignement on voit trois anges à genoux, qui portent ses habits; de l'autre côté, pour se faire aussi baptiser, des gens se déshabillent. Dans le haut est une gloire d'anges, qui soutient en l'air le pere eternel. Beau dessein fait à la plume, lavé de bistre. E. H. in folio.

MERIGI (Michel-Ange) dit le Carravage; né à Carravage dans le Milanois en 1569 et mort à Porto Ercole en 1609.

1. Jesus Christ porté au tombeau. Il est soutenu par Nicodème et Joseph d'Arimathie; derriere on voit les trois Maries; à la plume lavé légerement. E. H. in folio.

2. L'enfant prodigue ôtant ses haillons, pour prendre les habits, que son pere lui fait apporter; dessiné à la sanguine. E. L. in 4to.

3. S. Pierre reniant Jesus Christ; à mi-corps. Ce petit dessein est légerement fait à la plume et au bistre. In 4to.

MAZZUCCHELLI (Pierre François) naquit à Morazzone, dans le Milanois en 1571 et mourut en 1626.

1. Jesus Christ disputant avec les docteurs de la loi. La S. Vierge et S. Joseph sont dans le fond. Ce dessein de forme ronde est sur papier bleu, à la pierre noire, et lavé au bistre. Les figures de devant sont rehaussées de blanc. Grand format in folio.

FIALETTI (Odoardo) naquit à Bologne en 1573, et mourut à Venise en 1638.

1. Arion jouant de la lyre, assis sur un dauphin; Esquisse à la sanguine. E. L. in 4to.

DONDUCCI (Jean André) dit Mastelletta, naquit à Bologne en 1575.

1. St. Jean Baptiste prêchant. Il est écouté par un nombre de personnes en différens costumes. Au milieu du dessein des enfans qui s'amusent à grimper sur des arbres. C'est une premiere idée; chaque figure est corrigée de diverses manieres; à la plume, lavé légerement au bistre. E. L. in 4to.

RENI (Guide) dit le Guide, élève de Louis Carrache, naquit à Bologne en 1575, et mourut dans la même ville en 1642.

1. Tête de vieillard à longue barbe mourant; ce morceau est ébauché au pastel d'un effet singulier et surprenant, n'étant fait qu'avec quelques coups de crayon. Sur papier bleuâtre. E. H. in 4to.

2. Jolie tête de jeune fille; ébauchée au pastel. Elle regarde en haut d'un air riant. E. H. in 4to.

3. St. Sebastien attaché à un arbre, les mains liées au dessus de la tête par derriere l'arbre. Ce dessein d'un beau contour, est à la sanguine, quelque peu retouché à la pierre noire, sur papier jaunâtre. E. H. in fol.

4. Belle étude à la sanguine d'un St. Jerôme à mi-corps, ayant la tête chauve, le frond ridé et une longue barbe; il a les mains jointes pour prier. E. H. in 4to.

5. Une tête d'homme vue de profil et dirigée vers la droite; joliment croquée à la plume. E. H. in 8vo.

6. S. Jerôme et S. François à genoux au pied de la croix, sur laquelle Jesus Christ est attaché; dessiné à la pierre noire et rehaussé de blanc, sur papier bleu. E. H. in fol.

7. Belle tête de Christ couronné d'épines;

dessiné et estompé à la pierre noire, sur papier brunâtre. E. H. in fol.

SPADA (Leonelle) éleve des Carraches, naquit à Bologne en 1576, et mourut à Parme en 1622.

1. Noé faisant bâtir l'arche. Composition de quatre figures, légerement esquissée à la plume. E. H. in 4to.

TIARINI (Alexandre) né à Bologne en 1577 et mort en 1668.

1. Un repos de la Vierge. Elle est assise, donnant le sein à l'enfant Jesus. Un ange apporte des fruits à S. Joseph, qui en remplit un sac. Le repas est apprêté par terre sur une nappe. Dans le fond on voit l'âne brouter. Ce dessein capital d'une plume ferme et savante est lavé au bistre. E. L. in fol.
2. Une procession solemnelle pour implorer le ciel, de faire cesser la peste. Nombre d'évêques ayant à leur tête un diacre portant la croix, marchent au milieu des mourants. Derriere on voit le pape à genoux en priere; à la plume, lavé de bistre. E. H. in 4to.

L'ALBANE (François) né à Bologne en 1578 et mort dans la même ville en 1660.

1. Le baptême de Jesus Christ. Il est à genoux sur une pierre, les mains jointes, recevant sur la tête l'eau que lui verse S. Jean debout devant lui. Derriere lui un ange à genoux tient un linge. Ces trois figures sont assez terminées à l'encre de la Chine, et rehaussées de blanc. Le S. Esprit dans une gloire d'anges et quelques figures dans le fond, sont légerement esquissées à la mine de plomb. Sur papier jeaunâtre. E. H. in fol.

2. Un ange voltigeant en l'air, et levant de ses deux bras un rideau. Ce beau morceau est dessiné et estompé à la sanguine sur papier gris, et rehaussé de blanc. E. H. in folio.

3. Feuille d'étude; deux génies assis à côté d'un cartouche qu'ils soutiennent. Tête de jeune homme qui se panche en avant, et quelques autres griffonnemens; à la plume, légerement lavé de bistre. E. L. in 4to.

4. Quatre petits anges assis sur des nues en différentes attitudes; joliment dessinés à la plume et au bistre. E. H. in 8vo.

CAVEDONE (Jacques) naquit à Sassuolo dans le Modenois en 1580, et mourut à Bologne en 1660.

1. Jesus Christ en croix entre les deux

larrons. Un soldat à cheval lui perce le côté avec sa lance. Sur le devant vers la gauche, la sainte vierge évanouie est secourue par les saintes femmes. Vers la droite les Juifs jouent la robe de Jesus Christ. Esquisse à la plume, lavée de bistre. Piece de forme quarrée in folio.

ZAMPIERI (Dominique) dit le Dominiquin disciple des Carraches, naquit à Bologne 1581, et mourut à Naples en 1641.

1. Une fuite en Egypte. Pendant que la vierge se repose, un grand nombre d'anges, partie dans le ciel, partie sur la terre, donne un concert divin. Ce dessein qui a extrêmement souffert, et qui cependant laisse appercevoir des grandes beautés, est à la pierre noire, sur papier bleuâtre et rehaussé de blanc. E. H. in folio.

2. Le martyre de S. Eustache, à qui on ouvre le ventre pour en arracher les entrailles. Premiere idée à la plume. E. L. in fol.

3. Diane et ses Nymphes chassant un cerf. Belle esquisse à la plume et à l'encre de la Chine. E. L. in 4to.

4. Carton pour le tableau de S. Cécile. Deux femmes à mi-corps qui chantent, un papier de musique à la main. Ce dessein fort précieux, dont les figures sont de grandeur

naturelle, est à la pierre noire, sur papier brunâtre. Très grand in folio. E. H.

LANFRANCO. (Jean) éleve des Carraches naquit à Parme en 1581, et mourut à Rome en 1647.

1. Etude d'un homme largement drapé. Il est couché, la tête tournée vers le ciel, qu'il paroît invoquer. Sur papier gris, à la pierre noire. E. L. in fol.

2. Etude pour la figure de St. Mathieu l'évangéliste. Il invoque le S. Esprit. Un Ange debout à côté de lui tient son livre; à la pierre noire sur papier gris. E. H. in folio.

3. Les apôtres assemblés autour du tombeau de la S. Vierge et regardant avec admiration son assomption dans le ciel. Ce dessein ceintré est au bistre, et rehaussé de blanc, sur papier brun. Il a été fait pour une peinture à fresque de l'une des chapelles de l'église de S. Augustin à Rome. Il en existe une estampe en plus grande forme, gravée par *Charles Cesio*. E. L. in 4to.

4. Une femme ailée assise sur un angle dans un ceintre, et tenant un livre de la main gauche; esquisse grassement dessinée au crayon noir, sur papier gris. E. H. in fol.

5. Un homme assis, la tête appuyée sur sa main, et le coude sur son genou. Il est enveloppé dans son manteau, et a les pieds po-

sés sur une portion de cercle. Ce dessein spirituel et assez fini est à la sanguine et rehaussé de blanc, sur papier bleu. E. H. in 4to.

6. Le repentir de S. Pierre. Il est assis et regarde le ciel en essuiant ses larmes. Premiere idée, à la sanguine. E. H. in 4to.

7. Dessein d'après l'écorché d'un homme debout ayant la tête converte d'un linceuil, qui pend sur ses deux bras. Beau morceau d'une plume ferme et savante, légerement lavé de bistre. E. H. in fol.

8. Etude d'un homme, à la sanguine. Il a la tête posée sur la main droite; de l'autre main il tient son coude sur une espece d'appui. Son visage tourné vers le ciel exprime le repentir; à la sanguine. Piece de forme quarrée in 4to.

9. Un pape avec la tiare sur la tête et vêtu des habillemens sacerdotaux. Il est debout et a les yeux tournés vers le ciel. Ce beau dessein est à la sanguine. E. H. in folio.

10. Le festin des Dieux. Ils sont servis par des génies sous une espece de galerie ouverte et soutenne par des statues de femmes dans des gaines, qui ont sur la tête des chapitaux; à la sanguine. E. H. in 4to.

11. S. Marc l'évangéliste, dessiné pour un angle dans un ceintre; à la pierre noire. En H. in fol.

12. L'entrée de Jesus Christ dans Jérusalem. Il est monté sur un âne, et suivi d'une foule

de peuple qui porte des palmes et qui s'empresse sur son passage; à la pierre noire sur papier brunâtre. Grande piece. E. L. in folio.

13. Etude pour le départ de Jacob. Il parle à un des bergers qui conduisent ses troupeaux. Vers la droite deux femmes à cheval, tenant leurs enfans, sont suivies de différentes personnes; à la pierre noire sur papier brunâtre. E. L. in folio.

14. Apollon au mont Parnasse au milieu des neuf Muses. Ce dessein précieux est grassement dessiné à la plume, lavé de bistre, sur un papier brun. E. L. très grand in folio.

CARRACCIO (Antoine) dit Gobbo de i Carracci, fils naturel d'Augustin Carrache; naquit à Venise en 1585, et mourut en 1618.

1. Feuille d'étude à la plume avec plusieurs figures, savoir: deux hommes qui s'embrassent; deux autres qui tirent l'épée; deux femmes, quatre autres différentes figures, deux chiens etc. Ce dessein à la plume ne paroît être qu'un exercice fait par Antoine Carrache dans sa jeunesse. E. H. in 4to.

BARBIERI (François) da Cento, dit le Guerchin, naquit à Cento près de Bologne en 1590 et mourut à Bologne en 1666.

1. Tête d'homme à barbe, coëffé d'une toque:

Il est vu de profil et dirigé vers la gauche; légerement croqué à la plume. E. H. in 8vo.

2. Andromède couchée sur un rocher, auquel elle est attachée par ses mains; à côté la grande baleine, la gueule ouverte pour l'engloutir; à la sanguine. E. L. in 4to.

3. La Vierge à mi-corps, ayant entre ses bras l'enfant Jesus, qu'elle regarde tendrement; à la sanguine. E. H. in 4to.

4. La même assise, ayant sur ses genoux l'enfant Jesus; à la pierre noire. E. H. in 4to.

5. Buste de jeune homme avec des cheveux bouclés, vu de profil, et regardant en haut; à la sanguine. En H. in 4to.

6. Deux enfans nus assis à côté d'un cartouche; à la sanguine. E. L. in 4to.

7. Un enfant nu assis, vu presque par le dos; à la sanguine sur papier bleu. E. H. in 8vo.

8. Etude pour une Andromède attachée à un rocher; à mi-corps. E. H. in 8vo.

9. Un pélerin assis vu par le dos, vis-à-vis d'une femme qui porte un enfant sur ses bras. Derriere une fille. Toutes ces trois figures vues à mi-corps ont des chapeaux ronds sur la tête. Elles sont légerement esquissées à la plume et au bistre. E. H. in folio.

10. La femme adultere conduite devant Jesus Christ. Les quatre figures, qui entrent dans ce sujet, ne sont vues qu'à mi-corps. Belle esquisse à la plume et au bistre. E. L. in 4to.

11. La Vierge ayant l'enfant Jesus sur ses bras; d'un côté S. Joseph, et de l'autre un S. pélerin; du même faire et de la même grandeur que le dessein précédent.

12. Buste de guerrier tournant la tête, et appuyant la main droite sur la garde de son épée. Ce dessein à la plume et au bistre est d'un très bel effet. E. L. in folio.

13. La S. Vierge vue jusqu'aux genoux, ayant entre ses bras l'enfant Jesus. Superbe dessein fait à la pierre noire. E. H. in 4to.

14. Etude pour une S. Magdelaine. Elle est vue jusqu'aux genoux et a les mains croisées sur sa poitrine; légerement esquissée à la pierre noire. E. H. in 4to.

15. Autre d'une jeune femme assise, accoudée sur son bras droit, dont la main soutient la tête, qui est tournée en haut; à la sanguine. E. H. in 4to.

16. Jeune fille vue jusqu'aux genoux, penchée en avant et regardant quelque chose avec attention. Du même faire que le morceau précédent. E. H. in 4to.

17. Etude pour une Minerve vue jusqu'aux genoux. Jolie esquisse faite à la pierre noire. E. H. in 4to.

18. Etude d'une tête de femme et d'une tête d'homme. La première n'est que légerement ébauchée à la sanguine, l'autre est très terminée. E. L. in 8vo.

19. Feuille d'étude, où l'on voit deux bustes

de vieillards à grande barbe; l'un a la tête couverte d'un turban orné d'une petite couronne, l'autre a une simple couronne royale. Au verso est l'esquisse de la vierge pour une assomption; à la plume. E. L. in 4to.

20. Deux jeunes gens cachés derriere un bocage épiant deux filles qui vont se baigner dans un petit ruisseau. E. L. in 4to. Ce dessein a été gravé par feu le Prince *de Ligne*. Au verso un homme assis à terre contre un tronc d'arbre et tenant une coupe dans laquelle un autre homme debout lui presse le suc du raisin; à la plume. E. L. in 8vo.

21. Buste d'un pélerin, vu de face et couvert d'un chapeau rond. Joli dessein à la plume, qui a été gravé par *Reinsperger*. E. H. in 4to.

22. Buste de jeune fille vue de profil, flairant un lys. Ce morceau a été aussi gravé par le Prince *de Ligne*. E. L. in 4to.

23. Esquisse fort légere, mais d'un très bel effet, ébauchée à la sanguine, terminée à la plume et lavée à l'encre de la Chine par masses. Elle représente la S. Vierge tenant l'enfant Jesus, devant lequel S. Antoine est à genoux en adoration. E. H. in folio.

24. Joli paysage: on y voit sur le devant un lion assis sur ses deux jambes de derriere et présentant d'une patte un bonnet à un homme qui est devant lui un genou en terre; à côté de cet homme sont debout deux garçons

dont l'un montre le lion. Ce morceau dessiné à la plume a été pareillement gravé par le Prince *de Ligne*. E. L. in folio.

25. Un ange sur des nues accroupi. Superbe dessein fait à la sanguine d'une maniere large. E. L. in 4to. Il en existe une estampe gravée par *Adam Bartsch* dans la maniere du dessein.

CALDARA (Polidoro) dit de Caravaggio, éleve de Raphael, né à Caravage en 1595, et assassiné à Messine en 1643.

1. L'étude d'un homme assis, un livre à la main, de la quelle il s'appuye sur son genou; à la sanguine, E. L. in 4to.

2. Esquisse d'un homme debout. Il est vu de profil, et s'appuye des deux mains sur un bâton; à la sanguine. E. H. in 8vo.

3. Le corps d'une statue drapée; à la sanguine. E. H. in 8vo.

4. Esquisse d'un vieillard debout; à la sanguine. E. H. in 8vo.

5. Une vierge assise sur des nues. Au bas deux anges qui voltigent; à la sanguine. E. H. in 8vo.

6. L'étude d'un gladiateur; à la sanguine. E. H. in 8vo.

7. Une vierge assise tenant l'enfant Jesus sur ses genoux; à la sanguine. E. H. in 8vo.

8. Trois femmes sorties du bain, qui s'essuient. Elles sont assises sur une butte de terre; à la sanguine. E. H. in 8vo.

9. Etude de deux femmes en chemise, dont l'une paroît arranger du linge dans l'eau, et l'autre resserrer sa chemise pour ne la point mouiller. Superbe dessein à la sanguine, de forme quarrée in 4to.

10. Esquisse de plusieurs figures de femmes sur le bord d'une riviere; l'une d'entre elles est dans l'eau jusqu'aux genoux; elle paroît faire un paquet; une autre debout, le corps courbé, porte sur la tête un paquet, et veut passer l'eau; quatre autres sont occupées à se déshabiller; à la sanguine. E. L. in folio.

11. Etude achevée d'une femme drapée; elle n'est vue que depuis la ceinture aux pieds, et est dans la position de la femme de Nro. 9 et 10. qui veut passer l'eau; à la sanguine, rehaussé de blanc, sur papier gris. E. H. in 8vo.

12. Croquis de quatre hommes, qui mettent un autre au tombeau; à la plume, lavé légerement au bistre. E. H. in 8vo.

13. La vierge évanouie au pied de la croix; elle est soutenue par une des saintes femmes, qui est à genoux derriere elle. Dessein ceintré par le haut; à la sanguine. E. L. in 8vo.

14. Jesus Christ porté au tombeau. Composition de onze figures. Ce dessein capital est fait à la plume, sur papier bleu, lavé de bistre, et rehaussé de blanc. E. L. in folio.

15. Esquisse de deux femmes assises au pied d'un arbre; derriere elles une Egyptienne vue par le dos, portant son enfant. Dans

le lointain à la gauche du dessein on voit sur une hauteur deux vieillards debout, qui se parlent. Beau dessein à la sanguine. E. L. in folio.

16. Etude de deux jambes et pieds d'un homme couché à terre ; à la sanguine. E. L. in 8vo.

17. Autre d'un bras avec une partie de l'épaule et de la poitrine; à la sanguine. E. H. in 8vo.

18. Autre d'une cuisse et d'une jambe avec le genou plié; à la sanguine, E. H. in 8vo.

19. Etude d'un corps d'homme tombé sur la tête et l'étude particuliere du bras; à la sanguine. E. L. in 8vo.

20. Etude de deux femmes debout drapées à l'antique, l'une desquelles tient un enfant devant elle ; légerement esquissé à la plume. E. H. in 8vo.

21. Le martyre de St. Sebastien, composé de douze figures. Beau dessein à la plume, lavé d'encre de la Chine et rehaussé de blanc, sur papier bleu. Au revers Joseph échappant à la femme de Putiphar ; fait dans le même genre. E. L. in 4to. Ces deux desseins ne semblent pas être de la main de *Polydore*; ils sont faits dans la maniere de *J. Heinz*, qui en a dessinés plusieurs d'après ce maître.

22. L'enlevement des Sabines, consistant en sept figures principales, dessiné dans le genre des basreliefs par un anonyme d'après le *Polydore* ; à la sanguine, rehaussé de blanc sur papier brun. E. L. in folio.

LOMBARDE.

23. St. Iean Baptiste prêchant dans le désert. Dessein capital qui consiste en plus de quatorze figures; à la plume, lavé de bistre, sur papier gris. Le grouppe de devant est rehaussé de blanc. E. H. in folio.

24. Basrelief représentant un sacrifice payen. Superbe dessein très arrêté à la plume, lavé de bistre et rehaussé de blanc. E. L. in folio.

PROCACCINI (Hercule) le jeune; né à Milan en 1596, et mort en 1676.

1. Etude de deux anges voltigant en l'air, l'un desquels tient une couronne à la main; à la sanguine. E. H. in 4to.

2. Feuille d'étude pour un sacrifice d'Abraham; à la sanguine. Pièce de forme quarrée in 4to.

3. Premiere idée pour le baptême de Clovis; dessinée et lavée à la sanguine. De forme quarrée in 4to.

4. Etude de deux enfans nus debout; croqué légerement à la sanguine. E. L. in 4to.

5. Feuille d'étude pour une femme, qui porte une corbeille de fleurs; à la sanguine. E. H. in 4to.

6. Etude et premiere idée d'un plafond; à la sanguine, retouché au bistre. On y distingue dans un paysage d'un site montagneux, un homme dormant appuyé sur quelque grande bête, et près de lui une femme debout, qui paroît vouloir se couvrir de son manteau. E. L. in 4to.

SALVI (Jean Baptiste) dit Sasso Ferrata, éleve du Guide, travailloit à Bologne vers 1630.

1. Un homme couvert d'un large manteau ayant un genou en terre; à la pierre noire. E. H. in folio.

COLONNA (Michel-Ange) naquit à Ravennes en 1600, et mourut à Bologne en 1687.

1. Tobie effrayé par le poisson, dont l'ange lui ordonne de prendre le fiel; dessiné à la plume par dessus une premiere esquisse à la sanguine. E. L. in fol.

CORNARO (Charles) de Milan, éleve de Camille Procaccini; né en 1605, et mort en 1673.

1. St. Catherine à mi-corps. Elle tient d'une main une palme, l'autre est appuyée sur l'instrument de son martyre; à la plume lavé de bistre. E. H. in 4to.

2. La S. Vierge soutenant sur ses genoux le corps mort de Jesus Christ. Ce dessein extrémement griffonné à la pierre noire, sur papier bleu, est une premiere pensée, où l'on remarque beaucoup d'expression. E. H. in fol.

LOMBARDE.

GRIMALDI (Jean François) dit Bolognois; naquit à Bologne en 1606, et mourut à Rome en 1680.

1. L'intérieur d'un temple. E. H. in 8vo.

2.—4. Trois petits desseins représentant des études d'architecture, de ruines et de monumens anciens. Ces pieces sont de forme quarrée. in 8vo.

5. Dessein d'un palais avec des colonnades, marqué : *Bolonia* 1659. E. L. in 8vo.

Ces cinq desseins sont à la plume, lavés de bistre.

6. Jesus Christ suivi de deux de ses disciples, rendant la vue à un aveugle. Jolie esquisse faite à la plume. E. L. in 8vo.

DANEDI (Etienne) dit Montalti; naquit à Treviglio dans le Milanois en 1608, et mourut à Milan en 1689.

1. L'enfant Jesus couché sur la croix ; il est entouré de trois anges dont un sur le devant tient la couronne d'épines. Esquisse à la sanguine sur papier gris. E. L. in 8vo.

SIRANI (Jean André) éleve du Guide, naquit à Bologne en 1610, et mourut dans la même ville en 1670.

1. La sainte Vierge sur des nuages apparoissant à un S. Empereur, qui est à genoux

sur un carreau dans un palais, dont on ne voit que deux colonnes et un bout de draperie, les nuages, sur lesquels est portée la vierge n'en laissant appercevoir d'avantage. Auprès de la vierge sont deux anges, et au bas du dessein deux autres, dont un montre un papier déroulé. Ce beau dessein fait à la plume, lavé de bistre et rehaussé de blanc est d'une douceur charmante et très gracieux; cependant il paroît être plutôt l'ouvrage de quelque habile maître moderne de l'école Françoise, que de *J. A. Sirani*, à qui on l'a attribué. E. H. in 4to.

FRANCESCHINI (Balthasar) dit Volterano; naquit en 1611, et mourut en 1689.

1. La mort d'Archimèdes. Il est assis à terre, calculant la figure qu'il vient de tracer. Trois soldats armés de leurs épées et de leurs boucliers fondent sur lui. Esquisse dessinée et lavée à la sanguine, E. H. in folio.

CITTADINI (Pierre François) naquit à Milan en 1614, et mourut à Bologne en 1681.

1. Très beau paysage à la plume, lavé de bistre, représentant une ville située sur une petite montagne le long d'un canal traversé par un pont. Sur le devant on voit une femme assise et un homme conduisant trois mulets chargés. E. L. in folio.

2. Un vieux château fort, qui défend l'entrée d'un port, dans le canal duquel sont deux barques de pêcheurs. Belle piece à la plume, lavée de bistre. E. L. in folio.

CANUTI (Dominique Marie) éleve du Guide, naquit à Bologne en 1020, et mourut en 1684.

1. Le Sauveur assis sur des nues et soutenu par des anges, apparoissant à un saint moine qui est en priere. Un religieux du même ordre est aussi à genoux en extase. Différens moines sont à l'entour. On voit dans cette superbe piece les idées fécondes et l'esprit juste dans la composition, que le *Guide* admiroit dans les ouvrages de Canuti. Ce dessein est légerement tracé à la plume, lavé de bistre, sur papier jeaunâtre. E. H. in 4to.

2. Sujet allégorique. Un homme habillé en cardinal est assis au milieu du dessein. Il a des oreilles d'âne et la tête ornée d'une couronne royale. Son pied est posé sur un chapeau de cardinal. Il tient de la main gauche une corne d'abondance remplie de couronnes, de sceptres et d'autres bijoux précieux, et caresse de la droite un âne, qui est assis auprès de lui et met les deux pieds de devant sur ses genoux. Dans le fond la folie représentée sous la figure d'une jeune femme saute

et se rejouit de cette scene; à la plume, lavé de bistre. Piece de forme ovale E. H. in 4to.

3. Un roi assis à table avec un grand nombre de convives dans une salle magnifique. Il se leve et assaillit l'épée à la main un homme armé, qui s'enfuit avec précipitation. Tous les convives fort agités, expriment leur frayeur. Dans le fond on voit accourir une foule de gens armés de piques. Ce beau dessein est légerement esquissé à la plume et à l'encre de la Chine. E. L. in folio.

MOLA (Pierre François) éleve de l'Albane, naquit à Coldré dans le Milanois en 1621, et mourut en 1666.

1. S. Pierre et S. Jean guérissant les malades à la porte du temple. Ce dessein d'un grand effet est d'une plume ferme et grasse, lavé de bistre sur papier jeaunâtre. E. H. in folio.

2. Premiere idée pour un combat entre des hommes nus; croquis fort confus à la plume, lavé de bistre. E. L. in 4to.

3. Loth et ses deux filles. Esquisse légere à la plume, E. L. in 4to.

GHISOLFO (Jean) naquit à Milan en 1623 ou 1625, et mourut dans la même ville en 1683.

1. Un homme assis sur une motte de terre.

Derriere lui un petit garçon s'appuyant contre un poteau, et parlant à un autre qui arrive; à la plume, lavé de bistre. E. L. in 4to.

CIGNANI (Charles) naquit à Bologne en 1628, et mourut à Forli en 1719.

1. Feuille d'étude; on y voit vers le haut deux vieillards vêtus d'habits larges, qui s'entretiennent, étant assis l'un à côté de l'autre; vers le bas un autre vu de profil est assis sur une motte de terre. Croquis spirituel fait à la sanguine et lavé. E. H. in 8vo.

PASINELLI (Laurent) naquit à Bologne en 1629, et mourut dans la même ville en 1700.

1. Tête de femme vue de profil; à la plume, très finie; on ne voit que le visage. E. H. in 8vo.

PANZA (Frederic) de Milan; naquit en 1637, et mourut en 1793.

1. Esquisse d'un S. Jean écrivant l'Apocalypse. La S. Vierge lui apparoît, marchant sur la tête d'un dragon; dessinée et lavée à la sanguine. E. H. in 4to.

2. Autre esquisse d'un St. Jean, auquel apparoît un ange; du même faire. E. H. in 4to.

3. Premiere idée d'un dessein d'Endymion dans les bras de Diane. Plusieurs Amours les entourent. Un d'eux sur le devant est appuyé sur un chien de chasse; à la sanguine. E. H. in fol.

ABBIATI (Philippe) de Milan, né en 1640, et mort en 1715.

1. Premiere pensée légerement croquée à la sanguine d'un S. François mourant, à qui un ange apparoît. E. H. in 4to.

BONACINA (Cesar Augustin) de Milan; graveur, florissoit vers 1670.

1. La statue équestre d'une reine sur un piedestal de pierre brute sur lequel est posée une épée. Le cheval est représenté galoppant. Ce dessein est à la plume, lavé de bistre. Le fond du papier est teint en jeaune. in 4to.

GHERARDI (Philippe) éleve de Pietre de Cortone; naquit à Lucques en 1643, et mourut en 1704.

1. Plafond représentant un concert d'anges qui chantent et jouent de divers instrumens; légerement esquissé à la pierre noire sur papier bleu. Ce dessein est d'une forme

ovale, bombée des côtés. Grand morceau E. L. in fol.

2. L'adoration des rois. Ce dessein au bistre, et rehaussé de blanc, est composé d'une maniere particuliere. La sainte Vierge est assise sur une petite muraille, et tient l'enfant Jesus, qui est debout sur le coin du piedestal d'une colonne. S. Joseph est derriere. E. H. in 4to.

FRANCESCHINI (Marc-Antoine) naquit à Bologne en 1648, et mourut dans la même ville en 1729.

1. Paysage. Sur le devant vers la gauche on voit une jeune fille assise au pied d'un arbre et écoutant avec intérêt un jeune homme placé à terre près d'elle. Derriere elle un enfant lui met sur la tête une couronne de fleurs. A sa droite une autre jeune fille et son amant, assis ensemble par terre, sont occupés à faire une guirlande de fleurs. Vers la droite du dessein un vieux pasteur debout appuyé de ses deux mains sur un bâton regarde quatre enfans, qui cueillent des fleurs. Superbe dessein fait à la plume et lavé d'encre de la Chine. E. L. in folio.

2. Le massacre des innocens. Grande composition de beaucoup de figures esquissée légerement à la plume, et lavée de bistre. E. L. in fol.

GALLI (Ferdinand) dit Bibiena, naquit à Bologne en 1657, travailla à Vienne et mourut dans sa patrie en 1743.

1. Superbe morceau d'architecture dessiné à la plume, lavé d'encre de la Chine avec beaucoup de soin et de finesse. C'est un vestibule, dont la coupole est soutenue par des grouppes de colonnes à deux étages, avec ornemens militaires. E. H. in fol.

2. Dessein d'un théatre représentant une salle magnifique. Grand morceau d'architecture dessiné avec soin à la plume, et lavé d'Indigo et de gomme gutte. E. L. très grand in fol.

LANZANI (André) de Milan; mort en 1712.

1. St. Jean prêchant dans le désert. Il est devant une espece de terrasse contre un grouppe d'arbres. A droite et à gauche un grand nombre d'auditeurs est grouppé de différentes façons. Esquisse à la sanguine, retouchée à la plume, et lavée légerement. E. L. in fol.

PIETRI (Pierre de) disciple de Carle Maratti naquit à Premia dans le Milanois en 1661, et mourut à Rome en 1716.

1. Fuite en Egypte. Saint Joseph monté sur un âne, porte l'enfant Jesus dans une berce devant la S. Vierge également assise sur un

âne. Ce joli dessein est à la plume, lavé de bistre et rehaussé de blanc. E. L. in 4to.

LORENZINI (Jean Antoine) naquit à Bologne en 1665, et mourut dans la même ville en 1740.

1. Feuille d'étude, où l'on voit onze figures en différentes attitudes; à la plume, lavé à l'encre de la Chine. E. H. in folio.

GIOVANNINI (Jacques Marie) naquit à Bologne en 1667, et mourut à Parme en 1717.

1. Un enfant assis sur une motte de terre. Il est vu par le dos, et leve le bras droit; à la sanguine. E. H. in folio.

CRETI (Donat) naquit a Cremone en 1671, et mourut à Bologne en 1747.

1. Venus s'abandonnant à la douleur à la vue du corps mort d'Adonis. Croquis à la plume. E. H. in 4to.

GANDOLFI (Ubalde). Il est compté ainsi que son frere Gaetan au nombre des éleves d'Hercule Graziani le jeune; il flor. vers 1750.

1. Sainte Anne instruisant la Ste. Vierge; à côté est S. Joachim et derriere on voit deux

anges. Ce beau dessein très arrêté est à la sanguine, quelque peu rehaussé de blanc, sur papier jaunâtre. E. H. in folio.

BELLANDI (Jean Baptiste) Sculpteur de Milan.

1. Jesus Christ mis au tombeau par ses disciples. Dessein en forme de basrelief fait à la plume, lavé de bistre. E. L. in 4to.

ÉCOLE ESPAGNOLE

ET

NAPOLITAINE.

CESARI (Joseph) d'Arpino, nommé le Chevalier Josepin, naquit à Arpino près de Naples en 1560, et mourut à Rome en 1640.

1. Le gouvernement représenté sous la figure d'une femme assise, tenant de la main droite un sceptre posé sur un globe, qu'un enfant supporte les bras élevés. De la gauche elle tient un gouvernail. Joli dessein à la pierre noire, sur papier bleu. E. H. in folio.

2. S. Marc, S. Catherine et S. François d'Assise debout, invoquant Jesus Christ assis sur des nuages entre S. Jean Bapt. et S. Pierre; à la plume, lavé de bistre sur papier bleu. E. H. in folio.

3. Morceau d'une frise richement ornée de figures, où entre autres on voit une femme assise, caressant une chevre. Beau dessein à la plume, lavé de bistre, et rehaussé de blanc, sur papier bistré. E. L. in fol.

RIBERA (Joseph) dit l'Espagnolet, naquit à Xativa au royaume de Valence en 1593, et mourut à Naples en 1649.

1. Les enfans de Niobé, percés de fleches. On en voit un tombé de son char et entrainé par ses chevaux. Joli croquis d'une plume fine et tres légere, lavé quelque peu de bistre. E. L. in fol.

BERNINI (Jean Laurent) naquit à Naples en 1598, et mourut à Rome en 1680.

1. Un jeune homme mourant; à côté de lui on voit un vieillard, qui lui montre le ciel; et sur le devant est un homme accroupi, qui le soutient; à gauche un soldat debout fait signe vers le mourant. Esquisse fort légere à l'encre de la Chine. E. H. in fol.

MURILLO (Barthelemi-Etienne) né a Pinas près de Séville en 1613, et mort à Séville en 1685.

1. Un jeune homme avec un chapeau rond rabattu, jouant de la guittare devant un livre de musique posé sur une table, devant laquelle il est assis. Ce dessein est à la plume, lavé de bistre et d'encre de la Chine recorrigé au blanc. Il est un des plus rares et des plus jolis de cette collection. E. L. in 4to.

ROSA (Salvator) naquit à Renella près de Naples en 1615, et mourut à Rome en 1673.

1. Policrate roi de Samos attaché en croix par ordre d'Oreste Satrape de Cambyse roi des Perses; grand dessein à la plume, lavé d'encre de la Chine. Il a été gravé par *Rosa* même. E. L. très grand in fol.

GIORDANO (Lucas) naquit à Naples en 1632, et mourut dans la même ville en 1705.

1. L'Aurore montée sur un cheval ailé. Elle galoppe de gauche à droite sur les nues. Sa tête est vue de trois quarts, tournée en arriere; elle prend de la main droite des fleurs que porte un génie, pour les semer sur son passage et pour en embellir la nature. Un grand voile voltige sur sa tête. Dans le haut, un autre génie ayant une étoile sur la tête, tient un flambeau. Plus bas un troisieme génie, ayant aussi une étoile sur la tête tient des deux mains un vase d'où coule la rosée. Ce dessein est au trait de plume, lavé de bistre et rehaussé de blanc; sur papier brunâtre. E. L. in 4to.

2. Etude pour la fable de Niobé. Deux de ses fils à cheval courent au galop sans bride. Le premier sentant la fleche, qui lui perce le coeur, jette son corps en arriere, et s'ap-

puyant de la gauche sur la croupe de son cheval, leve la main droite aux cieux. Le second plus avancé vers la gauche, paroît vouloir éviter la fleche, qui le menace. Il a le corps et la tête courbés en avant sur le cou de son cheval, et le bras gauche élevé. Tout au bas vers la gauche est un corps mort couché sur le dos et percé d'une fleche. Dans le lointain sont deux autres cadavres. Ce dessein du stile d'un grand maître, est tout au pinceau, lavé à la sanguine et rehaussé de blanc sur papier jeaune. E. L. in fol.

3. S. Jean l'évangéliste, S. Marc et deux saints Religieux s'entretenant sur l'annonciation, qui est représentée dans le haut du dessein sur des nues. Belle esquisse à la plume, légèrement lavée de bistre. E. H. in 4to.

4. S. Jean l'évangéliste assis à terre, appuyé de la main gauche sur un livre, et tenant de la droite un autre dans lequel il lit. Cette figure est dans le grand goût ordinaire à *Giordano*; elle est faite à la plume, lavée d'encre de la Chine. E. L. in 8vo.

ALTOMONTE (Martin) naquit à Naples en 1657, et mourut à Vienne en 1745.

1. Buste d'un guerrier. Joli dessein à la sanguine. E. H. in 4to.

2. La Ste. Vierge assise sur des nues, soutenant l'enfant Jesus, qui est debout à côté

d'elle, et foule au pied le serpent; dessiné et lavé à la sanguine. E. H. in 4to.

3. La Vierge assise tenant l'enfant Jesus, à qui le petit St. Jean prosterné à genoux baise les pieds. Croquis à la sanguine. E. H. in 8vo.

4. Un Saint à genoux devant l'enfant Jesus, que la S. Vierge tient sur ses genoux, in 4to.

5. Le même sujet traité différemment, in 4to.

6. La S. Vierge et S. Magdelaine assises au pied de la croix et soutenant le corps mort de Jesus Christ. E. L. in 4to.

7. Esquisse pour un tableau d'autel représentant la mort de S. Magdelaine. On y voit plusieurs anges qui se préparent, pour transporter cette sainte au ciel, dans lequel le Sauveur est représenté assis sur des nues, tenant sa croix. E. H. in 4to.

8. Un S. évêque à genoux, entre deux anges, dont l'un le soutient par derriere, et l'autre lui enflamme le coeur moyennant le flambeau de l'amour de Dieu. E. H. in 4to.

9. S. Antoine de Padoue adorant à genoux le petit Jesus, qui lui apparoît sur des nues. E. H. in folio.

10. Jesus Christ célébrant la sainte cene avec ses disciples. E. L. in folio.

Ces derniers sept morceaux sont très légerement esquissés et lavés à la sanguine.

MURA (François) dit Franceschiello Napolitano; disciple de Solimene, naquit à Naples vers l'an 1700.

1. Dessein à la plume, lavé d'encre de la Chine, ceintré par le haut. Au milieu d'un paysage orné de ruines on voit un piedestal, sur lequel est placé un médaillon renfermant le buste d'une femme couronnée de fleurs, et une petite croix dans les mains, qu'elle tient croisées sur la poitrine. Ce médaillon est soutenu par deux génies. Un vieillard couronné, et debout près du piedestal propose le buste pour modèle à plusieurs peintres et sculpteurs, dont quelques uns sont déjà à l'ouvrage. La renommée voltige en l'air au dessus du buste. Piece de forme quarrée in 4to.

ÉCOLE GÉNOISE.

CAMBIASI (Lucas) dit le Cangiage, naquit à Gênes en 1527, et mourut à l'Escurial en 1585.

1. Croquis léger à la plume d'un S. George à cheval, tuant le dragon. L'expression de la tête du saint et la rage du cheval, qui mord le dragon, sont remarquables. Dessein en forme octogone. E. H. in fol.

2. Une vieille assise, ayant le coude appuyé sur un genou. Devant elle est une jeune femme qui des deux mains paroît lever de terre son enfant le quel lui tend les bras. Ce dessein dans le vrai genre du *Cangiage* est à la plume et d'une expression charmante. E. H. in folio.

3. Une S. famille. La S. Vierge est assise au pied d'un arbre, tenant l'enfant Jesus, qui joue avec le petit S. Jean Baptiste. Derriere est S. Joseph assis, ayant les bras croisés sur ses genoux; à la plume, lavé d'encre de la Chine. E. H. in fol.

4. Le pere éternel soutenu sur des nuages et entouré d'une gloire d'anges. Il s'appuye du bras gauche sur le globe, et donne la bénédiction avec la main droite. Vers le bas

on voit deux anges qui voltigent; l'un d'eux porte une couronne et une palme. Ce dessein paroît être la partie supérieure d'un tableau représentant quelque martyre; il est à la plume, lavé de bistre. De forme quarrée, in folio.

5. Dessein des plus capitaux de ce maître, représentant la nativité. La S. Vierge et trois bergers sont autour de l'enfant, qui est couché par terre sur un linge, et jette une clarté qui éblouit. Deux hommes, un flambeau à la main, arrivent dans le lointain. Dans le haut est une gloire d'anges, et tout à fait dans le fond, un ange apparoît à des bergers dont plusieurs sont déjà en marche. Ce dessein éclairé par trois lumieres différentes est d'un fort bel effet; à la plume, lavé de bistre. E. H. in fol.

6. Un apôtre assis tenant de ses deux mains un livre, dans lequel il lit. Dans un angle; à la plume. E. H. in fol.

7. Une femme largement drapée assise sur des nues; elle a une main appuyée sur le genou et tient de l'autre une banderole qu'elle regarde avec attention; à la plume, lavé de bistre. Piéce de forme quarrée in fol.

8. Trois bourreaux occupés à crucifier un homme. Le peuple entoure la place; à droite un homme à cheval semble diriger le supplice; à la plume, lavé de bistre. E. L.

9. La S. Vierge assise vue jusqu' aux genoux,

sur lesquels elle tient l'enfant Jesus, qui a la main gauche posée sur la tête du petit S. Jean; à la plume, lavé de bistre à grandes touches. De forme quarrée in 4to.

10. La S. Vierge assise sur une pierre. Elle a le corps plié et la tête baissée vers l'enfant Jesus, qu'elle tient entre ses bras. Elle est vue de profil et dirigée vers la droite; à la plume, lavé d'encre de la Chine. E. H. in fol.

11. Un homme marchant à côté d'une femme, qui mene un enfant par la main; à la plume. E. H. in fol.

12. S. Famille. La Vierge assise à terre près d'un mur embrasse l'enfant Jesus, qu'elle tient entre ses bras. S. Joseph assis auprès les regarde avec intérêt. Vers la droite on voit le petit S. Jean, qui dort; à la plume, lavé de bistre. E. L. in folio.

13. L'adoration des bergers. Beau dessein à la plume, lavé de bistre. Toute la lumiere vient de l'enfant Jesus. La S. Vierge, un ange et deux bergers sont autour de l'enfant. S. Joseph appuyé sur son bâton, est derrière le boeuf et l'âne placés à la droite du dessein. Deux anges vers le haut voltigent en l'air. Ce dessein est plein d'expression et d'un effet charmant. E. H. in fol.

14. Venus entre les bras d'Adonis. Sur le devant à gauche Cupidon pleurant.

15. Ce même sujet traité différemment. Vénus et Adonis assis sur une motte de terre au

pied d'un arbre s'embrassent. Cupidon est debout derriere sa mere.

16. Venus assise à terre ayant entre ses bras le corps mort d'Adonis. Cupidon derriere eux exprime sa douleur. Dans le fond on voit nombre d'Amours se saisissant du sanglier, qui avoit tué Adonis.

Ces trois desseins d'une grandeur égale sont légerement esquissés d'une plume grasse. E. H. in fol.

17. Autre du même faire, représentant une sainte famille. S. Joseph assis au pied d'une petite montagne, les jambes et les bras croisés, regarde la Vierge qui embrasse tendrement l'enfant Jesus. S. Jean derriere s'empresse de donner aussi des baisers à l'enfant. E. H. in folio.

18. Très grand dessein représentant le martyre de St. Sebastien. Il est attaché à une grande colonne sur une espece de péristile élevé, au bas duquel sont des soldats qui le percent de fleches. En haut on voit le ciel ouvert. Ce précieux morceau est à la plume, lavé de bistre. E. H. très grand in folio. Il est accompagné d'une copie très exacte faite par le Prince *de Ligne*.

19. La chûte de Phaéton. Deux chevaux en tombant, occupent le bas du dessein, deux autres le milieu, et à l'extrêmité en haut, se voit Phaéton dans le char du soleil, exprimant les bras étendus, la frayeur que lui

donne sa chûte. On ne voit que sa tête et ses deux bras, le reste du corps étant caché par le char. Ce dessein à la plume est en hauteur, très grand in folio.

CASTELLI (Bernard) né à Gênes en 1557, et mort dans la même ville en 1629.

1. Une attaque des Chrétiens contre les infideles devant la ville de Jerusalem. Joli dessein à la mine de plomb; les grouppes de devant sont terminés à la plume et lavés de bistre. Piece de forme quarrée in 8vo.

ANSALDO (Jean André) naquit à Voltri dans le Génois en 1584, et mourut en 1638.

1. Le portrait du peintre Kager. Il est dans un médaillon orné d'un cadre en rocailles, entre deux colonnes tronquées sur lesquelles deux figures sont assises; l'une tient un globe, et l'autre un livre et une plume. Au bas du portrait on lit: *Vera Effigies Matthiae Kagery pictoris celeberrimi Argentor.* Dessein très arrêté à la plume, lavé de bistre. E. L. in folio.

BADARACCO (Joseph) dit Sordo, de Gênes; mort en 1657.

1. L'entrée publique de deux princes ou

généraux, qui sont précédés et suivis d'une trouppe à cheval. Quatre hommes à pied portent un dais au dessus de leur têtes. La marche se dirige vers la droite du dessein, où se voit la porte d'une ville, dans laquelle une partie de la trouppe est déjà entrée. Dans le fond on voit des bâtimens, et sur le devant des gros arbres, sur l'un desquels un homme est monté. Ce superbe dessein est fait à la plume, lavé de bistre sur papier brunâtre. E. L. in folio.

CASTIGLIONE (Jean Benoît) dit le Benedette, naquit à Gênes en 1616, et mourut à Mantoue en 1670.

1. S. François en extase, soutenu par deux anges, qui le tiennent sous le bras. Très belle esquisse à l'huile, en grisaille. E. H. in fol.

2. Petit dessein à la plume représentant un jeune homme à mi-corps, habillé à l'Espagnole, qui joue de la mandoline, in 8vo.

3. Deux statues d'une femme, et d'un Hercule sur des piedestaux, au bas desquelles on voit une statue d'homme mutilée et autres restes d'antiquités dispersés à terre. Contrépreuve d'un dessein fait à la sanguine. E. H. in 4to.

4. Un grand prêtre attendant à la porte du temple un jeune homme, qu'un ange y conduit sur quelques dégrés. Esquisse de tableau

d'autel ceintré par le haut; elle est faite au trait de pinceau, au bistre et rehaussé d'une couleur blanc-jeaunâtre. E. H. in fol.

5. Une femme montée sur un âne et ayant un enfant entre les bras. Elle est accompagnée de deux petits garçons qui font marcher devant eux quelques moutons; croqué à la plume. E. H. in 4to.

Quatre desseins présentés par *Castiglione* même au Prince de Lichtenstein pour sa galerie. Ce sont les desseins les plus capitaux de ce maître, non seulement pour leur composition, mais aussi pour la force, la fermeté et l'esprit. Ils sont en largeur très grand in fol. Les sujets sont:

6. Le départ de Jacob. On y voit nombre de personnes à cheval, des gens à pied conduisant des chiens, d'autres portant des paquets et faisant marcher du bétail devant eux. Ce morceau est esquissé à l'huile de différentes couleurs.

7. Premiere idée pour une adoration des bergers, très légèrement esquissée d'une couleur rougeâtre.

8. Le même sujet traité d'une maniere tout à fait différente et d'un effet merveilleux. Ce morceau qui est le plus beau des quatre, est fait à l'huile comme le départ de Jacob; Nro. 6.

9. Espece des Bacchanales, du même faire que le morceau précédent. On y voit un vieux satyre, une flûte à la main, regardant derriere

lui les provisions qu'une femme lui apporte. Elle est accroupie sur les talons, et un viellard à côté d'elle lui parle. Vers la droite est un nombre d'enfans dont plusieurs s'occupent à mettre l'un d'eux sur un tigre; les autres suivent ou précédent Silène monté sur un âne.

BISCAINO (Bartholomée) né à Gênes en 1632, et mort dans la même ville en 1659.

1. Un roi mourant. Il est dans son lit écoutant deux saints hommes qui l'exhortent; beau dessein à la plume, lavé d'encre de la Chine. E. H. in folio.

2. Judith assistée de sa servante, coupant la tête à Holoferne; à la plume, lavé de bistre. De forme quarrée in folio.

GAULI (Jean Baptiste) nommé Bacciccia, naquit à Gênes en 1639, et mourut à Rome en 1709.

1. Moïse défendant les sept filles du prêtre de Madian contre les insultes des bergers. Beau dessein d'une riche composition, fait avec une plume légere et savante, et lavé quelque peu d'encre de la Chine. E. L. in fol.

2. Adoration des rois. Esquisse à la plume, lavé d'encre de la Chine. E. H. in 4to.

ÉCOLE ALLEMANDE.

DURER (Albert) naquit à Nuremberg en 1470, et mourut dans la même ville en 1528.

1. Petit dessein d'une plume extrémement fine, représentant l'intérieur d'une chambre voutée. Sur le devant S. Jerôme est assis devant un livre posé sur un pupitre. Dans le fond se voit le lion couché, et un peu plus loin le lit du Saint. E. H. in 8vo.

2. Vue d'une ville sur le penchant d'une montagne, et une partie sur le sommet. Sur le devant du dessein, qui n'est pas terminé, un homme vu par le dos parle à un moine; à la plume. E. H. in 4to.

3. Un garçon debout. Il tourne la tête en arriere, a la main gauche posée sur la hanche et montre de la droite vers le ciel; au crayon sur papier jeaunâtre. E. H. in 8vo.

4. Un estaffier vu par le dos, portant une hache d'arme d'une main, et de l'autre un bâton dont on ne voit qu'un bout. Il a un ceinturon où pend un coutelet, avec une espece de gibbeciere, sur laquelle est un mascaron; à la sanguine. E. H. in 4to.

5. Le Christ debout, qui se retourne pour

parler; à la sanguine. Contrépreuve. E. H. in 4to.

6. Un homme d'une figure grotesque avec des cheveux crépus, qui tire son bras de dessous son manteau, pour tenir un bâton à la main; à la sanguine, rehaussé de blanc, sur papier jeaunâtre. E. H. in 4to.

7. Un philosophe assis, la tête sur la main, le coude appuyé sur un grand livre, qu'il tient sur ses genoux; à la sanguine. Contrépreuve. E. H. in 4to.

8. Etude d'une jeune femme qui danse et qui porte de la main gauche une couronne de laurier. Pour la fameuse piece gravée en bois, représentant le char de triomphe de l'empereur Maximilien; à la sanguine, rehaussé de blanc, sur papier jeaunâtre. E. H. in 4to.

9. Autre figure semblable; étude pour la même piece, à la sanguine. Contrépreuve. E. H. in 4to.

10. Un anachorete à longue barbe. Il releve un pan de son manteau pour passer dans l'eau, et tient de l'autre main un flacon; à la sanguine. Contrépreuve. E. H. in 4to.

11. Ce dessein capital représente une résurrection. C'est une piece de nuit faite à la gouache en grisaille dans la forme d'une porte de tabernacle. Les détails en sont d'une finesse admirable. Une quantité innombrable de têtes d'anges entourent le Sauveur derriere lequel est une grande clarté qui réjaillit, et

donne des coups de lumiere sur les armures des soldats, qui entourent le tombeau. On ne peut rien voir de plus précieux, que le fini des armures. La partie mentionnée du dessein est separée du bas et renfermée dans un ceintre soutenu par deux pilastres, dont les piedestaux sont posés sur une espece d'autel. Au milieu est un écriteau, aux deux côtés duquel sont placés deux boulets, et plus loin deux diables assis qui pleurent. Plus bas on lit dans un cartouche cette inscription : *Albertus Durer Norenbergensis faciebat post virginis partum* 1510, et le monogramme de Durer. E. H. in fol.

La galerie impériale possede un pareil dessein d'un exactitude si étonnante, que l'on croiroit presque que les contours en sont gravés et retravaillés au pinceau par *Durer* lui même, ce qui ne diminue pas la valeur de ces deux desseins, puisqu'ils sont uniques.

CRANACH (Lucas Müller dit de) naquit à Cranach dans le diocese de Bamberg en 1472, et mourut à Weimar en 1552.

1. Portrait d'homme dessiné aux deux crayons melés de pastel. Il est coëffé d'une espece de chaperon rouge, qui couvre les cheveux, dont on n'en voit qu'un peu à côté de l'oreille. Le cou et une partie de la poitrine sont nus. E. H. in 4to.

2. Autre tête d'homme du même faire; il a

la tête couverte d'un chapeau gris, et il porte une chaîne autour du cou. E. H. in 4to.

3. La parabole de notre Seigneur, où un homme, qui a une poutre dans l'oeil, voit la paille qui est dans celui de son voisin. Ce dessein porte la date de 1534. Il est à la plume, dans le goût d'une gravure en bois. E. H. in 4to.

4. Portrait d'homme avec une barbe rousse, la tête duquel est couverte d'une toque noire; au pastel. E. H. in folio.

ALTDORFER (Albert) né à Altdorf en Suisse, et selon d'autres à Altdorf en Bavière en 1475, et mort à Ratisbonne en 1538.

1. S. Christophe portant sur ses épaules l'enfant Jesus; il est représenté tombé sur la glace. Dessein fait à la plume, sur papier teint de verd, et rehaussé de blanc. E. H. in 4to.

2. S. François stigmatisé; à la plume sur papier rouge et rehaussé de blanc. E. H. in in 8vo.

3. Un homme nu en ayant terrassé un autre, qui est étendu à ses pieds, s'approche d'une femme assise, qui cache son enfant dans ses bras. Dans un fond de paysage; à la plume sur papier brun rehaussé de blanc. E. H. in 4to.

4. Un ange arrêtant le bras d'un bourreau, qui est sur le point de décoler une Sainte, la-

quelle les yeux bandés, est à genoux devant un portique. Dans le fond on voit un paysage montagneux avec un château au sommet d'un grand rocher. Dessein fait à la plume sur papier teint en verd, et rehaussé de blanc. E. H. in 4to.

GRUEN (Hans Baldung) né à Gemünd en 1482; florissoit vers 1515.

1. Tête de Saturne; dessinée en 1516 à la pierre noire. E. H. in folio.

HOLBEIN (Jean) naquit à Basle en 1498 et mourut à Londres en 1554.

1. La présentation au temple. Dessein fait par *Holbein* dans sa jeunesse d'après un tableau de *Martin Schön*; à la plume, lavé d'encre de la Chine. E. H. in fol.

2. Tête d'un vieux moine vu de profil. Ce dessein fait à différens crayons, qui imitent le pastel, est un vrai chef-d'oeuvre de l'art, l'expression, et le fini du travail y sont poussés au plus haut dégré. E. H. in 4to.

HIRSCHVOGEL (Augustin) né à Nuremberg en 1510, et mort en 1560.

1. Joli paysage montagneux sur le bord de la mer, sur laquelle on voit plusieurs vaisseaux; à la plume. E. L. in fol.

SCHWARZ (Christophe) naquit à Ingolstadt en 1548, et mourut à Munich en 1594.

1. Un Ecce homo. Le Christ est au milieu, à sa gauche est Pilate coëffé d'un turban; de l'autre côté sont quatre différentes figures. Ce dessein est d'une plume légere, lavé de bistre, avec quelques touches d'encre de la Chine. E. H. in 4to.

2. Jesus Christ mis en croix. Deux hommes tirent la croix de devant avec des cordes, et quatre autres la poussent de derriere avec une échelle. Les deux larrons sont dans le fond, attendant leur sort. La S. Vierge sur le devant est evanouïe dans les bras des saintes femmes. Ce dessein orné d'un grand nombre d'autres figures, est de toute beauté pour l'ordonnance, la correction, l'expression de chaque figure et le fini de l'ouvrage. Il est à la plume, lavé de bistre et rehaussé de blanc. On a une estampe gravée au burin par *Gilles Sadeler*, laquelle semble avoir été faite sur ce même dessein. E. L. in folio.

3. Le Parnasse au sommet duquel on voit le Pégase. Sur le devant à gauche Apollon assis écoute une deesse, qui paroît être la Terre et qui lui fait signe vers Daphné changée en laurier près du fleuve Ladon son pere. Toutes les figures, qui entrent dans cette composition, sont dessinées avec esprit, d'une plume déli-

cate, et légerement lavées de bistre. E. H. in 4to.

DE WITTE (Pierre) dit Candidus, naquit à Bruges en 1548, et mourut à Munich vers le commencement du dernier siecle.

1. Jesus Christ au jardin des olives dans le moment, où les soldats auxquels Jesus dit, que c'est lui qu'ils cherchoient, reculent quelques pas, et tombent par terre. Ce joli dessein est à la plume, légerement lavé d'encre de la Chine et rehaussé de blanc, sur papier bleu. E. H. in 4to.

2. S. famille. La vierge assise a sur ses genoux l'enfant Jesus, qui joue avec le petit S. Jean. S. Joseph est derriere.

3. Le même sujet traité différemment. On y voit S. Anne à la place de S. Joseph.

4. Repos en Egypte.

Ces trois petits desseins sont très légerement esquissés à la plume. E. H. in 8vo.

SUSTER ou SUSTRIS (Fréderic) peintre et architecte de Guillaume Duc de Bavière; travailla à Florence, et mourut à Munich vers 1600.

1. Jesus Christ chassant les vendeurs du temple et frappant avec des cordes sur les marchands effrayés qui s'enfuient de toutes

parts. Les figures sont vues à mi corps; à la plume, lavé d'encre de la Chine. E. L. in fol.

2. Un guerrier marchant à côté d'une femme richement habillée, qu'il tient par la main. Au dessus d'eux un ange leur indique le chemin, qu'ils doivent prendre. Plus loin à la gauche du dessein on voit le portique d'un temple, sous lequel des jeunes filles dansent au son du tambourin et du violon joués par deux autres guerriers. Dans le lointain un homme à genoux dans un ruisseau se fait baptiser par un évêque. Ce dessein à la plume, rehaussé de blanc, sur papier gris, est très fini avec esprit et délicatesse. E. L. in 4to.

ACHEN (Jean van) naquit à Cologne en 1556.

1. L'Olympe. On voit vers le haut du dessein Jupiter assis sur un nuage à côté de Minerve qu'il embrasse. Au bas sur la gauche est Pluton, Hercule, Mercure et Diane; et sur la droite est le grouppe de Venus, Cupidon, Apollon et Neptune. Ce dessein capital fait à la plume, lavé de bistre et rehaussé de blanc, a été payé par le Prince de Ligne 96 liv. E. L. in folio.

ALLEMANDE.

HEINZ (Joseph) naquit à Bern en 1560, et travailla à Prague vers la fin du XVI. siecle.

1. Le génie de la peinture représenté sous la figure d'un jeune homme vêtu d'une cotte de mailles et d'un manteau flottant. Il tient de la main gauche une palette et des pinceaux, et de la droite le modèle d'une petite statue d'homme, qu'il regarde avec intérêt. Ce dessein a été fait à Venise en 1625 à la plume, lavé de bistre et rehaussé en or. E. H. in 8vo.

2. La tête et le poitrail d'un cheval pour un char de Phaéton. Superbe étude dessinée avec beaucoup d'art et d'intelligence à la pierre noire. E. H. in 4to.

ROTTENHAMMER (Jean) naquit à Munich en 1566, et mourut à Augsbourg en 1604.

1. Le baptême de Jesus Christ; il a un genou appuyé sur une pierre dans l'eau. Deux anges planent sur sa tête et sur celle de S. Jean. Le S. Esprit est plus haut, suspendu entre eux deux; à droite sont six figures et cinq à gauche en différentes attitudes. Dessein fort spirituel à la plume, lavé de bistre. E. H. in folio.

2. Sujet de Mythologie. On y voit Hercule jettant hors d'un grand lit un satyre qui sem-

ble avoir couché à côté de lui. Mercure et trois autres personnes retirent les rideaux du lit. Sur le devant Iole assise parle à Déjanire, qui est près d'une table, sur laquelle on voit un grand bocal. Joli dessein bien terminé à la plume, lavé de bistre et rehaussé de blanc sur papier bleu. E. H. in 4to.

KAGER (Mathieu) naquit à Munich en 1566, et mourut à Augsbourg en 1634.

1. Piece allégorique dédiée par *Kager* à son fils. On voit au milieu du dessein Minerve assise sur une butte de terre entourée en bas par des chardons. Elle tient de la main gauche élevée trois clefs et un flambeau entortillé d'épines, et de la droite, qu'elle laisse pendre, un cadenas avec sa clef et un autre flambeau renversé. Différens instrumens et ustensils sont dispersés à ses pieds. A sa droite plusieurs figures désignent l'ignorance et les erreurs des hommes, à sa gauche d'autres montrent leur sagesse et leurs lumieres. Les premiers sont exprimés par un âne couché sur le devant du dessein, qui mange un livre, et par un étudiant qui s'endort sur le sien; à côté un homme, les yeux bandés, regarde dans un miroir; des cartes et un pot renversé sont à côté de lui. Un autre assis auprès de lui s'efforce à lui apprendre l'art cabalistique. Un peu plus

loin on voit des gens faisant des vains efforts, l'un pour mettre ses deux jambes dans une botte, l'autre pour jouer d'un violon retourné et sans cordes, le troisieme voulant boire dans un verre troué, le quatrieme enfin consultant les astres pour l'astrologie judiciaire. Dans le fond un homme bride son cheval par la queue, et un autre cherche de l'eau dans un puits dont la corde, pour descendre un tonneau brisé, est cassée. La derniere figure de ce côté est Midas parmi les joncs qui répétent, qu'il a des oreilles d'âne.

A la droite du dessein on voit Alexandre suivi de deux guerriers, qui coupe le noeud Gordien; un peintre ayant à côté de lui un homme avec un baguenaudier qui représente la patience; et sur le devant un jeune homme entre deux précepteurs qui lui apprennent différentes sciences.

Ce dessein est à la plume, lavé de bistre. E. L. in folio.

PAAS (Crispin de) flor. vers 1600.

1. Persée délivrant Andromède. Petit dessein de forme ronde, fait à la plume, lavé d'Indigo, et assez terminé. In 8vo.

KÖNIG (Jean) peintre d'Augsbourg, flor. vers 1600.

1. Deux chevaux se battant à côté d'un

troisieme qui est etendu mort par terre. Vers la droite un paysan, un bâton à la main, accourt pour les séparer. Dessein fait d'une plume spirituelle, légerement lavé d'encre de la Chine. E. L. in 8vo.

ELSHEIMER (Adam) né à Francfort sur le Meyn en 1574, et mort à Rome en 1620.

1. Petit dessein en travers représentant une procession de femmes, au milieu desquelles il y a quelques enfans et deux hommes à cheval. On voit aussi deux ou trois chiens. Ce dessein très rare est joliment croqué à la plume. In 8vo.

2. Très belle idée d'un petit paysage orné d'arbres. On y voit sur le devant quelques vaches, et vers la droite plusieurs Satyres qui font un concert de musique; dessiné d'une plume leste et très spirituelle. E. L. in 4to.

KILIAN (Luc) naquit à Augsbourg en 1579, et mourut dans la même ville en 1637.

1. Dessein d'une fontaine, où est représenté la statue d'Hercule combattant l'Hydre de Lerne; ce morceau est très fini à la sanguine. E. L. in folio.

ALLEMANDE.

GUNDELACH (Mathieu) né en Hesse en 1600, et mourut à Augsbourg en 1653.

1. Un peintre dans l'enthousiasme de la composition assis devant son chevalet. Derrière lui est le génie de la peinture, qui paroît l'inspirer. Joli dessein allégorique de forme ovale fait à la mine de plomb, terminé à la plume, et lavé à l'encre de la Chine. E. H. in 4to.

BEHEM (George) natif de Dresde, florissoit au commencement du dernier siecle.

1. Jesus Christ rendant la vie au fils unique de la veuve de Naïm. Jolie composition de plus de douze figures, dessinée à la plume, et très légerement lavée à l'encre de la Chine, en 1602. E. H. in fol.

HOLLAR (Wenceslas) naquit à Prague en 1607 et mourut à Londres en 1677.

1. Ce dessein qui a l'air d'avoir été tronqué, représente le haut d'un palais ou d'un temple. Un groupe de huit génies porte en l'air de grandes pieces de bois entrelacées d'une banderole avec cette légende; *erit hoc fuloimine firmum*. Au dessus du bâtiment, deux autres génies arrangent une espece de grue, ou autre machine. Ce dessein est très arrêté à l'encre de la Chine. E. L. in 4to.

ZEHENDET (Mathias) 1671.

1. Deux saints martyrs s'embrassant avant d'aller à leur supplice. Dessein fait à la plume lavé de bistre et rehaussé de blanc. E. H. in fol.

BAUR (Jean-Guillaume) naquit à Strasbourg, et mourut à Vienne en 1640.

1. Frontispice de livre représentant un cartouche oval, au haut duquel on voit deux hommes assis et appuyés sur un mascaron, qui est au milieu. Au dessous de ce cartouche est un grouppe de trois autres hommes dont l'un dessine sur une petite planche. Toutes ces figures sont vêtues à l'Allemande et à la mode du tems; dessein d'une plume légere, lavé de bistre. E. H. in folio. Il en existe une estampe gravée par Mr. *Hazard*.

SANDRART (Joachim) naquit à Francfort en 1606, et mourut à Nuremberg en 1683.

1. Un apôtre vêtu d'une draperie large, dirigeant sa marche vers la droite. Belle esquisse peinte à l'huile en grisaille. E. H. in 4to.

2. Policrate tyran de Samos, fameux par ses richesses et son bonheur, pris par Oreste satrape des Perses, et attaché en croix. Dessiné d'après *Salvator Rosa*, à la mine de plomb, légerement lavé d'encre de la Chine et rehaussé de blanc. Composition de plus de

ALLEMANDE.

quarante figures. Au revers l'étude du temple de Janus; à la plume. E. L. in fol.

3. Ce dessein représente un jardin; sur le devant est un grand vase orné de nombre d'Amours en basrelief, qui arrangent des guirlandes de fleurs. Vers la gauche dans un petit éloignement on voit un rocher, au bas duquel la statue de Neptune est posée sur des dauphins, qui jettent de l'eau par les narines. Dans le fond est la muraille, qui forme l'enclos du jardin: elle est ornée de colonnes et de statues dans des niches. Vers la gauche auprès du vase est une femme vue en pied, et à droite un grouppe de trois figures vues à mi-corps, qui regardent et admirent le vase. Des arbres et un lointain montagneux terminent ce dessein; à la plume, lavé d'encre de la Chine. E. L. in folio.

4. L'origine du dessein représentée par une jeune fille qui dessine sur le mur la silhouette de son amant placé entre elle et une lanterne. Joli dessein au bistre, rehaussé de blanc sur papier bistré. On lit au bas de ce morceau en langue Allemande: *Joachim Sandrart présente ce dessein à Mr. Jean Ulric Hurdter sculpteur comme une foible marque de son amitié. A Nuremberg le 13. d'Octobre 1683.* E. L. in 4.

SCHÖNFELD (Jean Henri) naquit à Biberach en 1609, et mourut à Augsbourg entre 1670 et 1680.

1. Une caravane marchant en deux colonnes dans un vaste désert. Sur le devant à gauche un homme assis sur une motte contre un arbre, et reposant. Joli morceau orné de beaucoup de bétail bien dessiné; à la plume, légerement lavé d'encre de la Chine. E. L. in folio.

OSTADE (Adrien van) naquit à Lubec en 1610, et mourut à Amsterdam en 1685.

1. L'intérieur d'une chambre, où l'on voit une vieille femme lisant la gazette à un homme assis sur un tonneau, et à un autre debout derriere elle. Deux autres, l'un assis, l'autre debout se chauffent à la cheminée. Ce beau dessein est aux deux crayons, lavé de bistre. E. L. in 4to.

OSTADE (Isaac van) naquit à Lubec, frere et disciple d'Adrien van Ostade, mourut à Harlem.

1. Une cuisine, où l'on voit une femme cherchant des poux à un paysan, qui est assis à terre devant elle; à côté un autre paysan debout regarde, s'il n'y a plus rien dans son pot; à la plume, lavé de bistre. E. L. in 4to.

ALLEMANDE.

STORER (Christophe) naquit à Constance en 1611 et mourut à Milan en 1671.

1. La Géographie et l'Astronomie. La prémiere représentée par une femme est assise à terre près d'un globe terrestre, sur lequel elle mesure des dimensions moyennant un compas. Elle tourne la tête vers Uranie qui en voltigeant en l'air, semble lui donner des explications sur un globe céleste, qu'elle porte entre les bras. Légerement esquissé à la plume, lavé de bistre. E. H. in 4to.

FLINCK (Govaert) naquit à Cleve en 1616, et mourut en 1660.

1. Tête d'homme coëffé d'un bonnet qui lui tombe sur l'oreille droite; à la pierre noire et rehaussé de blanc, sur papier bleu. E. H. in fol.

LINGELBACH (Jean) naquit à Francfort sur le Meyn en 1625, et mourut à Amsterdam en 1687.

1. Feuille d'étude, où l'on voit vers la gauche une femme assise devant une table; un homme debout lui verse à boire; une autre femme est à côté, et derriere un homme avance sa tête en avant. Vers la droite un homme avec un petit chapeau rond sur la tête parle à un autre homme masqué. Sur le devant est un chien, et un petit garçon un genou en

terre, mangeant quelque chose de dedans une écuelle. Sur le revers est un berger, qui joue du flageolet, et un autre paysan. Ils sont l'un et l'autre assis par terre et vus par le dos. Ces études sont à l'encre de la Chine. E. H. in folio.

2. Une place publique, mais qui n'est point déterminée, où l'on voit une voiture attelée de deux chevaux, deux mandiants avec des béquilles, et cinq à six autres gueux grouppés différemment. Dans le fond un bassin orné de jets d'eau, et des chevaux qui vont s'y abbreuver ; à la sanguine. E. L. in 4to.

3. Différentes études pour servir dans un marché ; savoir: un homme portant un sac, une charette attellée d'un cheval, et quinze petites figures dans diverses attitudes; à l'encre de la Chine. E. H. in 4to.

4. Un homme debout couvert d'un manteau, et ayant un bonnet sur la tête; il parle à deux autres, qui sont assis sur un ballot, et l'un desquels est vêtu à l'Espagnole ; lavé au pinceau trempé dans l'encre de la Chine. E. H. in 4to.

SPILBERGER (Jean) Hongrois, naquit en 1628, et mourut en 1679 en Baviere.

1. Un homme ayant le bras droit nu et accoudé sur le genou appuye sa tête sur sa main. Il est assis à côté d'un livre, dans lequel est dessiné un ange voltigeant, qu'il re-

ALLEMANDE. 155

garde. Ce dessein d'un bel effet est à la pierre noire, lavé d'encre de la Chine, sur papier bleu. On y lit: *J. Spielnberger Hung. fe. Venet. 1660.* E. L. in folio.

2. Mercure enlevant Io changée en vache, après avoir endormi Argus; dans un paysage. Dessiné à la plume, lavé d'encre de la Chine, et rehaussé de blanc, sur papier bleu. E. L. in folio.

ROOS (Jean Henri) naquit à Otterdorf dans le Palatinat en 1631 et périt dans un incendie à Francfort en 1685.

1. Un grouppe d'un boeuf, de deux brebis et d'une chevre couchés ensemble. Derriere un mulet et un homme carressant un chien dont on ne voit que la tête; hardiment et spirituellement croqué à la plume. E. H. in 4to.

2. Une femme assise sur un âne et jouant tout en marchant du tambour de basque. Elle est suivie d'un cheval de bât chargé, sur lequel est un homme assis par dessus les paniers, qui joue de la guittarre; à la plume. E. L. in fol.

Superbe suite très précieuse de quatorze desseins d'animaux exécutés à la pierre noire d'une touche extrêmement spirituelle. Ces pieces dont on a les estampes gravées à l'eauforte par *Adam Bartsch*, représentent:

3. Une vache couchée les yeux fermés et

une sonnaille au cou, elle est dirigée vers la gauche. E. L. in 4to.

4. Un boeuf Hongrois couché, dirigé vers la droite. Contrépreuve. E. L. in folio.

5. Une vache couchée, les yeux fermés, et dirigée vers la droite. E. L. in 4to.

6. Une vache debout, vue de profil et dirigée vers la droite. E. L. in 4to.

7. Un boeuf Hongrois broutant, dirigé vers la droite. E. L. in 4to.

8. Feuille d'étude, où l'on voit une vache couchée, vue par derrière, et à l'entour trois têtes de boeufs et de vaches, et une tête de chevre. E. H. in 4to.

9. Une vache debout dirigée vers la gauche. E. H. in 4to.

10. Une vache debout sur une petite hauteur, dirigée vers la droite; dans le fond deux moutons légerement esquissés. E. L. in 4to.

11. Un boeuf Polonais debout, vu de face. E. H. in 4to.

12. Un âne chargé, vu presque par derrière. E. H. in 4to.

13. Un autre sellé d'un bât, vu presque de face. E. H. in 4to.

14. Deux têtes de boeufs dessinées sur une même feuille, l'une à la pierre noire, l'autre à la sanguine. E. L. in 4to.

15. Tête de taureau, vue de profil. Contrépreuve. E. H. in 8vo.

16. Deux têtes de buffles vues de profil. E. L. in 8vo.

17. Feuille d'étude, où sont représentés deux taureaux couchés, et un boeuf debout; à la plume. E. L. in 4to.

18. Un chemin au milieu d'un bois. Vers la droite on voit des rochers escarpés et surmontés d'arbres et de buissons. Au milieu du devant une femme portant de la main droite un panier, et menant de la gauche un enfant. Superbe esquisse à la pierre noire, légerement lavée à l'encre de la Chine; en 1661. E. L. in 4to.

SCHINNAGEL (T.) vraisemblablement le pere de Maximilien Joseph Schinnagel.

1. St. Antoine à genoux sur la marche d'un autel, au dessus duquel la Vierge avec l'enfant Jésus lui apparoît dans les nues; à la plume, lavé d'encre de la Chine. On lit au bas de l'autel: *T. Schinnagl* 1677. E. H. in 4to.

AMBLING (Charles Gustave) naquit à Nuremberg en 1651, et mourut à Munich en 1701.

1. Portrait du cardinal de Harrach, archévêque de Prague. Il est dans un médaillon surmonté de ses armes. De droite et de gauche sont les statues de S. Wen-

ceslas et de Henri évêque de Prague, qui servent de supports. Ce dessein très fini est fait à la plume, lavé d'encre de la Chine et rehaussé de blanc, sur papier jeaunâtre. E. H. in fol.

ROOS (Philippe) dit Rosa de Tivoli, fils de Henri, s'établit à Rome, où il mourut en 1705.

1. Deux moutons couchés à côté l'un de l'autre. E. L. in 4to.

2. Une chevre broutant des feuilles, et un mouton. E. L. in 4to.

3. Une tête de chevre, vue de face. E. H. in 8vo.

4. Une tête de mouton, vue de profil, et dirigée vers la gauche. E. L. in 8vo.

5. Une tête de taureau vue de face. E. H. in 8vo.

6. Une tête de chevre, vue de profil, la tête haute. E. H. in 8vo.

7. Le devant d'un mouton vue de face. E. L. in 8vo.

8. Une tête de chevre regardant derriere. E. H. in 8vo.

9. Une chevre grimpant; derriere un mouton couché par terre. E. L. in 4to.

10. Un chien couché. E. L. in 4to.

11. Un mouton dormant. E. L. in 4to.

12. Une chevre et son chevreau. E. L. in 4.

ALLEMANDE.

13. Un chien assis et un chien couché. E. L. in 4to.

14. Une chevre et un chevreau, tous deux couchés. E. L. in 4to.

15. Un mouton et un bélier couchés, et une chevre debout. E. L. in 4to.

16. Un chien debout tournant la tête. E. L. in 4to.

17. La tête d'un chien. E. L. in 8vo.

18. Un berger et son chien, à mi-corps. E. L. in 4to.

19. Une chevre couchée, la tête haute.

20. Deux chevres dont l'une est couchée, l'autre debout. E. L. in 4to.

21. Une tête de chien vu par le dos, E. H. in 8vo.

22. Une tête de renard. E. L. in 8vo.

23. Un chien à mi-corps qui tourne la tête derriere lui. E. H. in 8vo.

24. Autre chien à mi-corps, vu de profil et dirigé vers la droite. E. L. in 8vo.

25. Tête de chien, vue de profil, et dirigée vers la gauche. E. H. in 8vo.

26. Autre tête de chien haletant. E. L. in in 8vo.

27. Un chien d'arrêt devant une perdrix. E. L. in 4to.

28. Un chien assis, vu par le dos. E. H. in 8vo.

29. Une tête de boue dormant. E. H. in 8vo.

30. Deux chevres couchées dos à dos. E. L. in 4to.

Tous ces beaux morceaux sont grassement dessinés à la pierre noire.

MEYER (Félix) né à Winterthur en 1657, et mort à Weyden en 1713.

1. Etude d'un rocher, au bas duquel sont plusieurs grosses pierres détachées, d'où sortent des arbustes. Joliment dessiné à la pierre noire. E. H. in folio.

LAIRESSE (Gérard) naquit à Liege en 1640 et mourut à Amsterdam en 1711.

1. La matrone d'Ephése. Elle est représentée assise auprès de la lampe sépulcrale; à l'entrée du tombeau on voit sa suivante racontant la tristesse de sa maîtresse à un jeune homme fort et vigoureux, qui l'écoute avec attention. Ce dessein est à la mine de plomb, et très fini. E. L. in 4to.

2. Pomone se promenant dans un jardin; elle tient de la main droite un raisin et s'appuye de la gauche sur un vase. Elle est entourée de quatre Amours, dont deux sont couchés à terre sur le devant. Le jardin est orné de berceaux, de deux grands vases, et d'une colonnade. Ce dessein est à la plume légerement lavé d'encre de la Chine. E. H. in 4to.

3. Piece allégorique. Devant un temple richement orné et surmonté de la statue d'un roi assis sur son trône entre deux pyramides, on voit la vérité sous la figure d'une femme à genoux, demandant grace à des guerriers, qui accourent l'épée à la main, et qui lui ôtent le voile dont elle étoit couverte. Ils sont suivis par d'autres soldats avec des trophées d'armes et un étendart Romain. Au bas du dessein on voit un caducée, une corne d'abondance et plusieurs ruines d'architecture dispersés sur le devant. Premiere idée croquée à la plume. E. H. in 4to.

BLESENDORF (Samuel) naquit à Berlin, où il mourut en 1706.

1. Buste d'une Bacchante.
2. Buste d'un Satyre.

Ces deux desseins sont très finis à la mine de plomb. E. H. in 4to.

CAULITZ (Pierre) de Berlin, mort en 1719.

1. Paysage montagneux d'une vaste étendue. Ce superbe dessein est fait à la plume et à l'encre de la Chine. E. L. in fol.
2. Un grand rocher, au sommet duquel on voit des murs d'une citadelle, lavé au pinceau et à l'encre de la Chine. E. L. in folio.

3. Un château avec une tour quarrée sur une colline, au bas de laquelle sont plusieurs touffes d'arbres. Derriere on voit quelques hautes montagnes, et le devant représente une grande plaine; à la plume, lavé d'encre de la Chine. E. L. in 4to.

4. Dessein de la même grandeur et du même faire que le précédent. Il représente un ancien bâtiment délabré, situé au pied d'une grande montagne, le long de laquelle regne une large reviere.

5. Vue d'une ville fortifiée d'un double mur, d'un fossé, et de pallisades; à la plume, légerement lavé d'encre de la Chine. E L. in folio.

6. Dessein d'une vue de Rome prise de la tour de Néron. Le devant représente un fauxbourg avec beaucoup d'arbres, au travers desquels on distingue quelques maisons. Il n'y a que ce devant, qui soit terminé à la plume et au bistre, tout le reste n'est qu'ébauché à la mine de plomb. E. L. in fol.

FISCHER Baron d'Erlach (Jean Bernard) mourut à Vienne en 1724,

1. Minerve dans un char trainé par quatre chevaux, qui terrassent l'envie et l'ignorance. Premiere idée à la plume pour le grouppe colossal exécuté en sculpture, que l'on voit sur un attique au milieu du haut

ALLEMANDE. 163

du bâtiment de la bibliotheque de la cour à Vienne. E. L. in folio.

TIEDEMAN (Philippe) né à Hambourg en 1657, et mort à Amsterdam en 1705.

1. Dessein de plafond de forme ronde. On y voit la renommée voltigeant dans des nues, tenant de chaque main une trompette, d'une desquelles elle sonne. Vers la gauche dans un petit éloignement est assis une figure, qui a sur la tête une couronne royale, et tient un écusson à la main Le reste des nuages est garni de cinq génies; à la plume, lavé d'encre de la Chine. In 4to.

STRUDEL (Pierre Baron de) naquit à Khloes en Tyrol vers 1660, et mourut à Vienne en 1705.

1. Un roi assassiné au pied d'un autel; légerement esquissé à la sanguine, sur papier bleu. E. H. in fol.

RUGENDAS (George Philippe) naquit à Augsbourg en 1066, et mourut dans la même ville en 1742.

1. Un cheval vu de profil; joliment esquissé à l'encre de la Chine. E. L. in 8vo.

2. Figure d'un homme nu portant un coup de sabre de ses deux bras elevés; dessiné

à la plume et lavé de bistre en 1706. E. H. in 4to.

DIETZSCH (Jean Christophe) de Nuremberg, flor. vers 1720.

1. Petit paysage, représentant sur le devant à droite l'entrée dans un bois, et à gauche dans le lointain la vue d'un village.

2. Un chasseur parlant à un homme à cheval.

Ces deux desseins sont légerement esquissés à la plume, lavés d'encre de la Chine. E. L. in 8vo.

3. Paysage montagneux. On y voit sur le devant à gauche un arbre, et plus loin sur une colline un grouppe d'arbres, et deux hommes descendant dans une vallée, où est situé un village. Esquissé à la plume, et au bistre. De forme quarrée in 8vo.

SPERLING (Jerôme) graveur à Augsbourg, naquit en 1695.

1. Représentation d'un feu d'artifice; on y voit au milieu un bastion battu en breche, au haut duquel un commandant général d'armée est debout victorieux, entouré de plusieurs Turcs morts. Derriere et au dessus de lui on voit la gloire militaire et la renommée sous des figures de deux femmes

placées sur des nues. Ce dessein capital et admirable pour le fini est fait à l'encre de la Chine. E. L. in folio.

QUERFURT (Auguste) naquit à Wolfenbüttel en 1696, et mourut à Vienne en 1761.

1. Attaque de Cavallerie, où l'on voit cinq combattans; un homme mort est sous les pieds des chevaux, et quatre chevaux sont couchés par terre; à l'encre de la Chine. E. L. in folio.

2. Une bataille esquissée avec feu, et d'un pinceau hardi trempé dans l'encre de la Chine. Parmi nombre de soldats et de cavaliers, qui se battent avec achatnement, on distingue le général avec une écharpe, l'épée à la main. Il fait sonner la trompette pour rallier et reformer ses troupes à un étendart porté par un officier, qu'il place devant lui. Très grand morceau. E. L. in fol.

TROGER (Paul) naquit à Zell dans l'évêché de Brixen en 1698, et mourut à Vienne en 1777.

1. Jesus Christ prêchant au milieu de ses disciples. Esquissé à la plume. E. L. in fol.
2. Repos en Egypte. La vierge assise par

terre a sur ses genoux l'enfant Jesus, qui tend ses deux bras, pour recevoir une pomme, que S. Joseph lui présente. Sur le devant à gauche deux grands anges debout les regardent. Un autre ange s'appuye sur le bât de l'âne couché à terre vers la droite. Le fond est un beau paysage. Ce dessein capital est de la plus grande beauté. Il est fait d'une plume légere et savante, et très terminé. E. H. in folio.

3. Premiere idée d'un saint à genoux priant les deux mains croisées sur la poitrine; à la plume, sur papier bleu. E. H. in 4to.

BEYER (Jean de) naquit à Arau en Suisse, en 1705.

1. Vue d'Emerick du côté du Rhin. Petit dessein fait au lavis en 1716. E. L. in 8vo.

2. Beau paysage dessiné de même, et représentant un champ où l'on est occupé de la moisson. Dans le fond est la vue d'une ville, où se distingue une grande église cathédrale avec une tour terminée en pointe. E. L. in 4to.

ROOS (Cajetan) fils de Philippe; flor. à Vienne vers 1730.

1. Un chien arrêtant devant deux perdrix.
2. Un chien couché.

Ces deux esquisses à la plume ont été faites en 1758. E. L. in 4to.

STUBER (Nicolas) de Munich, florissoit vers 1730.

1. Tableau d'église. La S. Vierge assise sur une estrade, ayant sur ses genoux l'enfant Jesus; S. Anne, S. Elisabeth, S. Joseph, S. Joachim et S. Jean Baptiste sont autour en adoration. Vers le haut du dessein est le pere éternel dans une gloire d'anges. Dessein très spirituel fait à la plume et à l'encre de la Chine, en 1739. E. H. in fol.

SEDELMAYER (Jérémie-Jacob) naquit à Augsbourg en 1706, et mourut en 1761.

1. Piece allégorique représentant le Tems qui entraine à la mort une foule de monde de tout âge et de tout état. Esquisse faite à la plume, légerement lavée d'encre de la Chine en 1736. E. L. in fol.
2. Très grande composition de plus de cent figures représentant une bataille entre des soldats Chrétiens et des Turcs; dessinée à la plume, lavée de bistre. E. L. très grand in folio.

BENCOWICH (Frédéric) Sclavonien; éleve de Charles Cignani, florissoit en 1740.

1. Un saint religieux mourant dans les bras de quelques moines de son ordre. L'un appuye sa tête sur le bras du mourant, en pleurant; les autres invoquent pour lui la miséricorde de Dieu. Ce dessein d'un bon effet est à la pierre noire, rehaussé de blanc, sur papier jeaunâtre. E. H. in fol.

SPERLING (Catherine) née Heckel, flor. à Augsbourg en 1746.

1—36. Trente six figures représentant les habillemens d'hommes et de femmes de tous les états, qui furent en mode à Augsbourg vers l'an 1746. En une suite de trente sept petits morceaux, y compris le titre; joliment dessinés à la plume, lavés à l'encre de la Chine et très finis. E. H. in 8vo.

BAUMGARTNER (Wolfgang ou Guillaume) naquit à Kufstein en Tyrol en 1712, et mourut à Augsbourg en 1761.

1. Une boutique de foire, dans laquelle deux marchandes vendent de la fayance. Superbe dessein très arrêté à la plume et à l'encre de la Chine, sur papier bleu, et rehaussé de blanc. E. L. in fol.

ALLEMANDE.

DIETRICH (Chrétien Guillaume Ernest) naquit à Weymar en 1712, et mourut à Dresde en 1774.

1. Un Persan à mi-corps et vu presque de face. Il a sur la tête qui est un peu dirigée vers la droite, un turban attaché avec un bandeau. Il est vêtu d'un habit large orné de fourure, et tient de la main gauche le manche de son poignard. Superbe dessein fait à la pierre noire, sur papier brun, mêlé de quelques couleurs de pastel. E. H. in fol.

2. Susanne surprise par les deux vieillards. Elle est dans un bain entouré d'une balustrade, et au milieu duquel est une fontaine. Les vieillards sont de l'autre côté; l'un tient Susanne par le corps, et l'autre par un linge; à la sanguine. E. L. in folio.

3. Didon se donnant la mort sur le bucher. L'armure d'Enée est à côté d'elle. Elle est entourée de ses femmes, qui expriment leur douleur. Plusieurs soldats sur le devant font voir leur étonnement. Un prêtre devant une espece d'autel semble tenir un discours au peuple. Junon paroît dans les nues, et soutient la tête de Didon; légerement esquissé à la plume; lavé d'encre de la Chine. E. H. in fol.

4. Belle esquisse d'un paysage. L'on y voit vers la gauche le mur d'un bâtiment délabré, situé sur une petite élevation de terre

au pied d'une montagne. Vers le milieu est la porte d'une cour, par laquelle sort une femme, qui porte un panier sur la tête; à la pierre noire. E. L. in 4to.

5. Superbe dessein fait à la pierre noire, représentant un chemin traversant le long de quelques rochers ornés d'arbustes. E. L. in 4. Ce morceau a été gravé à l'eau-forte par *Adam Bartsch*.

WAGNER (Jean Georges) natif de Dresde, mort à Meissen en 1767.

1. Paysage au bistre d'un bel effet, où l'on voit vers le milieu une cabane sur une hauteur. E. L. in folio.

2. Un cordonnier travaillant près de la porte d'une chaumière, où l'on voit une femme debout sur le pas de la porte. Vers la droite est un paysan assis et adossé contre un tonneau. Ce petit morceau peint à gouache en grisaille est d'un très bel effet. E. L. in 8vo.

DALLINGER (Jean) flor. en 1764.

1. La marche de l'empereur Joseph II. lors de son couronnement à Francfort en 1764. On voit dans le fond la ville. Ce dessein exécuté au pinceau trempé dans l'encre de la Chine est composé d'un très grand nombre de petites figures assez joliment croquées.

ALLEMANDE.

Le lointain et la perspective y sont très bien observés. E. L. in fol.

2. La cérémonie dans l'église exécutée dans le même genre. E. H. in fol.

BRAND (Jean Chrétien) né à Vienne en 1723, où il vit encore.

Plusieurs des suivans desseins ont été gravés à l'eau-forte par C. Brand même; pour éviter les répétitions, on les a marqués d'un astérisque.

Trois morceaux en largeur in 4to, qui sont d'une grandeur égale; savoir:

1. Vue d'un village; sur le devant au milieu une femme et un homme marchant l'un derriere l'autre; un peu plus loin et vers la droite un garçon qui marche en avant.

2. Quelques chaumieres sur une hauteur. Sur le devant à droite un paysan et une femme debout qui causent ensemble.

3. Une chaumiere à côté d'une grande tour quarrée. Sur le chemin vers le milieu du dessein un chariot chargé de foin.

Trois autres morceaux un peu plus grands, savoir:

4. Paysage représentant un pays plat, avec quelques arbres séparés l'un de l'autre. Au pied de l'un desquels une femme assise vue par le dos et parlant à un homme qui est debout devant elle. En avant et un peu plus

vers la droite un autre homme vu par le dos avance vers eux.

5. Un hiver; vers la droite une petite maison, et à côté un bouquet d'arbres secs, près duquel un homme enveloppé dans un manteau parle à une femme. Sur la glace plusieurs gens qui patinent.

6. Joli paysage; sur le devant deux blanchisseuses dans l'eau; auprès d'elles un homme assis sur une motte de terre les regarde; un autre homme vu par le dos s'éloigne portant quelque chose sous le bras.

Ces six beaux desseins faits à la mine de plomb ont été gravés par le feu Prince Charles *de Ligne*.

Deux jolis paysages d'une grandeur égale, en largeur in folio, et dessinés dans le même goût que les précédens; savoir:

7. Vue d'une large rivière dont le bord au delà est montagneux; l'autre bord en avant est orné de beaucoup de figures dont quelques unes sont occupées à décharger un petit bateau. On y voit aussi deux vaches et deux moutons.

8. Le pendant du morceau précédent, représentant un paysage semblable. Parmi les fabriques au sommet d'une colline, qui est au delà de la rivière, s'éleve une petite tour pointue. Parmi le grand nombre des figures sur le devant on distingue un homme chargeant un mulet.

ALLEMANDE.

Deux autres superbes desseins très arrêtés à la mine de plomb, en largeur in 4to, et d'une grandeur égale; savoir:

9. Un village où l'on voit les restes d'un mur de ville, dans lequel est pratiqué une grande porte. Sur le devant un paysan marchant à côté d'une femme, laquelle porte une hotte sur le dos.

10. Un grand bâtiment rond entouré d'eau. Sur le devant à droite une femme assise à terre contre un mur délabré, regardant une autre femme qui s'approche d'elle, étant accompagnée d'un garçon.

Deux autres jolis desseins plus petits que les précédens, mais du même faire. Ils sont en largeur in 4to, et d'une grandeur égale; savoir:

11. Un hameau sur le bord d'une large rivière, sur laquelle on voit un homme dans un petit bateau. Sur le devant à gauche un homme marchant à côté d'une femme.

12. Sujet semblable. Un village sur le bord d'un large canal, sur lequel on voit dans le lointain vers la gauche un vaisseau.

13. Un moulin à vent sur le bord d'une riviere où l'on voit quelques petits bâteaux. Dessein un peu plus grand que les deux précédens, fait de même. E. L. in 4to.

14. Joli dessein d'un sapin, fait à la pierre noire et assez terminé. E. H. in 4to.

* 15. Un Hongrois enveloppé dans un man-

teau, parlant à deux femmes dont l'une a un paquet sur le dos et l'autre en porte un sous le bras. E. L. in 8vo.

* 16. Deux jeunes femmes, l'une derriere l'autre, portant chacune une grande boëte; celle de devant ôte le couvercle de la sienne. E. H. in 8vo.

* 17. Une vache debout à côté d'une autre, et deux moutons qui sont couchés. E. L. in 8.

Ces trois petits morceaux sont dessinés au trait à la mine de plomb.

* 18. Un marchand de petits rubans.

* 19. Une femme au lait.

Ces deux pieces qui ont un petit fond de paysage sont joliment dessinées à la mine de plomb. E. H. in 8vo.

Deux petits morceaux en hauteur in 8vo, dessinés au trait à la mine de plomb; l'un en représente :

* 20. Une hutte de bois sur des palis.

* 21. L'autre une hutte semblable avec un petit escalier. Sur le devant deux paysans occupés à fendre du bois.

* 22. Joli dessein au trait, fait de même, et représentant la porte d'un bourg, à côté de laquelle on voit un pilori. Un paysan, une hotte sur le dos, s'approche de la porte; un autre, à côté d'une barriere de planches, s'efforce à lever une grosse pierre. Sur le devant à droite sont trois femmes assises par terre. E. H. in folio.

ALLEMANDE. 175

23. Esquisse légere à la sanguine d'un paysan qui fait ses nécessités. E. H. in 8vo.

* 24. Fort joli paysage avec un pont sur une petite riviere, au delà de laquelle est une maison entourée d'arbres. Sur le devant à gauche un homme conduisant un cheval de bât chargé, et passant devant une femme qui est assise au pied d'un arbre, ayant un enfant sur ses genoux. Ce beau morceau est très terminé à la mine de plomb, et lavé d'encre de la Chine, E. L. in 8vo.

25. Figure d'un Croate debout, vu par le dos. Esquisse à la pierre noire, lavé de bistre. E. H. in 8vo.

* 26. Un bouquet de trois arbres sur une petite hauteur. Vers la gauche un paysan vu par le dos, et accompagné de son chien.

* 27. Autre sujet semblable.

Ces deux desseins d'un très bel effet sont légerement esquissés au pinceau, à l'encre de la Chine. E. H. in 8vo.

* 28. Un petit village sur le bord d'une large riviere, sur laquelle on voit vers la gauche du dessein un petit bâteau avec trois figures. E. L. in 8vo.

* 29. Le même sujet dessiné une seconde fois en plus petite forme et avec quelques changemens.

Ces deux superbes morceaux sont très arrêtés au pinceau et au bistre.

* 30. Sujet semblable. Les fabriques, parmi

lesquels on distingue une tour quarrée, sont dans ce morceau à la gauche. Ce dessein est de la même grandeur que les précédens, et du même faire, mais un peu moins terminé.

31. Une hauteur, sur laquelle on voit un carosse avec deux chevaux passant à côté de quatre figures assises au pied d'un arbre. Premiere idée à la mine de plomb et à l'encre de la Chine. E. H. in 8vo.

32. Joli petit paysage, sur le devant duquel on voit un homme debout près de deux arbres. Ce dessein est très terminé au pinceau et à l'encre de la Chine. E. L. in 8vo.

33. Superbe dessein d'un très grand fini, fait à la mine de plomb et soigneusement lavé à l'encre de la Chine. Il représente un bord montagneux d'une large riviere. Vers la gauche sur le devant on voit quatre petites figures dont une debout, et trois assises par terre. E. L. in 8vo.

34. Dessein capital de la plus grande beauté. Il représente un grand bâtiment sur un rocher orné de beaucoup d'arbres. Une place devant ce bâtiment est terminée par une haie, hors de laquelle on voit au milieu du devant une maison tombée en ruines. Ce morceau d'un fini rare est dessiné à la mine de plomb, et lavé d'encre de la Chine. E. L. in 4to.

35—42. Vue de l'abbaye de Kloster-Neubourg sur le Danube, prise des vignobles près de Käferkreutz. Ce dessein, qui est un vrai chef-d'oeuvre de l'art, représente une étendue de pays de plusieurs lieues: on y voit les villages de Kreutzenstein, Leobendorf, S. Veit, Sebern, Korneubourg, Städten, Rickersdorf, Lang-Enzersdorf etc. Il consiste en huit morceaux, qui joints ensemble, ont une largeur de onze pieds, sur une hauteur de onze pouces. Ils ont été levés par *Ignace Albrecht*, les freres *Valentin* et *Laurent Janscha*, *Joseph Heydeloff*, *Antoine Wolfarth*, *Pierre Clauda*, *Antoine Amon*, et *Sebastien Jäger*, tous éleves de *Chrétien Brand*, qui la plûpart sont aujourd'hui des artistes d'un mérite distingué. Le professeur *Brand*, sous la conduite duquel cet excellent ouvrage a été dessiné, l'a retraité et terminé avec le plus grand soin, de sorte que tous les huit morceaux ne paroissent être faits que d'une même main. Ce dessein des plus capitaux et des plus précieux, que l'on puisse voir dans ce genre, est fait à la pierre noire et très terminé. Le Prince de Ligne l'avoit payé cent ducats.

PALCKO (François Xavier Charles) naquit en 1724, et mourut à Prague en 1767.

1. S. François Xav. baptisant des Indiens. Superbe dessein d'une composition riche fait à la plume et au bistre. E. H. in folio.

2. L'archange Michel précipitant du ciel les anges rebelles. Beau dessein pour un tableau

d'autel fait à la plume et lavé à l'encre de la Chine. E. H. in fol.

2. La S. Vierge instituant l'ordre du S. Scapulaire. Elle descend sur des nues entourée de plusieurs anges, et présente le S. Scapulaire aux sept peres de l'ordre des Serviteurs de Marie, qui sont au bas en différentes attitudes de vénération, et l'un desquels le reçoit à genoux. Beau dessein du même faire que le précédent. E. H. in fol.

4. S. Roch assis sur une motte de terre. Il est accompagné d'un ange qui fait voir sa playe. Beau dessein lavé à l'encre de la Chine, et très terminé. E. H. in 4to.

5. S. Helène debout embrassant la S. croix. Superbe dessein très fini à l'encre de la Chine. E. H. in 4to.

MAULBERTSCH (Antoine) demeurant à Vienne en 1790.

1. Dessein d'un plafond, où est représenté le sacre d'un jeune roi de Hongrie. La S. Vierge patrone de ce royaume est dans le haut du dessein, assise sur des nues et entourée d'un grand nombre d'anges. Ce beau morceau d'une composition riche est dessiné à la plume et à l'encre de la Chine. Il est de forme ovale. E. H. in folio.

ALLEMANDE.

ROOS (Joseph) Directeur de la galérie du Belvedère à Vienne; naquit à Vienne en 1728, et vit encore.

1. Paysage montagneux, où l'on voit sur le devant trois vaches, trois moutons et une chevre. Un peu plus loin vers la droite est une femme assise auprès d'une riviere.

2. Autre paysage semblable orné d'une cascade. Sur le devant un homme debout près d'une femme, qui est assise sur une grande pierre. Son chien est à côté.

Ces deux desseins capitaux d'une même grandeur sont faits en 1786 à la plume, lavés de bistre, et d'encre de la Chine. E. L. in fol.

3. Paysage montagneux. Sur le devant est un petit pont sur un ruisseau. On voit deux figures à un bout de ce pont. Joli morceau grassement dessiné à la sanguine en 1762. E. L. in folio.

Brand (Fréderic) frere de Chrétien, naquit à Vienne en 1741; et vit encore.

1. Rue de village, où l'on voit deux chaumieres. Sur le devant à gauche sont deux grands arbres.

2. Le devant d'une cabane avec porte et plusieurs fenêtres. On y voit du linge blanchi tendu à une corde.

3. Quelques chaumieres, devant une des

quelles on voit une femme occupée auprès d'un puits, et à côté d'elle un garçon assis à terre.

4. L'intérieur d'une ferme. Au dessus de la porte de la maison on voit la porte du grénier, par laquelle sortent quelques bottes de foin. Ce paysage n'est point orné de figures.

Ces quatre beaux desseins sont d'une grandeur égale. E. L. in 4to.

5. Un petit pont dans un défilée entre des rochers. On voit sur le pont une paysanne montée sur une vache, faisant marcher deux autres vaches devant elle. E. H. in 4to.

6. Vue de village. Vers la droite deux chaumieres et vers la gauche une haie avec une porte ouverte. E. L. in 4to.

7. Dessein d'un grand chêne. E. H. in 4to.

Tous ces beaux desseins sont faits à la plume et au bistre, et assez terminés.

WAGENSCHÖN (F.) né à Prague en 1726, et mort à Vienne en 1790.

1. Arlequin faisant le portrait de Colombine, derrière laquelle est un autre bouffon. Ces trois figures sont vues jusqu'aux genoux. Dessein légerement fait à la plume et à l'encre de la Chine. E. L. in 8vo.

ALLEMANDE.

STEINMETZ (Jean et Louis) freres; florissoient à Vienne en 1760.

1. Un Terin.
2. Autre oiseau, intitulé sur le dessein: *Gaulrion d'Espagne.*
3. Une mésange.
4. Une grive.
5. Deux cignes.
6. Une perruche.
7. Une bataille.
8. Une ville en feu.
9. Un camp Turc surpris.
10. Un Siege.
11. Autre Siege.

Tous ces desseins dont le mérite principal est un fini poussé au plus haut dégré, sont faits à la plume sur parchemin. Les oiseaux dessinés par *Jean* sont tout ce que l'on peut voir en travail de plume. Les batailles dans le gout de *S. le Clerc* sont de *Louis.* Ils sont presque d'une même grandeur. E. L. in 8vo.

WEIROTTER (François Edmund) naquit à Inspruck, et mourut à Vienne en 1771.

1. Deux religieux dans un souterrain. L'un d'eux est à genoux devant un petit autel, au dessus duquel est érigé un squélette; l'autre est assis à côté; derriere lui on voit un lit avec des rideaux, placé sous une voute. Dans

le fond se distinguent deux figures debout au pas de la porte. Ce beau dessein d'un singulier effet de clair obscur est fait à la plume, lavé de bistre. E. L. in 8vo.

2. Décombres de rocher, au pied de l'un desquels est un homme couché à terre écoutant un autre, qui est debout devant lui. Ce superbe dessein est très arrêté à la plume et à l'encre de la Chine. E. L. in 4to.

ZIMMERMANN (Joseph Antoine) graveur à Munich; flor. en 1777.

1. Esquisse du portrait d'une jeune dame, dans une forme ovale placée sur un piedestal. Un grand ange debout à côté soutient une guirlande de fleurs. Vers le bas Cupidon frappé d'un coup de foudre, qui sort du portrait, tombe à la renverse. Ce dessein est fait d'une plume spirituelle, et légerement lavé d'encre de la Chine, le portrait même n'est que très indistinctement ébauché à la mine de plomb. E. H. in 8vo.

KAUFFMANN (Angélique) né à Coïre dans le pays des Grisons, a travaillé à Rome et vit maintenant à Londres.

1. Une jeune dame habillée en homme armé, assise à l'entrée d'un antre, étant evanouie; à côté d'elle un jeune chevalier, un casque sur la tête, s'empresse de la remettre.

2. Sujet semblable. La jeune dame assise à l'entrée de l'antre reçoit un casque d'entre les mains d'un chevalier, qui s'approche d'elle. A ses pieds est un bouclier couché par terre.

Ces deux beaux desseins sont légerement esquissés à la plume, lavés de bistre et rehaussés de blanc. E. L. in folio.

3. Jesus Christ guérissant les aveugles. E. L. in 4to.

4. Medée tuant les enfans de Jason. L'un est déjà mort entre les bras d'une femme effrayée. Medée tient l'autre par une jambe et le poignarde. La scene se passe au pied d'une terrasse, d'où Jason accourt pour empêcher ce meurtre. E. H. in 4to.

Ces deux beaux desseins sont à la plume, lavés légerement de bistre.

5. Une jeune femme assise voulant retenir un homme, qui par ses gestes marque l'intention de partir. Une autre jeune femme est tranquillement assise auprès, étant appuyée de ses deux bras sur une pierre. A leurs pieds deux enfans nus jouent avec un chien.

6. Une femme à genoux présente une petite coupe à une autre qui est accroupie. Derriere deux femmes les regardent avec attention, et à côté un jeune homme parle à une femme.

Ces deux superbes desseins sont arrêtés et terminés à la plume, lavés d'encre de la Chine et rehaussés de blanc. E. L. in 4to.

ECOLE

FÜGER (Henri Fréderic) Directeur de l'académie Imperiale à Vienne; naquit à Heilbrunn en Souabe en 1751.

1. L'Apothéose d'Hercule.
2. Hercule entre la sagesse et la volupté.

Ces deux superbes desseins sont faits sur papier brunâtre, à la sanguine, lavés de bistre et rehaussés de blanc. E. H. in folio.

ENDLINGER (Jean) peintre mort à Vienne en 1792.

1. Moïse à la montagne de Horeb, un genoux en terre, ôtant ses souliers, pour s'approcher du buisson; à la plume, lavé de bistre. E. L. in 4to.
2. La tentation de S. Antoine; ce saint à genoux est entouré de nombre de diables deguisés sous différentes formes. Esquisse à la plume, lavée de bistre, et d'un peu de sanguine, sur papier gris. E. H. in folio.

MANCINI (   ) Amateur.

1. Paysage d'un bel effet, dessiné au bistre et très terminé en 1791. Il représente une large riviere regnant entre deux bords montagneux. On voit vers le milieu du devant une butte de terre surmonté d'un poteau, auquel est attaché une planche abrité, qui sert d'avertissement. Le lointain présente la vue d'un bourg situé au bord de la riviere. E. L. in folio.

ALLEMANDE.

SCHÜTZ (Charles) dessinateur graveur, demeurant à Vienne.

1 — 4. Quatre scenes d'un opéra Allemand, intitulé: *les mineurs*. Ces quatre jolis desseins sont très finis à la plume, et à l'encre de la Chine. E. L. in 4to.

5. Vue de l'assaut d'Ismaël, fait par les trouppes Russes en 1790; dessinée au lavis d'après l'idée, que le Prince Charles *de Ligne* en a donnée à l'artiste. Ce joli dessein a été gravé par *Schütz* même. E. L. in 4to.

JANSCHA (Laurent) peintre de paysage, demeurant à Vienne.

1. Beau paysage sur le bord d'un étang. On y voit une cabane entourée de beaucoup d'arbres, au pied d'un rocher sur lequel est bâti un grand château. Superbe dessein à la pierre noire, très fini. E. L. in fol.

MOLITOR (Martin) peintre de paysages; natif de Vienne, membre de l'académie de cette ville.

1. Paysage, où l'on voit vers le milieu près de deux grands arbres un jeune paysan gardant trois vaches. Dans le fond vers la droite est une cabane sur une petite hauteur. Dessein capital très arrêté au bistre. On lit

en bas le nom de l'artiste et l'année 1791. E. L. in folio.

LAMPRECHT ( ) flor. à Vienne en 1790.

1. La cour d'une ferme, où l'on voit de la volaille de toutes sortes. Cette piece capitale est admirable pour le goût du dessein, le caractere vrai de la volaille, et le fini du travail. Elle est faite au bistre. E. L. in fol.

WOLF ( ) éleve de H. F. Füger, mort à Vienne en 1792 âgé de 25 ans.

1. Venus sortie du bain; trois Nymphes autour d'elle s'occupent à l'essuyer. Vers la droite Cupidon appuyé contre un piedestal les regarde. Devant lui on voit deux petits Amours qui apportent des fleurs. Premiere idée à la plume, lavée par parties de bistre et rehaussée de blanc. Dans une forme ovale. E. H. in fol.

2. Projet d'un tableau de famille, où sont représentés trois enfans près d'une fontaine dans un jardin. Ce dessein de forme ovale est lavé d'une couleur rouge sur un papier teint de la même couleur, et rehaussé de blanc. E. H. in 4to.

HARING (H.) de Prague.

1. Paysage montagneux. Sur le devant à

gauche un arbre, au pied duquel est assis une grande figure qui semble avoir un faucon posé sur un de ses bras. Cette figure est tant poussée au noir, qu'on ne peut en distinguer que les contours extérieurs.

Ce dessein d'un effet singulier est fait au pinceau dans une maniere large, à l'encre de la Chine. E. L. in fol.

POLA (H.) Graveur.

1. Un empereur Romain présidant à un tribunal de justice. Il est assis sur un trône entre deux juges, et entouré de différentes autres personnes. Il parle à un guerrier qui s'approche du trône, en montrant un vase rempli de pieces de monnoye, lequel paroît être l'objet du jugement. Dessiné à la plume. E. H. in 4to.

WOCHER (T.)

1. Quatre paysans Suisses parlant ensemble. Joli dessein très fini à la plume, lavé de bistre. E. L. in 4to.

ÉCOLE HOLLANDOISE.

LUCAS DAMMESZ dit Lucas de Leyde, naqt uài Leyde en 1494, et mourut dans la même ville en 1533.

1. Neuf différentes petites têtes d'hommes et de femmes, toutes vues de profil et couvertes de diverses sortes de chapeaux, bonnets, calottes etc. En neuf petits morceaux de la hauteur d'un pouce, collés sur une même feuille; ils sont supérieurement bien dessinés à la plume, lavés, les visages au carmin, le reste au bistre.

VAN VEEN (Martin) dit de Heemskerken, naquit en 1498, et mourut à Harlem en 1574.

1. Piece allégorique représentant la fortune debout sur une boule entre un pauvre laboureur et une pauvre femme qui file. Dessein très-arrêté à la plume, avec la date de 1360. E. L. in 4to.

ÉCOLE HOLLANDOISE.

MONTFORT (Antoine de) dit Blockland, naquit à Montfort en 1534, et mourut à Utrecht en 1583.

1. *Bacchanales.* Jolie composition de sept figures; à la plume, légerement lavé de bistre. E. L. in 4to.

VAN VEEN (Octave) dit Otto-Vaenius, maître de Rubens, naquit à Leyde en 1556, et mourut à Bruxelles en 1639.

1. *Le tems conduisant la luxure aux enfers.* Un démon vomissant des flammes la fait reculer d'horreur: mais une furie la chasse devant elle, en la frappant avec des serpens. Ce dessein d'une plume spirituelle et ferme, est lavé à l'encre de la Chine. E. L. in 4to.

2. *Le tems qui, chassant avec la jeunesse les agrémens, les douceurs et les plaisirs de la vie, ramene à la vieillesse la prudence, la sagesse et la tempérance.* Un vénérable vieillard avec une longue barbe et des lunettes sur le nez, est assis au milieu d'un paysage montagneux. Derriere lui la vertu lui touche la main, et lui montre la prudence représentée par une femme dont le bras est entortillé d'un serpent, et laquelle tient un miroir à la main. La tempérance est désignée par une femme tenant un mord. Au dessus

d'elles un enfant ailé, tenant une double couronne, représente l'amour divin. Ce grouppe lui est amené par le tems, qui du bout de sa faulx chasse le sommeil représenté par une femme, dont la tête est couronnée de pavots. Elle suit la jeunesse désignée par un jeune homme, qui joue du tambour de basque; ils s'enfuient avec l'amour voluptueux et les plaisirs de la table représentés par un jeune homme qui mange du fruit; à la plume, lavé d'un bistre rougeâtre. E. H. in fol.

GOLTZIUS (Henri) naquit à Mulebrecht dans le Duché de Juliers en 1558, et mourut à Harlem en 1617.

1. Beau dessein de S. Marc l'évangéliste. Il est assis à une table, sur laquelle est un grand livre; il y fait la lecture, la tête appuyée sur sa main. Derriere on voit la tête du lion. Ce dessein de forme ronde est à la plume, lavé de bistre et rehaussé de blanc. Il en existe une estampe gravée par *Goltzius* même.

2. Portrait de grandeur naturelle, d'une femme Hollandoise vue de face. La tête est dessinée et estompée aux trois crayons et très finie. La coëffure, la fraise et l'habit sont aux crayons noir et blanc. Sur papier bleu. Ce superbe dessein porte le monogramme de *Goltzius* et la date de 1595. E. H. in folio.

3. La tête d'un Zephir vue de profil. Joli petit dessein à la plume, et lavé à l'encre de la Chine, sur peau d'âne. Les clairs sont gratés avec un canif. E. L. in 8vo.

4. Dessein emblématique représentant un caducée posé debout sur un tas de pieces de monnoie. Au dessus est une tête de Cherubin, les yeux tournés vers le ciel. En bas sont plusieurs vases sur une terrasse près du bord de la mer. Ce dessein d'une plume fine et ferme a été fait à Harlem le 15 Août en 1600. E. H. in 8vo.

UYTENWAEL (Joachim) naquit à Utrecht en 1566, et mourut en 1604.

Une suite de six desseins capitaux très finis à la plume, lavés avec beaucoup de soin à l'encre de la Chine et rehaussé de blanc, sur papier grisâtre. Ils sont tous d'une grandeur égale. E. L. in 4to. Les sujets en sont:

1. Un cercueil posé sur un tombeau, qui est placé dans le vestibule d'un palais magnifique. D'un côté est un jeune cavalier debout, mettant la main gauche sur le cercueil et tenant de la droite une épée. A ses pieds on voit une cuirasse, un casque, un bouclier et d'autres pieces d'armure couchées par terre. De l'autre côté du cercueil une jeune dame debout, ayant l'air d'être très affligée, détourne la tête. On voit par la porte un grand port de mer rempli de vaisseaux à

voile; et au rivage une roue, sur laquelle est attaché un malfaiteur. Au bas d'un petit escalier, qui conduit à la porte du vestibule, est assis un paysan, qui tient une coupe à la main.

2. Une jeune femme légerement habillée assise sur une motte de terre, et adossée contre un arbre. Devant elle est un cavalier décoré de la chaîne de l'ordre de la toison d'or. Les gestes de l'un et de l'autre font voir, qu'ils jurent un serment, qu'une main sortant du ciel semble désapprouver. Dans le fond sur le rivage de la mer plusieurs gens sont occupés à empaqueter des pains dans des tonneaux.

3. Un prince accompagné de son épouse, qu'il mene par la main, et s'approchant d'une ville, de laquelle trois des magistrats à genoux lui remettent les clefs.

4. Un prince d'un âge fort avancé parlant avec intérêt à une jeune dame, qui marche à son côté et qu'il mene par la main. Derriere eux sont deux gardes du corps. Sur le devant à gauche on voit un paysan et une paysanne, qui les saluent respectueusement etc.

5. Un prince assis dans un char de triomphe trainé par deux chevaux. Il fait arrêter pour prendre à son côté une jeune dame, qu'il aide à monter dans le char. Dans le fond à droite on voit plusieurs guerriers, qui portent chacun un écusson d'armes entre les mains.

6. Une princesse assise sur le trône, temoignant sa reconnoissance à cinq Indiens qui viennent lui apporter différens présens.

ALMELOVEEN (Jean) Hollandois, florissoit vers 1600.

1. Paysage représentant la vue d'une ancienne abbaye. Fort beau dessein à la plume, lavé d'encre de la Chine. E. L. in folio.

BLOEMAERT (Abraham) naquit à Gorcum en Hollande en 1567, et mourut à Utrecht en 1647.

1. Un St. évêque debout tenant un livre ouvert à la main. Superbe dessein lavé à la sanguine et rehaussé de blanc, sur papier gris. E. H. in folio.

2. Un autre assis, tenant pareillement un livre à la main. Piece de la même beauté que la précédente, et travaillée dans le même genre. Au revers deux études d'un homme écrivant, E. H. in 4to.

3. Une pénitente pleurant, un chapelet et une croix à la main. Elle est assise dans une cellule sur un chalit; à la plume, lavé de bistre. E. H. in 8vo.

4. Une femme assise. Elle est coëffée d'un mouchoir, et a ses mains jointes sur ses genoux. Sur la même feuille on voit l'étude d'une tête

et de deux mains. Ce dessein à la sanguine est de forme quarrée in 4to.

5. Etude pour un S. Sebastien supposé attaché à un arbre. La jambe droite est vue en raccourci, ses bras sont censés attachés au dessus de sa tête; à la plume, lavé de bistre et rehaussé de blanc. E. H. in folio.

6. L'enfant Jésus apportant une hache et des clous à S. Joseph, qui travaille dans son attelier. La S. Vierge assise est occupée à coudre. Ce dessein sur papier bleu est à la plume, lavé d'encre de la Chine et rehaussé de blanc. E. H. in folio.

7. Le passage de la mer rouge au moment que les Israélites finissent de passer, et que les eaux élevées en montagnes reprennent leur lit ordinaire, et engloutissent l'armée de Pharaon, qu'on voit sur son char à la merci des flots. Moïse et Aaron sur le bord invoquent le tout-puissant. Une foule d'Israélites est derriere eux. Sur le devant on voit un homme courbé sous le fardeau qu'il porte, suivi de plusieurs femmes et enfans; à la plume, lavé de bistre. E. L. in folio.

8. Jesus Christ à table avec deux de ses disciples à Emäus. Sur papier gris, à la plume, lavé d'encre de la Chine. De forme quarrée in 4to.

9. Une bergere assise au pied d'un arbre, écoutant un berger qui assis près d'elle

joue de la flûte; à la plume, lavé d'encre de la Chine.

10. Une femme magnifiquement habillée et assise près d'une table, qui est couverte de toutes sortes de richesses. Elle tient d'une main une grande bourse remplie d'argent, et de l'autre un boulet de savon sur une cuiller. Derriere sa chaise paroît le diable qui étend ses griphes pour la prendre. Ce dessein est très fini à la plume, lavé de bistre et rehaussé de blanc. E. H. in 4to.

11. Un vieillard à longue barbe et un chapelet autour du cou, dans l'attitude d'un homme en priere. Il a un genou en terre et étend ses deux bras. Jolie esquisse à la plume et rehaussé de blanc, sur papier bistré. E. H. in 8vo.

12. Ste. Magdelaine assise dans une grotte et priant devant un crucifix. Ce dessein est très terminé à la plume et rehaussé de blanc sur papier bistré. E. H. in 8vo.

13. L'enfant prodigue gardant les pourceaux. Esquisse légere à la plume et au bistre, sur papier gris. E. H. in 4to.

14. Feuille d'étude représentant quelques troncs d'arbres sur le bord de l'eau; dessinée à la plume, lavée de bistre. E. L. in 4to.

15. Morceau d'une butte de terre avec quelques arbrisseaux. Joli dessein à la plume, et au bistre, sur papier bleu. E. L. in 4to.

DE BRAY (Salomon) de Harlem, né en 1579, mort en 1664.

1. La S. Vierge assise ayant sur ses genoux l'enfant Jesus que S. Joseph adore à genoux. De l'autre côté S. Zaccharie, Elisabeth, et S. Jean marquent leur vénération en différentes attitudes. Derriere sont trois anges, dont deux tiennent une couronne de fleurs sur la tête de la Vierge. Ce dessein de mérite est fait à la plume, légerement lavé de bistre. E. H. in 4to.

2. La circoncision; petit morceau tout à fait dans le goût de *Rembrandt*, fait à la plume et au bistre en 1654; il a été gravé à l'eau-forte par *le Gendre*, Amateur. E. H. in 8vo.

3. Les trois rois à genoux devant l'enfant Jesus; piece semblable et du même faire, que le précédent.

HONTHORST (Gérard) éleve de Bloemart; naquit à Utrecht en 1592, et mourut vers 1668.

1. L'air représenté sous la forme d'une femme assise sur des nues ayant un aigle à côté d'elle; sa chevelure est une nuée, qui flotte autour de sa tête; et elle tient un sceptre à la main. Dans le fond on voit l'arc-en-ciel.

2. Le feu. C'est une femme assise tenant de la main droite le tonnerre, et de la gauche un vase d'où sort du feu. A ses pieds qu'elle

pose sur une bombe qui éclate, est un dragon qui crache du feu; et ses cheveux sont des flammes parsemées d'étoiles.

Ces deux beaux desseins d'une grandeur égale sont dessinés à la pierre noire, lavés de bistre et rehaussés de blanc, sur papier bistré. E. H. in fol.

VAN GOYEN (Jean) naquit à Leyde en 1594, et mourut à la Haye en 1656.

1. Un grouppe formé de quatre paysans, d'une femme et de deux enfans rangés en cercle et faisant la conversation.

2. Cinq hommes rangés à l'entour d'un grand panier, ayant l'air de refléchir sur les affaires du tems.

Ces deux petits desseins sont d'une plume grasse et ferme. E. L. in 8vo.

3. Jolie vue de mer; sur le devant à gauche une terrasse et à droite des piliers qui soutiennent le bord de terre, sur lequel sont trois figures. Plus loin on voit la côte avec quelques maisons. A côté est une échelle pour descendre dans les chaloupes, dont une avec trois figures dedans. Une autre paroît en mer avec cinq figures, et dans le lointain sont quelques vaisseaux en pleine mer. Ce dessein est au crayon noir, lavé et colorié. E. L. in 4to.

4. Paysage orné d'arbres, où l'on voit sur le devant deux paysans debout qui parlent

ensemble, à côté d'un autre qui est assis au pied d'un arbre. Jolie premiere idée très lestement esquissée à la pierre noire. E. L. in 4to.

5. Des pêcheurs dans des petits bâteaux au bas du mur d'une petite ville, où l'on distingue une grande tour d'église. E. L. in 4to.

6. D'autres pêcheurs dans leurs bâteaux sur un canal, près d'une petite ville dont on voit une porte avec un pont levis. E. L. in 4to.

Ces deux morceaux sont des contrépreuves des contours ébauchés sur des tableaux.

BRAMER (Leonard) naquit à Delft en 1596.

1. La trahison de Judas, lequel donne le baiser à Jesus Christ. S. Pierre ayant renversé Malcus, se prépare à lui couper l'oreille. Différentes figures d'hommes, dont un porte une lanterne, viennent s'emparer de Jesus Christ.

Au revers est représenté le reniement de S. Pierre. Il est assis par terre à côté du feu et parle à la servante, qui lui montre Jesus Christ mené par des soldats; celui-ci se retourne, parcequ'il entend S. Pierre qui le renie. Au milieu du dessein d'autres soldats jouent aux cartes, assis auprès d'une table.

Ces deux sujets sont traités dans le genre bas et même grotesque, d'une plume grasse, sur papier jaune. E. L. in folio.

ROGMAN (Roland) naquit à Amsterdam en 1597, et mourut dans la même ville en 1685.

1. Vue d'après nature d'un vieux château ruiné, flanqué de tours ; on en voit encore une avec un toit en forme de clocher. Ce château est situé au milieu d'une grande piece d'eau. Derriere on voit une montagne cultivée et entrecoupée d'arbres. Ce beau morceau grassement dessiné à la pierre noire est quelque peu lavé à l'encre de la Chine. E. L. in 4.

2. Un grand rocher sur le bord d'un lac. Sur le devant un homme debout, et trois autres assis par terre et vus par le dos, qui regardent arriver un petit bâteau. Ce dessein est fait à la plume et à l'encre de la Chine. E. L. in 4.

3. Le bout d'une forêt. Sur le devant au milieu du dessein un grand arbre séparé, au pied duquel est un homme debout et un autre assis par terre. Ce dessein est fait à la plume, et lavée de bistre et d'encre de la Chine. Il est d'un très bel effet. E. L. in 4to.

4. Paysage orné d'arbres. On en voit trois sur le devant vers la droite, et plus en avant deux autres peu feuillus ; légerement esquissé à la plume, et à l'encre de la Chine. E. L. in 4.

5. Une montagne, de laquelle on passe par un petit pont à un rocher. La montagne est vers le haut couverte d'arbres. Sur un chemin, qui la traverse de haut en bas, on voit deux

figures et sur le pont un homme monté sur un âne; à la plume, et à l'encre de la Chine. E. L. in 4to.

6. Beau paysage représentant vers la gauche une montagne, au haut de laquelle est une espece de tour quarrée. Sur un chemin au bas de cette montagne marche un homme à côté d'un cavalier. Ce morceau à la plume et au bistre est d'un effet piquant. E. L. in 4to.

7. Autre paysage, où l'on voit vers la gauche un grand rocher escarpé, au bas duquel est une riviere. Vers la droite sur le bord au delà est un grouppe d'arbres, et un autre se voit un peu plus loin vers la gauche. Sur le devant sont quelques vaches. Dessein léger à la plume et à l'encre de la Chine. E. L. in 4.

8. Un bois éclairci sur une montagne, où l'on voit quelques figures et moutons. Sur le devant à gauche est un grand arbre séparé et courbé vers la droite. Joli morceau à la plume et au bistre. E. L. in 4to.

9. Superbe paysage orné de beaucoup d'arbres. On en voit un très haut sur le milieu du devant, au pied duquel un homme assis parle à deux cavaliers dont l'un mene un cheval de main. Ce beau morceau d'un effet charmant est à la plume et au bistre. E. L. in 4.

VAN VIANEN (Adam) florissoit à Utrecht vers 1630.

1. Projet d'une piece d'orfévrerie pour un plat.
2. Autre piece semblable.

Ces deux desseins sont faits à la mine de plomb, terminés à la plume, et un peu rehaussés de blanc, sur papier gris. E. H. in fol.

3. Dessein d'un vase avec des ornemens d'orfévrerie, fait au bistre. E. H. in 4to.
4. Une niche ornée d'une bordure en rocaille. Au milieu de la niche est collé le dessein d'un chandelier. Ce morceau est au bistre et très terminé. E. H. in 4to.
5. Dessein d'une espece de candelabre.
6. Autre semblable.

Ces deux pieces sont à la plume, quelque peu lavées de bistre. E. H. in 4to.

7. Une boîte à parfum, sur le couvercle est un Satyre épiant une Nymphe couchée, qui dort. Ce dessein est fait à la plume lavé de bistre et très terminé.
8. Six études de mascarons sur une même feuille, faites à la sanguine sur papier brun. E. L. in 4to.

ZEEMAN, (Reinier) proprement Nooms, florissoit à Amsterdam vers 1636.

1. Trois grands vaisseaux sur un canal. Joli dessein ébauché à la mine de plomb, et ter-

miné à la plume et à l'encre de la Chine. E. L. in folio.

BRONCKHORST (Jean van) naquit à Utrecht en 1603.

1. Portrait d'homme à mi-corps. Il a la tête couverte d'un chapeau à plusieurs rabats, et tient de ses mains un chapelet; très légerement dessiné à la plume, et au bistre en 1620. E. H. in 4to.

REMBRANDT VAN RYN (Paul) naquit en 1606 dans un village près de Leyde, et mourut à Amsterdam en 1674.

1. Paysage montagneux avec beaucoup de fabriques. On y voit sur le devant à droite trois hommes qui causent ensemble.
2. Jacob voyant en songe monter et descendre les anges le long d'une échelle; sur papier brun. E. L. in 4to.
3. S. Joseph aidant la S. Vierge à descendre d'une petite élévation, pour remonter sur son âne. E. L. in folio.
4. Un aveugle conduit par un enfant et recevant l'aumône d'un vieillard à sa porte. E. L. in 4to.
5. Jesus à l'âge de douze ans disputant au temple avec les docteurs de la loi. E. L. in fol.
6. Un homme buvant à la porte d'une chaumière, d'où sort une vieille femme. E. L. in 4.

7. Un homme accusé devant son juge, qui est sur une espece de trône; sur papier brun. E. L. in folio.

8. S. Pierre et S. Jean à la porte du temple guérissant un estropié. E. L. in folio.

9. Un juge sur son fauteuil dans une grande salle; à sa droite le sécretaire assis près d'une table, à sa gauche un accusé à genoux, et vis-à-vis de lui l'accusateur debout, enveloppé dans un long manteau. E. L. in folio.

10. Trois saintes femmes allant voir le tombeau de Jesus Christ. E. L. in 4to.

11. Jeune femme vue de face assise, les pieds sur une chaufferette, et tricotant. Beau dessein très terminé et d'un bel effet. E. H. in 4to.

12. La décollation de S. Jean. Ce Saint vu par le dos est à genoux, les yeux bandés; à côté de lui un bourreau tire son sabre pour lui abattre la tête. Au haut d'un escalier Hérodiade et plusieurs personnes de sa suite regardent ce supplice. Au bas de l'escalier le géolier est appuyé contre le mur. Superbe dessein de la plus belle expression. E. L. in fol.

13. Les disciples des Pharisiens et les Hérodiens tentant Jesus Christ par rapport au tribut dû à César. E. H. in 4to.

14. Un homme nu debout, le bras gauche appuyé sur un coussin posé sur une espece de pupitre. Dessein capital d'un effet et d'une expression rares.

15. Portrait d'homme à mi-corps; dans un oval. E. H. in 8vo.

16. Jacob voyant en songe les anges monter et descendre le long d'une échelle. E. H. in 4to.

17. Un homme en habit Oriental; à sa gauche un pauvre à genoux, et de l'autre côté trois autres mandians, qui demandent l'aumône. E. L. in 4to.

18. Jesus Christ faisant arriver auprès de lui les petits enfans. E. L. in folio.

19. Esquisse pour un tableau de famille. On y voit le père, la mere et sept enfans grouppés avec intelligence. Il y a beaucoup d'expression dans toutes les figures. E. L. in 4.

20. Le vieux Tobie aveugle dans un fauteuil, insulté par sa femme qui est debout derriere lui. On voit plus loin des ustensiles de menage, et un petit chevreuil à côté d'Anne. L'expression dans ce superbe dessein est admirable. E. L. in 4to.

21. Esther assise derriere une table essuyant ses pleurs, en denonçant Aman comme son plus cruel adversaire. Assuerus se leve le sceptre à la main. De l'autre côté de la table on voit Aman tout interdit, assis dans un fauteuil. E. L. in 4to.

22. Un homme assis, son chapeau à la main, à côté d'une femme, dont il prend la main; dans une espece de grotte, d'ou l'on voit un petit lointain.

23. Joseph expliquant ses songes à ses freres qui l'entourent. E. L. in 4to.

24. Une adoration des bergers. E. L. in 4to.

Tous ces desseins sont d'une plume grasse et hardie, la plûpart ombrés d'un lavis de bistre qui fait le clair obscur. Ils sont d'une touche très franche, qui, bien que heurtée, fait le plus bel effet. L'expression dans les figures est admirable.

25. Beau paysage très terminé. Dans le lointain à gauche on voit un vieux château gothique entouré d'un fossé sur lequel est un pont levis. Vers la droite on apperçoit une maison au travers de grands arbres, dont deux sont secs. Dans un chemin sur le devant est une petite figure. Ce dessein très précieux est fait à la plume, lavé de bistre et d'encre de la Chine. E. L. in folio.

26. Petite figure esquissée avec beaucoup d'esprit à la pierre noire. C'est un paysan vu presque par le dos, dirigeant sa marche vers la droite. E. L. in 8vo.

BROUWER (Adrien) naquit à Harlem en 1608 et mourut à l'hôpital d'Anvers en 1640.

1. Un ivrogne à mi-corps. On voit sur son visage la joie qu'il ressent de presser son pot contre son coeur. On ne peut rien voir de plus expressif que cette mine riante et ces yeux

d'ivrogne. Il a les cheveux plats, et un bonnet sur la tête. Ce beau dessein est fait à la pierre noire, et rehaussé de blanc. E. H. in fol.

2. Un paysan assis, le corps vu de face et la tête presque de profil, ayant l'air de cacher un pot qu'il tient de la main gauche; à la pierre noire. E. H. in 4to.

Ces deux desseins ont été gravés par *Adam Bartsch*.

SAFT-LEVEN (Herman) naquit à Rotterdam en 1609, et mourut dans la même ville en 1685.

1. Vue d'un bois avec un chemin, qui se croise. Sur le devant on voit assis au pied d'un très grand arbre un paysan portant sur le dos un gros morceau de bois. Dessein capital et fort précieux fait à la pierre noire, et lavé de bistre. E. L. in fol.

2. Paysage montagneux orné d'arbres. Au haut d'une des montagnes, qui est au milieu du dessein, se voient quelques maisons; sur le devant un paysan debout parle à deux autres assis par terre. Ce dessein précieux est à la pierre noire, lavé de bistre. E. L. in fol.

3. Autre; sur le devant à gauche est la partie d'un bois, et vers la droite un champ, sur lequel on voit des gerbes de blé; le lointain présente la vue d'un village orné de beaucoup

d'arbres. Superbe dessein du même faire que le précédent. E. L. in fol.

VLIEGER (Simon de) flor. à Amsterdam vers 1640.

1. Marine. On y voit quatre hommes dans une barque sur la mer agitée; à la plume, légerement lavé d'encre de la Chine. E. L. in 4to.

BOTH (Jean) naquit à Utrecht en 1610, et mourut dans son pays.

1. Une cuisine Flamande. Vers la gauche on voit deux paysans sortant d'une cave; plusieurs femmes armées de balais, de pincettes etc. les empêchent de sortir. Plusieurs autres travaillent, et d'autres encore avec des pots à la main, semblent partir. Ce dessein est très légerement esquissé à la plume. E. L. in folio.

BOTH (André) naquit à Utrecht en 1611, voyagea en Italie et se noya dans un canal à Venise en 1650.

1. Une trouppe de gens à la porte d'une cabane. L'un fait danser des marionettes au bout d'un bâton, un autre joue du *Rommelpot*, le troisieme quête pour la bande; une femme à sa porte lui donne quelque chose. Plusieurs

enfans debout sont à l'entour; à la plume d'une touche grasse et spirituelle, légerement lavé de bistre. E. L. in 8vo.

2. Sujet à peu près semblable au précédent mais d'un plus grand format, et n'ayant que cinq figures. Il est du même faire et exécuté avec tout l'esprit possible. De forme quarrée in 4to.

3. Adam ayant reçu la pomme balance à la manger. Eve en reçoit une autre du serpent. A ses pieds on voit une chevre, et dans le lointain d'autres animaux. Ce dessein est du même faire que le précédent. De forme quarrée in 4to.

4. Tabagie de six paysans Hollandois. On y voit entr'autres un homme assis près d'une table et tenant de la main droite élevée un verre de bierre. Derriere lui une jeune femme, qui a une main posée sur son épaule, montre de l'autre un homme assis vis-à-vis. Dessein très intéressant fait d'une plume grasse, légerement lavé de bleu d'Inde. E. L. in 4to.

5. Un jeune homme debout habillé à la mode du tems, appuyant la main droite sur la hanche. Légerement esquissé à la plume et au bistre. E. H. in 8vo.

6. Venus debout tenant d'une main un coeur brulant; derriere elle Cupidon qui tend son arc.

7. Le même sujet traité différemment.

8. Junon debout tenant un sceptre à la main; derriere elle un paon.

HOLLANDOISE.

Ces trois morceaux sont esquissés à la plume et au bistre. E. H. in 8vo.

SAFTLEVEN (Corneille) frere d'Herman, naquit à Rotterdam en 1612. On ignore l'année de sa mort.

1. Paysanne assise vue de profil, et tenant de la main droite tendue une pomme qu'elle semble présenter à quelqu'un. Fort joli dessein à la pierre noire fait en 1636. E. H. in 4to.

2. Paysan vu de profil assis sur une espece de cuve renversée; il a les mains jointes et posées sur la poitrine, et paroît demander l'aumône. Il y a la plus belle expression dans cette figure, qui est artistement dessinée à la pierre noire et lavée d'encre de la Chine. Elle porte la date de 1631. E. H. in 4to.

3. Jeune paysan debout vu presque par le dos, priant les mains jointes et élevées; dessiné à la pierre noire d'une maniere grasse, en 1639. E. H. in fol.

4. Etude pour un S. Jean supposé assis au pied de la croix. Il est vu de profil, et a les mains jointes. Ce morceau est du même faire que le précédent, et porte la date de 1645. E. H. in fol.

LAAR (Pierre van) dit le Bamboche; naquit à Laaren vers 1613, et mourut à Harlem en 1673.

1. Un paysan qui se réjouit d'avoir encore à boire dans son pot.

2. Un vieux paysan, son chapeau sous le bras, ayant l'air de marcher avec une canne.

3. Un paysan assis, le coude appuyé sur une table, dans l'attitude de quelqu'un qui veut allumer une pipe.

Ces trois figures vues jusqu'aux genoux, sont croquées au crayon noir. E. H. in 12mo.

4. Deux Italiens jouant à la *Mora*. L'un est assis et l'autre a un genou en terre. Un troisieme, enveloppé dans son manteau, les regarde. Ce beau dessein est à la pierre noire, lavé à l'encre de la Chine, sur papier bleu. E. H. in 4to.

5. Un maréchal ferrant un cheval sellé; son garçon lui tient la jambe. Le cavalier, en attendant, est à pied, et parle à son compagnon de voyage, qui est resté à cheval. Dans le fond, qui n'est qu'indiqué, on voit la forge et un autre garçon maréchal. Ce superbe dessein est fait à la mine de plomb: le cheval et les maréchaux sont retravaillés d'une plume très spirituelle. E. L. in folio.

Il y en a une fort belle estampe gravée à l'eau-forte dans le goût de C. *Visscher*.

HOLLANDOISE.

6. Un homme en veste se prosternant à terre. Il a la tête et les pieds nus. Dessein à la pierre noire, qui porte la date 1670. E. L. in folio.

7. Un paysan assis sur un banc, un pied posé sur une escabelle, et fumant la pipe; du même faire que le morceau précédent: il porte la date 1669. E. H. in folio.

METZU (Gabriel) naquit à Leyde en 1615, et mourut à Amsterdam en 1658.

Huit différentes têtes, savoir:

1. Tête d'enfant dormant, tourné vers la droite.
2. Tête d'homme presque de face d'un air assoupi.
3. Tête d'homme riant vu de face.
4. Tête d'enfant dormant, tourné vers la gauche.
5. Tête d'homme de profil, tourné vers la droite.
6. Tête d'homme vu de face. Il a les yeux baissés, et la bouche ouverte comme criant.
7. Autre semblable penché vers la droite.
8. Tête de vieille vue de face.

Ces huit petits desseins sont à la pierre noire, sur papier gris, touchés avec finesse et intelligence. Six sont de forme ronde et deux de forme quarrée.

RUYSDAEL (Salomon) frere de Jacques Ruysdael, mort à Harlem en 1670.

1. Ruines d'un château et d'un aqueduc dont on voit une voute sur le devant du dessein; dans un très beau paysage montagneux orné de fabriques et de trois petites figures, qui pêchent à la ligne; à l'encre de la Chine. E. L. in 4to.

WATERLOO (Antoine) naquit à Utrecht en 1618, et mourut en 1660.

1. La vue d'une ville; à droite est un grouppe d'arbres sur un côteau près d'une riviere, qui vient passer sous les écluses de la ville; derriere ces arbres est un mur flanqué d'une grosse tour. Le fond annonce une belle ville ornée d'architecture. Ce dessein capital sur papier gris est à la pierre noire, lavé et colorié d'un peu de rouge sur les bâtimens. Très grand morceau fort précieux. E. L. in folio.

2. Un chemin à côté d'un bois fort épais. On voit vers le milieu deux paysans assis au pied d'un arbre. Ce morceau capital est de la plus grande beauté; il est fait à la pierre noire, lavé d'encre de la Chine, et bien terminé. E. H. in folio.

BREEMBERG (Bartholomé) naquit à Utrecht en 1620, peignit à Rome et mourut dans sa Patrie en 1663.

1. La multiplication des pains; à gauche on voit un grouppe de trois figures dans le genre de *Salvator Rosa*. Plus loin le Christ est assis, entouré de trois de ses apôtres, et d'un garçon qui apporte un panier, où sont les pains. L'espace est occupée par une foule de peuple; dans un paysage montagneux orné d'arbres. Ce dessein est lavé au pinceau avec du bleu d'Inde. E. L. in fol.

WOUWERMAN (Philippe) naquit à Harlem en 1620, et mourut dans la même ville en 1668.

1. Etude d'un trompette à cheval et sonnant. Les deux jambes de devant du cheval y manquent. Ce petit dessein est d'une touche ferme et très spirituelle; à la pierre noire. E. H. in 4to.

2. Des gens occupés à décharger un vaisseau chargé de houille, dont ils emplissent un chariot attelé de deux chevaux. On voit le bâteau sur une petite riviere, qu'une femme passe sur un pont élevé. Trois enfans se chauffent auprès d'un feu de houille, qu'ils viennent d'allumer. Au pinceau trempé dans l'encre de la Chine. E. H. in folio.

3. Une femme à cheval; à côté d'elle un autre cheval sellé qui broute. Joli dessein au pinceau, et à l'encre de la Chine. E. L. in 4.

4. Un paysan tenant par la bride un cheval, qui rue; lavé à l'encre de la Chine, quelque peu rehaussé de blanc. E. L. in 4to.

5. Une dame montée à cheval. Superbe dessein plein d'esprit et d'expression fait à la plume, lavé d'encre de la Chine. E. H. in 8.

6. Trois chasseurs de retour de la chasse. L'un deux à cheval, vu par le dos, porte un lievre suspendu sur une canne; un autre descendu du cheval arrange son étrier, et le troisieme, qui est sur le point de monter sur son cheval, donne de l'argent à un valet. Contrépreuve tirée sur les traits faits d'une couleur brune sur le tableau. E. L. in fol.

7. Un cavalier enveloppé dans un manteau, assis à cheval et vu de face; à côté de lui un gueux, qui demande l'aumône; et vis-à-vis de lui un autre homme monté sur un cheval qui rue. Sur le devant un chien, qui abboye. Ce beau dessein est fait au pinceau et à l'encre de la Chine. E. L. in 4to.

EVERDINGEN (Albert van) naquit à Alcmar en 1621, et mourut dans la même ville en 1675.

1. Paysage. Sur le devant à gauche une colline avec trois grands arbres, dont celui du

milieu est tronqué. Un homme portant un fagot sur le dos descend du haut de le colline. Dans le fond on voit une église et un autre bâtiment gothique, devant lesquels est une touffe d'arbres. Ce précieux dessein marqué du chiffre ordinaire d'*Everdingen*, est dessiné à la plume et au bistre. E. L. in 8vo.

2. Deux rochers vis a vis l'un de l'autre, et séparés par un grand fleuve. Celui en deçà est sur le devant à gauche, et on y voit tout en haut un hermitage; l'autre rocher au delà est plus grand, et il y a quelques petites maisons au bas, au milieu et au sommet. Petit dessein à la plume, et au bistre. E. L. in 8vo.

ECKHOUT (Gerbrand van den) éleve de Rembrandt, naquit à Amsterdam en 1622, et mourut dans la même ville en 1674.

1. Une premiere pensée pour l'histoire de Loth sortant de Sodome. Il n'y a de terminé que la femme de Loth. Un ange conduisant Loth par la main, est vu par le dos; l'on y apperçoit le premier griffonnement fait à la pierre noire, ensuite lavé de bistre ne formant qu'une masse d'ombres presqu'égales. Loth est vu de profil, ayant tout le devant du corps dans le clair; tout le reste est dans l'ombre. Le peintre a commencé à retravailler cette figure à la plume, ainsi que la femme, qui

est fortifiée par un lavis de bistre en ménageant des demi-teintes. Ce dessein est d'un très bel effet. E. H. in 4to.

BERCHEM (Nicolas) naquit à Harlem en 1624, et mourut en 1683.

1. Vue de Campo Vaccino, où l'on voit d'un côté le temple de Jupiter Stator et de l'autre une fontaine. Dans le fond sont les ruines du palais des Empereurs et plus loin des montagnes. On voit sur la place quinze petites figures en différentes attitudes et quelques bestiaux. Dessein de forme ovale, fait au lavis. E. H. in 4to.

2. Un pâtre qui fait boire son troupeau au bas d'une colline. Sur le devant deux chasseurs et un chien ; croqué légerement à la pierre noire. E. L. in folio.

3. Une caravane. Esquisse peinte à l'huile sur parchemin. E. L. in 8vo.

4. Un mulet chargé. Superbe dessein arrêté à l'encre de la Chine. E. H. in 8vo.

5. Trois chevres, légerement esquissées à la plume. E. L. in 8vo.

6. Paysage, où est représenté Jacob sur le chemin à Haran, couché à terre, et voyant en songe les anges monter et descendre le long d'une échelle. Légerement dessiné à la sanguine. E. L. in folio.

7. Autre paysage, où l'on voit sur le de-

vant à gauche la Vierge assise au pied d'un arbre, ayant sur ses genoux l'enfant Jesus. A ses pieds est le petit S. Jean à genoux, caressant d'une main son agneau, et étendant l'autre vers l'enfant Jesus. Plus loin vers la droite St. Joseph assis par terre les regarde. E. H. in 4to.

8. S. Jerôme en priere devant un crucifix. E. H. in 8vo.

9. Repos en Egypte. La Vierge est assise sur une motte de terre au pied d'un arbre; elle a sur ses genoux l'enfant Jesus, à qui deux anges apportent du fruit. Detriere S. Joseph vu par le dos lit dans un livre. E. H. in 4.

Ces trois desseins sont esquissés à la pierre noire, et à l'encre de la Chine.

10. Tête d'âne. Ce beau dessein est assez arrêté à la pierre noire. E. L. in 8vo.

11. Vue d'un bois, où l'on voit vers le milieu un homme debout au pied d'un grand arbre, et à côté de lui un cheval. Il regarde une femme qui trait une chevre; une vache, et quelques moutons sont autour. Croquis à la sanguine. E. H. in 4to.

12. Une jeune paysanne passant à gué une riviere; elle tient d'une main une cruche et est accompagnée de son chien. Derriere elle sont deux vaches dans l'eau.

13. Un paysan descendant de la croupe d'un âne, sur lequel est assis une jeune paysanne. Devant l'âne une vache passe une riviere.

Ces deux desseins sont faits à la plume, et légerement lavés d'encre de la Chine. E. L. in 4to. On en a des estampes gravées par *J. Visscher*.

14. Premiere idée d'un tableau connu par la belle estampe de *J. Aliamet*, qui a pour titre: *Ancien port de Gênes*. Ce précieux morceau fait d'une plume légere et très spirituelle a été payé 40 fl. E. L. in 4to.

15. Un petit troupeau de deux vaches, de deux chevres et d'un mouton. Belle esquisse faite à la plume. E. L. in 4to.

16. Paysage orné d'arbres. Sur le devant un petit troupeau de moutons et de chevres, ainsi que deux pâtres, dont l'un assis par terre joue de la flûte et l'autre trait une chevre. Ce beau petit dessein est fait à la mine de plomb. E. L. in 4to.

17. Autre paysage, où l'on voit une femme montée sur un âne et parlant à un homme qui marche à pied à côté d'elle. Derriere on distingue un pâtre qui fait marcher devant lui un petit troupeau de moutons; sur le devant à gauche est un âne chargé; croqué à la plume. E. L. in 8vo.

18. Fort jolie esquisse d'un paysage orné d'arbres, sur le devant duquel est représenté un homme portant une hotte sur le dos, et marchant derriere une femme qui est montée sur un âne; à la mine de plomb. E. L. in 8vo.

VAN HECKE (Jean) naquit à Quarmonde près Oudenaerde vers 1625; on ignore l'année de sa mort.

1. Un cheval harnaché debout près d'une charette. Ce petit dessein précieux est à la plume, légerement lavé d'encre de la Chine. E. L. in 8vo.

ULFT (Jaques van der) naquit à Gorcum vers 1627.

1. Un charlatan sur un théatre près d'une maison sur une place publique remplie de monde. L'opérateur a à côté de lui son paillasse, et deux autres personnes. Chacune des petites figures, qui sont en quantité, est très distinguée ; à la plume, lavé d'encre de la Chine. E. L. in 4to.

2. Une dame et un cavalier dansant un menuet dans une chambre, où l'on voit trois personnes assises à une table, un homme jouant du violon, et deux autres figures de servantes. A la sanguine, lavé d'encre de la Chine. Sur le même papier on voit le dessein de cinq figures à table, dont une seule est terminée. Un domestique derriere elle verse à boire, et une autre figure entre, portant des plats ; à la mine de plomb, lavé de bistre. E. L. in 4to.

3. Feuille d'étude. On y voit vers le haut

un rang d'environ vingt figures d'hommes et de femmes tant assises que debout. Plus bas une trouppe de sept à huit femmes d'Israel venant au devant de David vainqueur de Goliath. Vers la gauche Apollon poursuivant Daphné, et tout en bas une douzaine d'études de têtes. Le tout est joliment esquissé d'une plume spirituelle, légerement lavé d'encre de la Chine. E. L. in fol.

VAN DER SCHUUR (Theodore) dit Vrientschap; naquit à la Haye en 1628, et mourut en 1705.

1. La Vierge vue jusqu'aux genoux, embrassant l'enfant Jesus qu'elle tient entre ses mains. Esquisse faite à la sanguine. E. H. in 4to.

DOUDYNS (Guillaume) nommé Diomedes, naquit à la Haye en 1630, et mourut en 1697.

1. Hercule levant sa massue pour frapper le centaure Nessus, qui est à ses pieds. Joli dessein à la plume, lavé de bistre. E. H. in fol.
2. Mercure endormant Argus par l'harmonie de sa flûte.
3. Apollon et Pan luttant pour la préférence dans l'art de la musique.

Ces deux esquisses légeres d'une grandeur

égale sont à la pierre noire, lavées de bistre. E. H. in folio.

VISSCHER (Corneille de) éleve de Soutman, graveur Hollandois, florissoit vers l'an 1600.

1. Femme à mi-corps ayant l'air d'une sorciere partant pour le sabat. Superbe dessein sur vélin fait à la pierre noire. De forme quarrée. in 4to.

2. Un garçon à genoux à côté d'un tonneau, regardant avec un air de plaisir dans une cruche qu'il tient de ses deux mains. Dessein capital de la plus grande beauté fait à la pierre noire, et très fini. E. H. in fol.

3. Buste d'un homme à barbe et moustaches. Il est coëffé d'un bonnet au dessus d'une calotte. Très fini à la plume, sur vélin. E. H. in 8vo.

Tous ces trois desseins ont été gravés à l'eau-forte par *Adam Bartsch*.

CABEL (Adrien van der) naquit à Ryswick en 1631, et mourut à Lyon en 1695.

1. Joli paysage orné de fabriques; sur le devant est une riviere, sur le bord de laquelle sont deux figures assises; librement dessiné à la plume et au bistre. E. L. in 4to.

VELDE (Guillaume van de) le jeune, naquit à Leyde en 1633, et mourut à Londres en 1707.

1. Très petit dessein représentant un vaisseau à l'ancre; à côté est un autre plus petit, et un troisieme de la même espece se voit dans le lointain. Ce dessein à l'encre de la Chine est en hauteur in 8vo.

DU JARDIN (Karel) naquit à Amsterdam en 1635, et mourut à Venise en 1678.

1. Un boeuf, les pieds dans l'eau, et sur le bord une chevre avec son chevreau; à l'encre de la Chine et au pinceau. E. L. in 4to.

HONDEKOETER (Melchior) naquit à Utrecht en 1636, et mourut à Amsterdam en 1695.

1. Quatre différentes études d'un coq, dessinées à la pierre noire sur une même feuille. In 4to.

VELDE (Adrian van de) naquit à Amsterdam en 1639, et mourut en 1672.

1. Jesus Christ pris par les Juifs. Un d'eux le frappe sur la tête, en le tenant par les cheveux, un autre lui tient les mains liées derriere le dos, un troisieme lui ayant mis le pied sur

le ventre, le tire et le renverse en arriere moyennant une corde, qu'il lui a passé autour du cou. On voit à côté S. Pierre qui a renversé Malcus, et va lui couper l'oreille. Cette piece est joliment dessinée et finie à la sanguine. E. H. in 4to.

VOORHOUT (Jean) né aux environs d'Amsterdam en 1647, et mort en 1749.

1. La délivrance de S. Pierre. Il est assis sur la paille, les fers aux pieds. Un Ange le prend par la main pour l'éconduire. Dans le fond de la prison deux gardes dorment. Ce beau dessein est à la plume, lavé de bistre. E. H. in folio.

NEYTS (G.) flor. en 1681.

1—2. Deux vues de Flandres; à la plume et au lavis. Ces deux morceaux fort précieux sont d'un même format. E. L. in 4to.

3. Paysage avec un ancien bâtiment délabré. Sur le devant à gauche est une jeune paysanne montée sur un âne, et suivie par un homme, qui tient d'une main un long bâton, et pose l'autre sur la croupe de l'âne. Beau dessein d'une plume très légere et spirituelle, lavé de bistre. E. L. in folio.

4. Autre paysage, où l'on voit vers la droite un grand rocher couvert de brandes et de broussailles, au pied duquel est assis un

homme demandant l'aumône à deux paysans, dont l'un est monté sur un âne. Ce superbe dessein est fait à la plume sur parchemin. E. L. in 4to.

5. Beau paysage très montagneux orné d'arbres; sur une colline au milieu du dessein est un village dont on ne distingue que peu de maisons au travers des arbres, qui l'entourent. Ce joli morceau est fait à la plume et terminé au lavis. E. L. in 4to.

6. Une ville sur le bord d'une rivière, et adossée à une montagne, au haut de laquelle est un château.

7. Un moulin à l'eau.

8. Une église au pied d'une montagne couverte d'arbres.

9. Un vieux château au milieu d'un étang, sur lequel on voit un bateau chargé de foin.

Ces quatre paysages ornés de beaucoup de figures sont très arrêtés à la plume. Ils sont d'une même grandeur. E. H. in 8vo.

DUSART (Corneille) natif de Harlem, florissoit en Hollande vers 1680.

1. L'intérieur d'un cabaret, où l'on voit cinq paysans, dont un joue du violon, et accompagne un autre qui chante; croqué avec beaucoup d'esprit à la plume, et lavé à l'encre de la Chine. E. L. in 4to.

SOMERS (Paul) florissoit en 1683.

1. La cene. Les Apôtres dont quelques uns sont debout, entourent la table. On voit deux autels à la droite et à la gauche du dessein; sur celui-ci sont les tables de la loi de l'ancien testament, sur l'autre est la sainte Eucharistie pour représenter le nouveau testament. Ce dessein a été fait pour une abbaye. A la marge du bas on voit en langue Flamande le marché, que le peintre à fait pour le tableau, ainsi que son nom, et l'année 1683; à la plume, lavé d'encre de la Chine. E. L. in fol.

GOÉRÉE (Jean) naquit à Middelbourg en 1670, et mourut à Amsterdam en 1738.

1. Atlas portant le monde. Derriere lui on voit sur des nuages la justice, la sagesse, la nature, la fertilité, et deux génies dans les airs; à la plume, lavé de bistre. E. L. in 4to.

2. Sujet tiré de l'Apocalypse; chap. XIV, vers 1 etc. à la plume, lavé d'encre de la Chine. E. L. in 4to.

3. La résurrection de notre Seigneur. Son tombeau est au dessus d'une caverne, d'où sortent les ames des ancêtres qui se prosternent en voyant notre Seigneur ressuscité. Joli dessein à la plume, lavé d'encre de la Chine. E. L. in 8vo.

4. Des Indiens rassemblés en foule près d'un temple, et adorant un idole représenté en forme colossale et assis sur un brancard. Jolie esquisse à la plume, et au bistre. E. L. in 8vo.

MOUCHERON (Isaac) naquit à Amsterdam en 1670, et mourut dans sa patrie en 1744.

1. Une chasse au cerf. Il est poursuivi par quatre chasseurs à cheval, et plusieurs chiens. Il sort d'un bois et veut se jeter dans l'eau, que l'on voit dans le lointain. Ce morceau rare est à la plume, lavé de bistre. E. L. in 4to.

RADEMAKER (Abraham) naquit à Amsterdam en 1675, et mourut à Harlem en 1735.

1. Vue d'une ville de Hollande ornée de beaucoup de figures; on voit entr'autres celle d'un vieillard mendiant, qui conduit une femme aveugle, et demande l'aumône à un seigneur et une dame, qui sortent de chez eux avec leurs enfans. Ce joli dessein est d'une plume nette et correcte, lavé d'encre de la Chine, sur papier teint en bleu. E. L. in 4to.

VAN DER MYN (Herman) naquit à Amsterdam en 1684, et mourut à Londres en 1741.

1. Jeune femme vue jusqu'aux genoux; elle regarde vers le bas, en écartant son voile. Très belle esquisse faite à la pierre noire, et rehaussée de blanc, sur papier gris. E. H. in folio.

WIT (Jacques de) naquit à Amsterdam en 1695, et mourut dans la même ville en 1754.

1. Basrelief, où l'on voit vers la droite un fleuve appuyé sur son urne. Derrière lui est une Nayade, qui regarde sept petits Amours, dont quelques uns trainent une guirlande de fleurs. E. L. in 4to.
2. Autre basrelief avec trois Amours, dont deux se disputent une corbeille de fleurs. E. L. in 4to.
3. Autre, où six petits Amours forment des guirlandes, pour en orner un vase. E. L. in 4to.

Ces trois beaux desseins sont griffonnés à la plume, et lavés de bistre.

4. Tête d'homme avec des cheveux courts, et une petite barbe. Il est vu de profil et tourné vers la droite; au pinceau et à l'encre

de la Chine, sur papier jeaune, rehaussé de blanc. E. H. in 4to.

TANJE (Pierre) natif d'Amsterdam, et mort dans sa patrie en 1760.

1. Enée portant son pere Anchise. Le petit Ascanius marche à côté de lui. Dans le fond la ville de Troye en flammes; à la plume, légerement lavé d'encre de la Chine. E. H. in 4.

2. Don Quichotte, qui arme chevalier Sancho Pança, et lui fait faire la veillée des armes. Il est à genoux devant un image, entre deux lumieres. Don Quichotte, l'épée à la main, est devant lui. Le fond représente une écurie, où l'on voit Rosinante et l'âne de Sancho. Ce dessein au trait de sanguine paroit avoir été destiné pour être calqué sur une planche à graver. E. H. in 4to.

BEGA (A.)

1. Dessein de l'arc de Titus; joliment lavé à l'encre de la Chine. E. H. in fol.

2. Un rocher au haut duquel on voit une fabrique de quelques maisons; du même faire que le dessein précédent. E. H. in fol.

3. Morceau d'un mur tombé en ruines d'où sortent des arbustes. Ce beau dessein fait avec beaucoup d'esprit est à la mine de plomb, lavé de bistre. E. L. in folio.

4. Petite marine, où l'on voit un bateau à

voile s'approcher du bord, sur lequel est une petite maison. Légerement esquissé à la plume. E. L. in folio.

VAN AKEN.

1. Un vieux paysan debout, qui vient de faire ses nécessités; dans un paysage; à la plume. E. H. in 4to.

2. Un chasseur couché sur le ventre derriere de l'algue, et épiant des canards, le fusil à la main. Dessein fort spirituel fait d'une plume légere. E. H. in 8vo.

3. Un vieux paysan assis sur une chaise percée. Ce petit morceau est dessiné à la plume et lavé de bistre. E. H. in 8vo.

4. Un paysan qui pisse, vu par le dos; derriere lui un chien assis.

5. Ce même paysan avec peu de changemens, et derriere lui un autre qui vomit.

Ces deux morceaux d'une grandeur égale sont légerement esquissés à la plume. E. H. in 4.

VAN CUYPEN. Artiste Hollandois inconnu.

1. La visitation de S. Elisabeth; dessein fait au pinceau et lavé d'encre de la Chine. E. H. in fol.

ÉCOLE FLAMANDE.

MESSIS (Quintin) nommé le maréchal d'Anvers, naquit à Anvers en 1450, et mourut en 1529.

1. Une S. famille. S. Joseph est assis à côté de la S. Vierge, qui tient l'enfant Jésus. Le petit S. Jean est assis aux pieds de la Vierge; à la plume, lavé de bleu d'Inde. E. H. in 4to.

KOECK (Pierre) van Alost, mort à Anvers en 1553.

Suite de six morceaux dessinés à la plume et lavés de bistre, où l'on a représenté:

1. Une jeune dame montée à cheval, parlant à une autre qui la suit à pied. Ces deux femmes sont magnifiquement habillées à l'Orientale d'une maniere très singuliere. Le cheval est aussi orné d'un harnois superbe égale à celui d'un cheval à traineau.
2. Autre sujet semblable, avec quelques différences dans les habillemens.
3. Autre, où les deux femmes sont armées d'un sabre, et portent un bouclier attaché en guise de cuirasse.
4. Un jeune guerrier à pied, armé de toutes

pieces, parlant à un autre, qui est à cheval devant lui.

5. Une négresse, un bouclier au bras, suivant à grands pas un homme, qui va au galop.

6. Une femme à cheval, et derrière elle une autre à pied, qui porte un petit panier rempli de fruits. L'une et l'autre ont le même costume.

Tous ces morceaux sont d'une grandeur égale. E. L. in folio.

BREUGHEL (Pierre) dit le vieux ou le drôle, fils d'un paysan de Breughel près de Breda, reçu membre de l'académie d'Anvers en 1550, et mort à Bruxelles en 1570.

1. Paysage à la plume légerement croqué; il représente une vue de village. Sur le devant on voit deux hommes occupés à ranger des charrettes, qui sont devant l'auberge. E. L. in fol.

2. Vue de ruines d'Italie, avec l'intérieur d'une tour; sur le devant la figure d'un homme dans un manteau.

3. Vue d'une église et de plusieurs dômes. Ce dessein est orné de différentes figures, entre autres de deux capucins, qui sont au milieu sur le devant.

4. Vue du temple de Janus. Dans le fond

on voit des bâtimens ruinés et quelques petites figures, parmi lesquelles est un dessinateur assis sous un des arcs du temple.

Ces trois desseins sont à la plume, plus ou moins finis, lavés de bistre et quelque peu coloriés. E. L. in fol.

BACKER (Jacques de) appellé en Italie Fornaro, naquit à Anvers en 1530, et mourut à Francfort sur le Meyn en 1560.

1. Le dernier jugement. Grande composition à la plume, légerement lavée de bistre. Tout en haut on voit dieu le pere, plus bas le sauveur assis sur l'arc en ciel, les pieds sur le globe de la terre, et au milieu d'eux le S. esprit; un peu derriere sont trois rangs d'anges et de bienheureux, l'un au dessus de l'autre. Un quatrieme rang de bienheureux est plus bas, c'est à dire, vers le milieu du dessein. Deux anges voltigeant en l'air de droite et de gauche, sonnent la trompette du dernier jugement, et plusieurs autres au bas du dessein séparent sur la terre les ames delivrées de celles, qui sont damnées. Ce dessein est ceintré par en haut. E. H. in fol.

2. La chûte des anges rebelles. Petit morceau en forme de vignette, dessiné à la plume, légerement lavé de bistre. E. L. in 8vo.

SCHUT ( ) vraisemblablement le père de Corneille Schut, vivoit en 1567.

1. Ce dessein représente un grand portique, sous lequel neuf savans s'occupent de l'étude de l'astrologie de maniere différente et avec divers instrumens. Du côté du portique deux vieillards regardent dans la salle. Le fond, que l'on voit à travers du portique, représente une ville. Ce dessein est à la plume, lavé d'encre de la Chine, et porte la date de 1567. E. L. in folio.

VRIENDT (François de) dit Franc-Floris, naquit à Anvers en 1520, et mourut dans la même ville en 1570.

1. Un guerrier debout tournant la tête vers la gauche. Il est vêtu d'une cuirasse et d'une côte de maille; il a les bras nus et sur les épaules deux masques de femmes. Il tient d'une main un javelot, et a l'autre posée sur la poignée de son sabre.

2. Un guerrier semblable, ayant la tête tournée vers la droite. Ses bras sont couverts de manches étroites.

Ces deux jolis desseins sont à la plume, lavés de bleu d'Inde. E. H. in fol.

3. Deux statues Romaines d'hommes placées sur des socles. Celle de la gauche représente un guerrier qui tient un dieu pénate;

à côté de l'autre est une pouppe de vaisseau. Au revers la figure d'un guerrier, son casque sur la tête et couvert d'une simple draperie; elle lui passe sur l'épaule, attachée par la ceinture. Il a un sabre pendu à une bandoulière; à la plume lavé de bistre. E. H. in fol.

4. Le combat des Horaces et des Curiaces. Ce combat dans un camp est représenté dans le moment, où deux des Horaces sont déjà tués. On voit dans le lointain le camp et les deux armées en présence. Les juges du camp sont à l'entour de la barriere. Dessein très arrêté à la plume lavé à l'encre de la Chine. E. L. in folio.

5. Loth avec ses deux filles. Beau morceau fait à la plume, lavé de bistre et rehaussé de blanc sur papier bistré. E. L. in 4.

BOL (Jean) naquit à Malines en 1522, et mourut à Amsterdam en 1583.

1. Paysage à la plume, lavé de bistre. Un vieillard suivi de deux hommes, accompagne son fils hors les portes d'une ville, qu'on voit vers la droite du dessein. Un palfrenier tient le cheval du jeune homme, qui prend la main de son pere, pour la baiser. Sur le devant à gauche on voit un homme au galop. Le lointain représente une riviere qui serpente au pied des montagnes. Fort joli dessein. E. L. in 4to.

2. Paysage orné de figures, animaux et fabriques. Sur le devant on voit Mercure, qui vient de couper la tête à Argus; la vache Jo qui s'enfuit, et Junon occupée à orner la queue de son paon des yeux d'Argus. Dessein arrêté à la plume. E. L. in 4to.

3. Quatre différentes montagnes, au sommet desquelles sont des vastes châteaux. Joli dessein fait à la plume et bien terminé; le devant en est lavé de bistre, et le lointain d'Indigo. E. L. in 4to.

LIERRE (Josse van) de Bruxelles, mort à Schwindrecht près d'Anvers en 1583.

1. Paysage à la plume représentant une ville entourée de vieux murs. Sur la droite du dessein il y a plusieurs maisons dans un bas-fond. E. L. in 4to.

DE VOS (Martin) naquit à Anvers l'an 1534, et mourut dans la même ville en 1604.

1. Le baptême de notre Seigneur; il a une jambe dans le Jourdain, et un pied sur terre. S. Jean Baptiste est debout, le pied droit en arriere; il est suivi de deux anges. Dans le lointain on voit quelques figures. Le fond est un beau paysage orné de fabriques. Ce dessein d'une plume fine et correcte est la

vé de bistre et rehaussé de blanc, sur papier jeaune. E. L. in folio.

Une suite de sept desseins d'une grandeur égale, faits à la plume et lavés de bistre. E. L. in folio. Ils représentent différens sujets de l'histoire de S. François d'Assise, savoir:

2. S. François d'Assise les bras ouverts, et le genou droit plié en avant, recevant les stigmates de Jesus Christ, qui est devant lui; à droite dans un petit éloignement on voit le compagnon du saint à genoux, les mains jointes, ayant un livre devant lui, et les yeux tournés vers le miracle. Du même côté, mais plus loin, Saint François est représenté à genoux dans une grotte, les yeux et les bras élevés vers le ciel, qu'il regarde comme en extase. A gauche dans le fond, à l'entrée d'un couvent, le même saint est vu debout au milieu de S. Pierre et de S. Paul. Ce dessein est incontestablement de la main de *Martin de Vos*, les suivans paroissent n'être faits que d'après son invention.

3. S. François monté sur un âne. Un homme ôtant sa calotte lui donne la main: leurs deux mains serrées sont entourées d'une flamme. Dans le fond de la droite est une église, dont on voit sortir des rayons par les fenêtres, et au dessus du toit de laquelle paroît un grand soleil. Plusieurs personnes accourent avec des échelles, pour éteindre le

feu, qu'ils croient être dans l'église. Par la porte d'entrée, d'où sortent aussi des rayons, on distingue dans l'intérieur deux religieux, et à côté la S. Vierge qui leur apparoît. Vers la gauche dans le fond on voit le même saint sur une haute montagne, les mains élevées au ciel, entouré de rayons et de nuages. Le paysage est terminé par un lointain montagneux.

4. S. François dans l'église, devant un autel orné d'un tableau et de flambeaux allumés. Il est couché à terre, la tête baissée, adorant Jesus Christ qui, accompagné de la S. Vierge et suivi de deux anges, lui apparoît. A la droite du dessein est une maison ouverte, où git un malade au lit, accompagné de trois ou quatre petites figures. Plus loin est une église ouverte, où se voit une figure à genoux devant la S. Vierge; et entre le bâtiment et la terrasse du devant sont en différens grouppes, huit autres figures.

5. S. François couché à terre, sur le dos, ayant les yeux fermés. Un moine de son ordre a les deux pieds posés sur le milieu du corps du saint. A la gauche, dans une église est un religieux célébrant la messe. Un autre religieux y est à genoux, les mains jointes, et à côté de lui est un chien à longues oreilles, assis droit sur le derriere, les pattes de devant élevées en l'air. Vers la droite dans une place

entourée de fabriques on voit une trentaine de figures. Dans le ciel ouvert, sur les nues, sont douze fauteuils placés sur un rang en demi-cercle.

6. S. François plantant en terre un bâton sec. Son collegue couché sur les deux mains à terre, la face tournée vers lui, a les jambes cachées jusqu'aux genoux dans une profondeur de terre. Du même côté, sur une hauteur, on voit le Saint chassant le diable du corps d'une femme, qui est soutenue par deux hommes : le démon s'envole sous la forme d'un dragon ailé. A droite sont représentées quatre autres miracles par autant de grouppes de figures distribués sur les différens plans du fond d'un paysage orné de fabriques et terminé par des montagnes. On voit aussi le Saint dans les airs sur des nues ; il sort de sa bouche un rayon, qui vient rejaillir sur un grouppe de petites figures devant une maison.

7. S. François sur le devant du dessein représenté debout dans une barque. Son collegue est assis, et tient une rame des deux mains. Il le regarde avec étonnement prêcher aux poissons, qui viennent en foule et de toute espece, pour l'écouter ; à droite, sur le bord de la mer, on voit deux chambres ouvertes, où sont représentées les visions d'un pape et d'un autre prélat. Plus loin entre des arbres on voit le saint prêcher aux oiseaux en présence de son collegue assis à terre.

Le lointain à gauche est orné d'un vaisseau à deux mâts sur la mer, d'une ville et de montagnes.

8. Un ange sous l'habit de pélerin, parlant à deux femmes, et leur montrant du doigt un enfant qu'il tient sur son bras droit, et qui a la tête rayonnante. Dans le lointain se voient des diables de toute espece. Une prison ouverte laisse appercevoir un prisonnier. Le fond est orné de quelques petites figures et fabriques, et est terminé par des montagnes.

9. Petit dessein en forme de frise ceintrée, où sont représentés les quatre évangélistes assis sur des nues, et inspirés par le S. Esprit, qui plane au milien d'eux dans une gloire céleste: à chaque côté de ce dessein est une Sibylle assise sur le bord du ceintre; à la plume lavé d'Indigo. E. L. in 8v.

10. S. François dans une grotte, priant à genoux, et tenant un crucifix à la main. Joli dessein aux deux crayons. E. L. in-4to.

STRADANUS (Jean) proprement Jean van Straden, naquit à Bruges en 1536, et mourut à Florence en 1605.

1. Jesus Christ devant Hérode. Celui-ci est assis sur un trône, la tête coëffée d'un turban et les coudes posés sur des coussins. Un jeune homme est assis sur le premier

dégré d'une estrade. Jesus est entouré de bourreaux, et suivi d'une grande foule. Ce dessein est à la plume, lavé de bistre. E. H. in folio.

2. La bataille de Saul contre les Philistins où les Juifs furent defaits et taillés en pieces, suivant la prédiction de l'ombre de Samuel. L'Armée des Philistins poursuit les débris de celle des Juifs. On voit Jonathas fils de Saul à cheval combattre encore seul au centre de l'armée victorieuse. Sur une hauteur vers la gauche Saul se perce de son épee sur le refus, que fait son ecuyer de le tuer. Plus loin et vers la droite on voit les bagages des Juifs au pillage. Ce dessein d'une grande et belle composition, est à la pierre-noire, retraité à la plume, et lavé d'encre de la Chine. On y voit écrit de la main de l'auteur: *Gioanes Stradanes flandr. faciebat in Napoli 1579.* E. L. in fol.

FRANK (François) naquit à Herrendahl vers 1540, et mourut à Anvers en 1606.

1. Les Pharisiens conduisant la femme adultere devant Jesus Christ; joli dessein à la plume et au bistre. In 4to.

2. Un chevalier armé de toutes pieces priant à genoux devant un prie-dieu. Petit morceau du même faire que le précédent. In 8v.

WIERIX (Jean) flor. vers 1570.

1. L'annonciation. La S. Vierge est à genoux devant une table, et se retourne pour écouter l'ange Gabriel, qui est à genoux sur des nuages. Dans le fond est le lit de la Vierge dans un encadrement orné de fleurs et d'insectes. Dessiné à la plume d'une finesse égale aux estampes de ce maître, sur parchemin. E. H. in 8vo.

2. Dix têtes d'Empereurs Romains dans des formes ovales dont la grandeur est à peine celle d'un petit haricot. Elles sont malgré cela caractérisées de façon à les reconnoître vues avec la loupe. A la plume sur parchemin.

3. Danse de deux paysans et de deux paysannes autour d'un arbre.

4. Autre danse de quatre figures.

Ces deux pieces larges d'un pouce, sur 6 lignes de hauteur, sont aussi à la plume, et d'une finesse, qu'on ne peut voir qu'avec la loupe.

5. Venus nue se lavant les pieds. Elle est assise dans un fauteuil; ses cheveux sont tressés et arrangés au dessus de sa tête. L'Amour est à côté d'elle. A la plume, très fini sur parchemin. E. H. in 4to.

NIEULANT (Adrien de) éleve de P. Isacx, naquit à Anvers en 1542, et mourut à Amsterdam en 1601.

1. Un jeune homme marchant à côté d'une jeune femme, qui a la tête couverte d'un chapeau orné de roses. Un Bohemien jouant d'un tambourin les précéde, et une femme les suit. Ces quatre figures représentées à mi-corps, sont esquissées à la plume et au bistre. E. L. in 8vo.

WINGHE (Josse de) naquit à Bruxelles en 1543, fut en Italie, et mourut à Francfort en 1603.

1. La cene. C'est le tableau, qui se voit au dessus du maître autel de l'église de St. Géry à Bruxelles, et qui est le meilleur, qu'on trouve de *Winghe* dans tous les Pays bas. Le Christ est assis en face au milieu de la table; il tient de la main droite le calice, et éleve la gauche vers le ciel, en prononçant les paroles de la consécration. St. Jean est couché entre ses bras. S. Pierre est à sa droite, et les autres apôtres, dans des attitudes toutes variées, sont assis autour de la table, occupant toute la largeur du dessein. On remarque Judas vu par le dos, sur le devant, tenant de la gauche une bourse, comme prêt à se lever, pour aller exécuter la trahison; plus

sur la gauche est un garçon vu de face, versant du vin. La salle est d'une belle architecture, et éclairée par des lampions. On voit encore différentes autres figures en diverses attitudes.

Les desseins de ce maître sont rares, parcequ'étant à son aise, il préféroit ses amusemens au travail. Le peu, qu'on a de lui, est fort estimé, tant pour la beauté de l'ordonnance, que pour l'esprit et la richesse de l'invention. Le présent dessein, un des plus capitaux de cet artiste, est à la plume, lavé de bistre et rehaussé de blanc, sur papier bistré. E. H. in folio.

2. Bacchus, l'Amour et la Musique. Bacchus est assis sur une tonne élevée devant un pressoir, la tête couronnée de pampres et de raisins; d'une main il tient un long verre de vin, et de l'autre une corne d'abondance. La musique est sur le devant assise à la droite, vue par le dos, la tête tournée; elle joue de la basse. L'Amour vu par devant, les ailes déployées, tient à la main gauche élevée un flambeau, et de la droite une fleche; son arc et son carquois sont à terre au milieu, et au pied du tonneau. Ce beau dessein est à la plume, lavé de bistre et rehaussé de blanc, sur papier bistré. Il existe une estampe gravée au burin par *Jean Sadeler*, laquelle est faite sur ce même dessein. E. H. in fol.

SPRANGER (Barthelemy) naquit à Anvers en 1546, et mourut à Prague dans un âge avancé.

1. Venus et Adonis. Il est assis sur une butte de terre au pied d'un gros arbre, et embrasse Venus vue par le dos, et assise à côté de lui. Sur le devant vers la droite est Cupidon assis par terre, qui les regarde; légerement dessiné à la plume, lavé de bistre. E. H. in folio.

2. Venus, Neptune, et l'Amour se promenant sur les eaux. Le char, sur lequel ils se trouvent, est conduit par trois chevaux marins. On voit dans les nues celui de Venus. Deux Tritons dans l'eau et deux Amours voltigeant dans l'air font le reste du sujet. Ce beau dessein est hardiment esquissé à la plume, lavé d'encre de la Chine quelque peu rehaussé de blanc. E. H. in 4to.

3. Sainte famille. L'enfant Jesus est sur les genoux de la S. Vierge, qui se retourne, pour parler à S. Joseph; à la plume, légerement lavé de bistre. E. H. in 4to.

4. Statue d'une jeune femme, légerement drappée et placée sur un piedestal entre deux enfans, dont elle tient l'un par la main, l'autre par la tête. Dessein très arrêté à la plume, lavé de bistre. E. H. in fol.

5. Hercule et Déjanire; à côté le centaure

Nessus terrassé; à la plume, lavé de bistre. E. H. in fol.

6. Dessein fini à la plume sur papier brun, lavé légerement au bistre et rehaussé de blanc avec délicatesse. Il représente Danaé sur son lit, etonnée de la pluie d'or, que Cupidon et deux petits Amours recueillent. E. H. in 4to.

7. Un homme couché par terre au pied d'un arbre, et dormant. Croquis à la pierre noire, melée un peu de sanguine. E. L. in 4to.

8. Thisbé se poignardant sur le corps mort de Pyrame. Jolie esquisse à la pierre noire, sur papier brun, et rehaussé de blanc. E. H. in 4to.

9. Venus couchée sur un lit, et dormant. Dans le fond un satyre qui l'épie. Ce dessein est fait à la plume, lavé de bistre. E. L. in 4.

10. Un fleuve couché à terre, et appuyé sur une cuve, d'où coule de l'eau; lavé d'encre de la Chine, et rehaussé de blanc, sur papier teint en gris. E. I. in folio.

11. Apollon debout vu de profil, tenant de la main droite sa lyre, et appuyant l'autre sur la hanche; à la plume et au bistre, et rehaussé de blanc, sur papier gris. E. H. in 4.

MANDER (Charles van) né à Meulebecke près de Courtray en 1548, et mort à Amsterdam en 1606.

Suite de quatre pieces, qui représentent l'écueil, où conduisent l'avarice et les autres folies des hommes, savoir:

1. Des parens mesurant dans des balances le bien de deux de leurs enfans, qu'ils veulent allier ensemble, sans consulter ni l'amour ni la convenance.

2. Un paysan jouant de la musette près d'un autre, qui est en debauche.

3. La folie de la prévention aveuglant un homme, et lui faisant trouver les mêmes beautés à un hibou qu'à un fauçon.

4. Un homme portant sur ses épaules la pauvreté, et négligeant de rendre le même devoir à l'opulence, qui ne peut pas se relever de terre à cause de sa pésanteur.

Ces quatre desseins sont faits à la plume, lavés d'encre de la Chine, et rehaussés de blanc, sur papier jeaunâtre. E. H. in 4to. Ils ont été gravés par *de Gheyn*.

SADELER (Jean) naquit à Bruxelles vers 1550, et mourut à Venise vers 1600.

1. La fortune, sous la figure d'une femme nue, assise sur un gouvernail, lequel est posé sur le globe de la terre. Elle tient de ses deux mains une corne d'abondance ailée, qu'elle

renverse. Autour du gouvernail flotte une banderole, sur laquelle on lit: *Comite fortuna.* 1597. Ce dessein est très arrêté à la plume, et colorié. E. H. in 4to.

SAVERY (Jean) natif de Courtray, mort à Amsterdam en 1602.

1. Dessein d'une forteresse à vue d'oiseau, entourée de deux armées vues en perspective. Sur le devant est représentée une petite attaque; à la plume, lavé de bleu d'Inde. E. L. in folio.

CALVART (Denis) naquit à Anvers en 1553, et mourut à Bologne en 1619.

1. Etude pour une Vierge. Elle est à genoux, dirigée vers la droite; a la main droite posée sur la poitrine, et soutient de l'autre son voile. Beau dessein hardiment esquissé à la pierre noire, et rehaussé de blanc, sur papier bleu. E. H. in folio.

2. S. Pierre et S. Jerôme à genoux devant la Ste. Vierge assise sous un dais, sur une espece d'autel, et ayant l'enfant Jesus sur ses genoux. Ce dessein très fini est à la plume, lavé de bistre. Sa correction, l'expression des figures et le fini de l'ouvrage en font une des pieces les plus capitales. Il a été payé 102 liv. de France. E. H. in fol.

BRIL (Paul) naquit à Bruxelles en 1556, et mourut à Rome en 1626.

1. Une étude d'après nature de plusieurs ruines sur une montagne entourée de broussailles et de grandes herbes, et ornée de petites figures. Au revers on voit la colonne Trajane et l'obélisque Egyptien de Caracalla. Ces desseins sont à la plume; la colonne est lavée au bistre, elle est aussi plus terminée. E. L. in 4.

2. Dessein capital. Il représente un beau clair de lune dans un port très vaste, dont l'entrée est défendue par deux tours d'un côté et une de l'autre, bâties sur deux langues de terre, qui s'avancent dans la mer. Sur celle de la gauche on voit une partie de la ville. La mer calme est ornée de plusieurs vaisseaux. On en voit plusieurs autres accompagnés de chaloupes près du bord sur le devant; ainsi qu'une trentaine de petites figures, dont quelques unes sont sur les bâtimens, et d'autres autour d'un grand feu; à la plume, lavé d'encre de la Chine. E. L. in folio.

3. Paysage, où l'on voit vers le milieu une belle fabrique située près d'un étang. Sur le devant sont deux vaches; à la plume et au lavis. E. L. in folio.

WAEL (Jean de) d'Anvers; né en 1558, et mort en 1633.

1. Une foule de pauvres gens assemblés au bas de l'escalier de quelque bâtiment supposé, à qui on distribue à manger. Composition de beaucoup de figures dessinées d'une plume légere. E. L. in folio.

VAN BALEN (Henri) naquit à Anvers en 1560, et mourut dans la même ville en 1632.

1. La S. vierge à mi-corps, la tête tournée vers l'enfant Jesus, qu'elle tient sur ses bras, et qui la caresse sous le menton. Joli dessein à la plume, lavé d'encre de la Chine, et rehaussé de blanc, sur papier jeaune. In 8vo.

2. Sainte famille. La vierge est assise sur une chaise auprès d'une colonne. Elle tient l'enfant Jesus, qui est debout sur ses genoux. S. Joseph est derriere, le coude appuyé sur le berceau de l'enfant. Aux pieds de la vierge on voit un chat. Ce dessein du même faire que le précédent est en hauteur in folio. Ils viennent tous les deux du portefeuille de frere Nicolai, Jésuite, et disciple de Rubens.

3. Les dieux de l'Olympe assis à table. Composition d'un grand nombre de figures, esquissée à la plume, et quelque peu lavée d'encre de la Chine. E. L. in 4to.

4. Bacchanales de six enfans. On en voit un assis sur un tonneau et tenant un bocal, dans lequel un autre verse du vin. Ce beau dessein est fait à la pierre noire, terminé à la plume, lavé de bistre et rehaussé de blanc; les chairs sont relevées en quelques endroits d'un peu de rouge, sur papier brunâtre. E. L. in 4to.

GHEYN (Jacques de) naquit à Anvers en 1565, et mourut en 1615.

1. Un jeune homme assis à terre et appuyé du bras gauche sur un paquet. Il y a beaucoup de grace dans cette figure, qui est dessinée d'une plume leste et très spirituelle sur papier gris. E. L. in 8vo.

2. Une petite baraque bâtie dans l'eau sur des palis. Ce joli petit morceau est à la plume lavé d'encre de la Chine. in 4to.

SALLAERTS (Antoine) floriss. à Bruxelles vers 1600.

1. Une sainte religieuse de l'ordre de S. Nicolas expirant au pied d'un autel entre les bras de deux autres religieuses du même ordre. Vers le haut du dessein on voit plusieurs anges qui conduisent cette même sainte dans le ciel, où S. Nicolas l'attend. Contrépreuve d'un contour peint au pinceau sur la toile d'un tableau. E. H. in fol.

DELFT (Nicolas) flor. vers 1602.

1. Jeune femme vêtue à l'antique, dessinant la statue de Jupiter, devant laquelle elle est assise ; derriere elle une autre femme semblable, debout sur un espece de piedestal, tient une couronne sur sa tête. Dans le fond sont des colonnes du reste d'un temple. Ce dessein est très terminé à la plume, lavé de bistre, et rehaussé de blanc, sur papier jeaunâtre. De forme ovale in 8vo.

ROVERE (Jean Maure) dit Fiamenghino, Flamand ; naquit vers 1570, et mourut à Milan âgé de 70 ans.

1. S. Catherine à mi-corps, vue de face, ayant sur la tête une couronne royale. Elle tient une palme de la main gauche, et de l'autre un livre. A côté d'elle est l'instrument de son supplice. A la plume, lavé de bistre, et rehaussé de blanc, sur papier bleu. Vers la gauche du haut on lit : *G. M. R. 1600 novembre.* E. H. in 4to.

RUBENS (Pierre Paul) naquit à Cologne en 1577, et mourut à Anvers en 1640.

1. Etude d'un apôtre assis, vu de profil, et tenant un livre à la main droite. Grande

piece faite à la pierre noire, sur papier bleu. E. H. in fol.

2. Enée à la chasse avec Didon, qui est à cheval. Enée aide à la descendre, en la prenant dans ses bras. Un Amour tient les guides de son cheval, un autre est monté sur celui d'Enée, pendant qu'un troisieme court avec deux chiens. Dans le lointain on voit deux hommes à cheval courant à toute bride, l'un desquels est prêt à lancer son dard. Ce dessein précieux est fait à la pierre noire, et en quelques endroits à la sanguine. Il est rehaussé de blanc. E. L. in fol.

3. La tête d'un jeune homme vu de profil et tourné vers la droite. Ses cheveux longs lui pendent sur le front, et couvrent l'oreille; à la pierre noire. E. H. in 4to.

4. Portrait d'un abbé de S. Michel à Anvers. Il est debout à côté d'une table, sur laquelle on voit sa mitre et sa crosse avec quelques livres; esquissé à la pierre noire. E. H. in 4to.

5. Tête de vieillard à longue barbe, regardant en bas. Superbe dessein à la pierre noire, lavé d'encre de la Chine. Piece de forme quarrée in 8vo.

6. Figure académique d'un homme vu par le dos, couché sur le ventre, et les jambes retirées, comme s'il vouloit se lever. Beau dessein à la pierre noire. De forme quarrée in 4.

7. Bacchus enfant qui porte sur un bras plusieurs grappes de raisins; il en presse un dans la bouche, relevant la tête en arriere. Ce joli dessein est d'une touche spirituelle et grasse, à la pierre noire, estompé avec un peu de rouge, et rehaussé de blanc. E. H. in folio.

8. Dessein à la plume, légerement lavé de bistre, avec une explication Flamande au bas, qui dit: „Représenté les deux princes„ses d'Orange et de Nassau en deuil, parce„qu' Atropos a enlevé la branche dorée, tant „que vient la prudence divine leur représen„ter, qu'une branche leur étant enlevée, il „en repousse une autre, comme on le voit „dans le dessein, où au bas est la nouvelle „branche montant hors d'une couronne, com„me le décrit aussi Virgile dans son sixieme „livre de l'Enéïde, par laquelle branche do„rée sont représentés l'acroissement et la „naissance de son Altesse représentée dans „l'armure de Minerve, par le Tems et Lucine „déesse, laquelle préside aux accouchemens, à „cause de quoi deux génies enlevent le deuil „aux deux princesses d'Orange." Traduction littérale de ce qui est écrit par Rubens même. E. H. in folio.

9. Un dessein de la grandeur du précédent, et fait de même, qui, comme l'explique l'inscription Flamande y ajoutée par la main de Rubens, représente, „comme son Altesse le

„jeune prince prend congé de sa grande me-
„re son altesse d'à présent, pour aller suivre
„le pas glorieux de ses ancêtres, à quoi faire
„il est excité par Minerve, qui lui en montre
„le chemin nécessaire. Ceci est aussi pris de
„Virgile, dans le dixieme livre de l'Enéide
„où la déesse prie, qu'Ascagne son neveu etc.
„comme il est expliqué ci-dessus."

10. Les quatre élémens, dessinés à la plume et lavés d'encre de la Chine d'une maniere savante et hardie. Chaque élément est désigné par une figure principale et trois ou quatre petits génies avec les attributs analogues. Ce dessein a été composé pour être ciselé sur un plat en soucoupe. E. H. in fol.

11. Premiere idée faite au pinceau avec plusieurs sortes de couleurs pour un tableau de Venus et d'Adonis. Venus et assise et vue par le dos, faisant des efforts, ainsi que trois Amours, pour empêcher Adonis, de partir pour la chasse. L'un de ces Amours le tire par l'habit, un autre se pend à sa jambe, un troisieme voltige après une partie de son manteau, que le vent jette en arriere. E. H. in folio.

12. Esquisse d'une femme vue de profil. Elle est assise sur une espece de lit, et fait un effort pour retenir un Amour, qui s'envole, et qu'elle tient par un bras. Vers le bas du lit on voit deux masques. Ce sujet allégorique est largement dessiné au crayon rouge et noir, sur papier gris. E. L. in folio.

13. Un vieillard, dont la tête est couverte d'un capuchon, un pied élevé sur un gradin, derriere un homme, qui reçoit quelque chose d'un ange assis sur des nues. Légerement esquissé à la sanguine: les deux figures d'hommes sont lavées au bistre. E. H. in 4to.

14. Esquisse de la même grandeur que la précédente, et faite de même. On y voit un moine à genoux, et derriere lui une femme, qui paroit implorer une grace d'un homme, qui est debout devant eux, et semble donner un refus.

15. La S. Magdelaine assise auprès d'une grotte. Elle n'a qu'une simple draperie, qui lui couvre les cuisses. Elle a un pied sur une tête de mort, laquelle est entortillée d'un serpent. On voit dans le lointain quelques bêtes sauvages. Quoique ce dessein soit fort gracieux, on doute cependant de son originalité. Il est fait aux deux crayons, sur papier gris, et est d'un très bel effet. E. H. in fol.

16. La décollation de S. Jean Baptiste. Il est à genoux, les mains liées. Hérodiade lui bande les yeux avec un mouchoir; le bourreau, qui tient son sabre en mains, est prêt à frapper. Ce superbe dessein est aux deux crayons, sur papier gris. E. L. in folio.

17. Une S. famille. Derriere la S. Vierge est S. Joseph, et à côté S. Elisabeth amenant le petit S. Jean, qui apporte à l'enfant Jesus

sur les genoux de sa mere, un petit oiseau attaché à un fil. Ce beau dessein est assez terminé aux deux crayons; il est de forme quarrée in folio.

18. La vierge assise sur un piedestal élevé, qui est environné de S. Jean Baptiste, de S. Georges, de S. Pierre martyr de l'ordre des freres prêcheurs, et de S. Geminien, évêque et patron de Modène. Ce superbe dessein, où l'on reconnoît les graces du peintre Italien, a été fait à Rome par *Rubens* d'après le *Corrège*; à la plume, lavé de bistre. Il a été payé 120 liv. E. H. in folio.

19. L'assomption de la Vierge. Elle est sur des nues, portée par treize anges. Elle a la main gauche sur sa poitrine, et la droite baissée. Au bas sont les douze apôtres et quatre saintes femmes. Les uns ont les yeux levés vers la Vierge, les autres sont surpris, en levant le linceuil, de ne trouver que des fleurs dans le tombeau. Ce morceau est ceintré du haut, et très spirituellement dessiné à la pierre noire, sur papier huilé. E. H. in folio.

20. Académie d'un homme à genoux, le corps penché; il s'appuye d'une main sur une terrasse, et met l'autre sur le dos; à la pierre noire, rehaussé de blanc, sur papier gris. E. H. in folio.

21. Deux bustes de vieillards à têtes chauves et grandes barbes, regardant vers le haut.

FLAMANDE.

fort joli dessein fait à la pierre noire melée de sanguine, et rehaussé de blanc, sur papier gris. In 4to.

22. Esquisse légere de la figure du Sauveur, pour une résurrection; faite au pinceau trempé dans le bistre, sur papier gris. Ce morceau attribué à *Rubens* paroît plutôt être de la main de *Gaspar Crayer*, son éleve. E. H. in 4to.

23. Dessein très peu déterminé, mais fort spirituel, fait à la plume, légerement ombré au bistre. On y voit une matrone assise sur une espece de trône, soutenant de son bras gauche le globe de la terre. Un héros debout à sa gauche, tenant de la main droite la foudre, a deux esclaves enchaînés à ses pieds. De l'autre côté sont deux autres figures debout vêtues à l'antique. E. L. in folio.

24. Feuille d'étude, où l'on voit trois paysannes, chacune un rateau à la main, lesquelles vont faner; derriere elles sont deux autres, qui portent une botte d'herbe sur la tête. Elles passent devant une petite colline, d'où descend un paysan, qui leur parle, une fourche sur l'épaule. Ces figures sont peintes à gouache sur papier gris d'un pinceau hardi et déterminé qui montre la grande pratique de *Rubens*. Bien que cette piece ne soit qu'une légere esquisse, elle a été cependant payée quarante deux florins. E. L. in folio.

25. Etude d'un homme assis, les jambes croisées. Il est accoudé sur sa cuisse, et ap-

puye la tête sur sa main droite; de l'autre il tient une boule, et à ses pieds est un aigle; très légerement esquissé à la sanguine melée de pierre noire, sur papier bleu.

26. Le pape précédé de prélats et de cardinaux, et suivi de ses gardes, marchant en cérémonie. Ce morceau précieux consiste en onze figures dessinées à la pierre noire. E. L. très grand in folio.

27. Diane à la chasse aux cerfs. Elle tient une lance à la main, prête à en percer une biche, qui s'élance dans l'eau. Une autre biche et un cerf poursuivis par quatre chiens sont déjà dans l'eau. Au delà de la riviere, qui est peu large, on voit un autre cerf blessé d'une fleche. Une Nymphe courant à côté de Diane sonne du cor, et une autre fait des efforts, pour retenir deux chiens, qu'elle tient en laisse. Morceau superbe et fort précieux, dessiné avec beaucoup d'art et de feu, aux trois crayons, sur papier gris. Il est en forme de frise. E. L. très grand in folio.

VINKENBOOMS (David) naquit à Malines en 1578, et travailla à Amsterdam.

1. Dessein d'un jardin, dans lequel plusieurs personnes se promenent; à la plume et à l'encre de la Chine. E. L. in fol.

SNYDERS (François) éleve de van Balen, né à Anvers en 1578, et mort dans la même ville en 1657.

1. La tête et le cou d'un âne qui brait, et une tête de sanglier forcé qui hurle, en sentant les dents d'un chien, qui le mord sur le dos. On ne peut rien voir de plus vivant, que ces deux études peintes à l'huile. E. L. in fol.

2. Un lévrier debout à côté d'un autre, qui est couché, E. L. in fol.

3. Petit chien Polonois assis, levant la tête. E. L. in folio.

Ces deux jolis morceaux sont peints à l'huile sur papier jeaunâtre.

4. Trois chiens chassant un brocard. Joli dessein à la pierre noire, rehaussé de blanc, sur papier bleu. E. L. in fol.

JODE (Pierre de) le vieux; natif d'Anvers, mourut en 1634.

1. S. Augustin écrivant dans un grand livre qu'il tient sur les genoux; derriere lui un ange fait voir un coeur enflammé. Ce dessein est destiné à être appuyé à un ceintre; à la plume, lavé de bistre. E. H. in 8vo.

2. Un évêque recevant deux grandes clefs, qu'un homme à genoux lui présente dans son chapeau. Derriere on voit cinq autres figures; à la pierre noire, lavé de bistre. E. H. in 8vo.

ÉCOLE

BREUGHEL (Jean) dit de Velours; fils de Pierre, naquit à Bruxelles en 1579, et mourut à Anvers en 1642.

1. Feuille d'étude. Un chariot attelé de deux chevaux, dont l'un mange du foin. Un gagne-petit. Quatre chevaux à côté d'un chariot, qui n'est qu'ébauché. Deux femmes et deux hommes chargés comme pour aller à un marché; à la plume, lavé de bleu d'Inde. E. L. in folio.

2. Un détachement de cavalerie tombé dans une embuscade d'infanterie. Le carnage, le désordre et la fuite y regnent de toutes parts, et rendent l'action vigoureuse; très légerement dessiné à la plume, et au lavis. E. L. in folio.

3. Un beau paysage entrecoupé de deux chemins, avec un lointain, où l'on voit une ville; sur le devant on distingue un homme, qui conduit deux cochons; plusieures figures chacune chargée de quelque chose; trois chariots et une charrette attelés de chevaux. Ce dessein très capital est des plus beaux qu'on puisse voir de ce maître. Il est à la plume, lavé au bistre, au bleu d'Inde, et de quelques autres couleurs, ce qui le rend très terminé et très intéressant. E. L. in folio.

4. Paysage orné de beaucoup de figures; on y voit entr'autres vers le milieu une charrette passer à côté d'un chariot attelé de trois

chevaux. Croquis fait à la plume, en 1612. E. L. in 4to.

5. Beau paysage dessiné à la plume. On y voit vers la droite un bois, et vers la gauche dans le lointain une grande ville ; le devant est lavé de bistre, et le lointain de bleu d'Inde. E. L. in folio.

6. Des paysannes occupées à mouiller du linge, et à l'étendre par terre pour le blanchiment. Petites figures dessinées à la plume avec esprit. E. L. in 4to.

FOUQUIERES (Jacques) naquit à Anvers vers 1580, et mourut à Paris en 1659.

1. Un défilée où l'on voit un gentil-homme monté à cheval, et suivi d'une dame, dont un valet marchant à pied conduit le cheval par la bride. Joli dessein d'une plume légere, lavé de bistre. E. L. in folio.

MOMPER (Josse de) dit Eervruyt, naquit à Anvers en 1580, travailla et mourut dans sa patrie.

1. Paysage dessiné à la plume, lavé de bistre. On y voit vers la gauche la partie d'un village, devant lequel est un champ de bleds. Un autre village se présente vers le fond à la droite. Celui-ci est situé sur le bord d'une large riviere, qui serpente dans le lointain. E. L. in folio.

CRAYER (Gaspar de) naquit à Anvers en 1582, travailla à Bruxelles, et mourut à Gand en 1669.

1. L'enlèvement des Sabines. Romulus est assis et donne le signal; sur le devant à gauche un petit garçon s'enfuit, en voyant un Romain, qui veut enlever une fille refugiée dans les bras de sa mere, qu'elle tient fortement embrassée. On voit sur le visage du soldat la douleur, que lui fait la vieille, qui s'efforce à lui arracher les yeux. Plus loin un autre soldat emporte une Sabine. Sur le devant à droite un autre en souleve une à un Romain à cheval, qui s'en saisit. Cette belle esquisse est d'une plume grasse et savante, lavé à l'encre de la Chine. E. L. in folio.

2. Le martyre de S. Livin. Le saint revêtu de ses habits pontificaux est à genoux entre deux bourreaux dont l'un le tient par les cheveux, et l'autre donne la langue, qu'on vient de lui arracher, à un chien, qui s'élance après. Dans le fond on voit quelques figures esquissées, et dans les cieux deux anges, qui apportent la couronne et la palme du martyre. Ce joli dessein est à la plume, lavé de couleurs au pinceau. E. H. in 4to.

Ste. Elisabeth et S. Jean à genoux devant l'enfant Jesus qui, debout près d'un piedestal, s'attache à la Vierge assise à côté de lui. Vers le haut voltigent deux petits anges,

Il y a beaucoup de grace dans les figures de ce dessein, qui est légerement croqué à la plume. E. H. in 4to.

4. Jesus Christ apparoissant à une sainte religieuse qui est à genoux sur son prie dieu. Esquisse fort spirituelle marquée avec peu, à la mine de plomb, et très légerement lavée à l'encre de la Chine. E. H. in 4to.

FRANCK ou VRANCK (Sebastien) travailla à Anvers en 1624.

1. Petite bataille de cavalerie, dont les cavaliers sont cuirassés et visiere basse. On en voit un désarmé, qui a perdu son casque; à la plume, lavé de bistre. E. L. in 4to.

2. Un combat à l'épée et à la lance. Sur le devant se distingue un croisé parmi nombre de morts, et un autre, que son ami embrasse, sans s'inquiéter, de défendre lui même sa vie. Deux canons sur leurs affuts sont au coin du dessein, qui est d'une plume très fine, lavé au bistre, et rehaussé de blanc avec esprit et délicatesse, sur papier bleu. E. L. in fol.

3. Un Bien de campagne, où dans le jardin se voit à gauche une fontaine ornée d'une statue, où un garçon puise de l'eau. A côté deux musiciens sont assis, et trois dames et trois cavaliers dansent des menuets. Ce dessein est encore orné de quantité d'autres figures, dont les unes se promenent, d'autres

sont à table sous un berceau. Une terrasse de ce jardin présente une vue magnifique. Ce morceau très singulier pour le costume et la beauté du site, est à la plume, lavé de différentes couleurs. E. L. in fol.

4. Une bataille de cavalerie; au milieu du dessein deux cavaliers, qui s'attaquent au galop, et tirent l'un sur l'autre leurs pistolets; à la plume, lavé de bistre. E. L. in fol.

SCHUT. (Corneille) naquit à Anvers en 1590, et mourut dans la même ville en 1676.

1. La conversion de S. Paul. Il est représenté tombant de son cheval, qui s'est abbatû de frayeur. Les gens de sa suite, entre autres un homme, dont le cheval rûe, font voir le plus grand étonnement du miracle, qui s'opere devant eux. A la plume, légerement lavé de bistre. E. H. in 4to. *Schut* a gravé ce dessein en contrepartie de l'original.

2. Piece allégorique sur la vanité. On y voit trois enfans, dont l'un assis près d'un globe terrestre soufle des boules de savon. Ce superbe dessein d'un effet singulier est fait à la plume, et colorié. E. H. in 4to.

3. S. Famille. La vierge assise vers la gauche a sur ses genoux l'enfant Jesus, qui caresse S. Jean debout devant lui. Derriere vers la droite S. Joseph assis les regarde.

Dans le haut du dessein est une gloire d'Anges. Belle esquisse légerement faite à la plume et au bistre. E. H. in 4to.

4. Le même sujet avec peu de changemens. Ce dessein d'un très bel effet, est fait à la plume et au bistre. E. H. in 4to.

5. Fuite en Egypte. S. Joseph mene par le licou l'âne, sur lequel est assise la Vierge, qui donne le sein à l'enfant Jesus. Ce joli dessein est à la plume et au bistre. E. H. in 8vo.

6. Esther aux pieds d'Ahasuerus. Composition de plus de quinze figures, dessinée à l'encre de la Chine et au pinceau. E. L. in 4to.

7. Fragment d'un dessein, représentant deux Juifs qui attachent Jesus Christ à la colonne, pour le flageller. Les figures ne sont vues qu'à mi-corps; à la plume, lavé d'encre de la Chine. E. L. in 4to.

8. Premiere idée pour une cene; très légerement croquée à la plume et au bistre. E. H. in 4to.

9. Trois petits anges voltigeant dans une gloire et portant une chaire papale. Petit dessein rond, fait à la sanguine, légerement lavé d'encre de la Chine. In 8vo.

10. Le martyre de l'apôtre S. Simon; esquisse à la mine de plomb, repassée à la plume. E. H. in folio.

SNAYERS (Pierre) naquit à Anvers en 1593, et mourut à Bruxelles en 1662.

1. Deux hommes à cheval. Ils ont des épées, des bottes, qui leur viennent jusqu'au haut de la cuisse, et des porte-manteaux en croupe. Tandis que l'un vu par le dos arrête, pour faire ranger quelque chose à son étrier par un charretier, l'autre, qui est vu de face, laisse son cheval brouter en attendant. Ce beau dessein est à la pierre noire, lavé d'encre de la Chine. E. L. in fol.

DU QUESNOY (François) connu sous le nom de Flamand, naquit à Bruxelles en 1594, et mourut à Livourne en 1644.

1. Tête d'enfant. Il regarde en haut d'un air riant; à la sanguine avec quelques coups de blanc, sur papier gris. E. H. in 8vo.

2. Un enfant assis à terre; tenant un bras élevé et l'autre baissé; à la sanguine. E. L. in 8vo.

3. Trois anges voltigeant l'un audessus de l'autre. Superbe esquisse faite avec beaucoup d'esprit, à la sanguine, et rehaussée de blanc, sur papier grisâtre. E. H. in 4to.

4. Etude d'un basrelief, où est représenté un grouppe de six enfans jouant avec une chevre, sur laquelle un d'eux est monté. Ce beau dessein sur papier bleu est à la pierre noire, rehaussé de blanc. E. L. in folio.

JORDAENS (Jacques) naquit à Anvers en 1594, et mourut dans la même ville en 1670.

1. Les quatre docteurs de l'église et S. Bonaventure. Celui-ci est debout, les mains jointes, regardant au ciel. On voit S. Augustin et S. Jerôme à gauche, le dernier assis sur un dégré. S. Grégoire et S. Chrisostome sont assis à droite. Ils ont tous quatre des livres à la main. Joli dessein à la sanguine. E. H. in 4to.

2. Mercure mettant à l'epreuve la discretion de Battus, à qui il avoit défendu, de ne rien dire à personne de son vol commis sur le bétail d'Apollon. Battus est assis contre un petit arbre, entouré de chevaux et de vaches. Mercure déguisé s'approche, pour lui parler; légerement esquissé à la pierre noire et rehaussé de blanc, sur papier gris. Piece de forme quarrée in folio.

3. S. Yves patron des avocats dans une chambre, assis à une table devant un livre. Il parle à une femme à genoux, qui tient un enfant à côté d'elle et en montre un autre à genoux, lequel prie le saint, les mains jointes. Derriere cette femme le vieux pére et la vieille mere joignent leurs prieres à celles des enfans. Du côté du S. avocat sont deux jeunes gens qui semblent prendre part aux prieres

des supplians. Ce dessein est au pinceau, lavé de bistre. E. L. in folio.

4. Cinq figures grotesques vues à mi-corps regardant quelque chose, qui se passe. Il y a aussi un vieillard à tête chauve, le corps nu. Elles sont dessinées à la sanguine avec quelques touches à la pierre noire. Piece de forme quarrée in 4to.

5. Deux jeunes hommes sur un balcon devant la porte d'une maison, d'où ils regardent dans la rue. Vers la gauche on voit un homme avec une barbe de Juif, qui prend une grosse fille par le menton, et veut lui donner un baiser. La fille se débat un peu en riant. Il y a sur les visages de ces quatre personnages un air de gaieté et de prospérité, qui fait plaisir à voir; à la plume, lavé de bistre. É. L. in 4to.

6. Un enfant assis dans son berceau, tenant de la main droite un hochet, qu'il porte à la bouche, et jouant de l'autre avec un mouton, qui repose sa tête sur les genoux de l'enfant. Ce superbe dessein est aux deux crayons, et rehaussé de blanc, sur papier gris. De forme quarrée in folio. Il a été gravé à l'eau-forte par *Adam Bartsch*.

7. Un petit enfant que sa nourrice met coucher dans sa berce. La mere, une lumiere à la main, regarde avec un vif intérêt son petit enfant, qui de son côté, la fixe en sou-

tiant. Il est impossible de rendre la nature avec plus de vérité que ce précieux dessein, qui fait l'effet d'un tableau. Les chairs sont dessinées à la sanguine, les draperies lavées à la gouache, et les contours sont faits au bistre, au pinceau. E. L. in folio.

8. Un apôtre faisant des reproches à un roi, qui assiste à un sacrifice payen. Dessiné à la pierre noire et à la sanguine, et retraité au lavis. E. H. in fol.

9. Un vieillard nu, assis à une table, contre laquelle il s'accoude du bras gauche, en appuyant la tête sur la main; à mi-corps. Joli dessein à la sanguine, melée d'un peu de pierre noire, et rehaussé de blanc, sur papier gris. E. H. in 4to.

10. L'intérieur d'un temple, où l'on voit un autel des helocaustes, sur lequel est posée une grande écuelle; à gauche de cet autel un homme assis montre l'écuelle, dans laquelle un prêtre, et une prêtresse mettent quelque chose pour préparer un sacrifice. Entre eux deux est une femme, qui porte entre ses bras un enfant. Trois autres enfans dont l'un s'appuye sur le dos d'un mouton, sont autour du prêtre. Dans le fond plusieurs hommes placés derriere une balustrade regardent la cérémonie. Esquisse aux trois crayons sur papier gris. E. L. in fol.

11. Autre dessein du même faire représen-

tant Jesus Christ guérissant des malades. E. L. in 4to.

12. Etude de la tête d'un homme vu de profil, et supposé sonnant de la trompette. Du même faire que les deux morceaux précédens. E. L. in folio.

VAN DYCK (Antoine) naquit à Anvers, en 1599, et mourut dans la même ville en 1641.

1. S. Sebastien attaché à un arbre. Un ange ôte les fleches, dont il est percé; croqué à la plume, avec un peu de sanguine. E. H. in 4to.

2. Le prophete Ezéchiel couché à terre, la tête appuyée sur sa main, au moment de sa vision miraculeuse sur l'avenue du Messie, lequel lui apparoît debout sur un globe entouré d'un serpent. Il est soutenu par la S. Vierge, et il tient sa croix sur la tête du serpent. Ce superbe dessein d'un effet étonnant est fait grassement à la pierre noire, lavé d'encre de la Chine, et quelque peu rehaussé de blanc. E. H. in 4to.

3. Jesus Christ mort appuyé sur les genoux de la S. Vierge, qui a les yeux tournés vers le ciel, et montre les blessures de la main. S. Jean derriere paroît vouloir la consoler, et un ange est à ses pieds. Ce dessein sur papier gris, lavé à l'encre de la Chine, et re-

haussé de blanc, est des commencemens de *van Dyck*. E. L. in fol.

4. Jesus Christ en croix, au pied de laquelle sont la S. Vierge et S. Jean dans la plus grande affliction. La Magdelaine y est à genoux, et se prosterne contre terre. Un petit ange voltige aux pieds du Christ, un calice dans une main, et de l'autre essuiant ses pleurs. Ce dessein capital d'une grande expression et du plus bel effet, est lavé d'encre de la Chine, un peu rehaussé de blanc, les ombres fortes ressenties, sur papier gris. E. H. in fol.

5. Académie d'un homme nu assis sur une butte de terre, contre laquelle il s'appuye du bras gauche, tenant la droite sous le menton, comme un homme enfoncé dans ses réflexions; légerement esquissé de blanc, sur papier bleu. E. H. in folio.

6. Buste d'un mendiant, qui se trouve dans le tableau de l'aumône de S. Martin, peint par *van Dyck* dans l'église de Saventhem, village près de Bruxelles. Ce dessein est au crayon rouge pour les chairs, et noir pour les draperies. E. H. in folio.

7. Latone à genoux priant Jupiter, de la venger des paysans, qui l'avoient outragée, et dont on voit les uns déjà changés en grenouilles, et les autres dans le moment de la métamorphose. A côté de Latone Diane et Apollon sont accroupis, pour boire de l'eau de

l'étang; quoiqu' enfans ils sont représentés avec leurs attributs. Ce joli dessein est à la pierre noire, lavé de bistre. E. L. in fol.

8. Tête de vieillard vu presque de face regardant vers le ciel.

9. Tête de vieille, de la même manière.

Ces deux petits desseins fort intéressans, sont faits d'une plume grasse et très spirituelle. E. H. in 8vo.

10. Portrait d'un jeune homme vu de face et dirigé vers la droite. Dessein capital aux deux crayons, sur papier bleu, rehaussé de blanc. E. H. in 4to.

11. Premiere idée d'un jeune Bacchus mangeant du raisin; librement esquissée à la pierre noire d'une maniere large; sur papier brunâtre. E. H. in fol.

12. Un saint prêtre portant le S. Sacrement, et marchant sur un blasphémateur terrassé par un ange. Joli dessein fait à la pierre noire, sur papier bleu, et rehaussé du blanc. E. H. in folio.

13. Un saint apôtre mourant, secouru par deux anges; croqué à la plume. In 4to.

14. S. François d'Assise à genoux; légerement esquissé à la pierre noire, sur papier bleu. E. H. in 8vo.

15. Un bourreau décapitant un saint religieux; à la plume et au bistre. Ce morceau ne paroît pas être dessiné par *Vandyck* même.

16. La décollation d'une sainte martyre; griffonnée à la plume. E. H. in 8vo.

17. Vignette représentant un cartouche au milieu de deux Sibylles, dont chacune est accompagnée de deux génies. Premiere pensée très légerement esquissée à la plume et au bistre. E. L. in 4to.

18. Tête d'un évêque; joliment dessinée à la pierre noire, sur papier gris, et rehaussée de blanc. E. H. in 8vo.

19. Etude pour une assomption de la S. Vierge; griffonnée à la plume, et légerement lavée à l'encre de la Chine. E. H. in folio.

20. Mercure sur le point de couper la tête à Argus, qu'il vient d'endormir; légerement esquissé à la plume, et lavé de bistre. In 4to.

21. Une sainte à genoux invoquant la S. Vierge, qui est vers le haut du dessein assise sur des nues. Elle a sur ses genoux l'enfant Jesus, qui présente un lis à S. François assis à côté; griffonné à la plume, et lavé de bistre. E. H. in 8vo.

GALLE (Corneille) flor. en 1630, à Anvers.

1. S. Marguérithe représentée à mi-corps. E. H. in 8vo.

2. Le jeune Sauveur assis près de la fontaine du salut, tenant d'une main le globe de

la terre, et présentant de l'autre à boire dans une coupe, à des ouailles assemblées autour de lui. E. H. in 8vo.

3. Le petit S. Jean Baptiste assis au pied d'un arbre, de forme ovale. E. H. in 8vo.

4. Un saint religieux de l'ordre de S. François, lavant les pieds à un saint pélerin qui est assis sous une treille. E. H. in 8vo.

5. S. George se tenant debout sur le dragon, au milieu de quatre autres saints, qui dans les quatre coins du dessein sont représentés à genoux, adorant le nom de Jesus Christ. E. H. in 8vo.

6. Un saint pape suivi de plusieurs cardinaux et de deux religieuses, exhortant un prince irréligieux, qui vient de tomber de son cheval. E. H. in 8vo.

7. La S. Vierge assise sur des nues au haut d'un arbre, et environnée d'une gloire rayonnante, qui est parsemée d'un grand nombre d'étoiles. Vers le bas quatre anges portent une banderole, sur laquelle est écrit: *Tot tibi sunt dotes, virgo, quot sidera coelo.* E. L. in 8vo.

Tous ces sept morceaux sont dessinés d'une plume spirituelle et délicate, et lavés de bistre avec soin.

QUAST (Pierre), peintre et graveur Flamand, travailla vers 1638.

1. Dessein à la plume et au bistre d'un mendiant et de sa femme. L'homme vu de face est couvert d'un manteau court. Il a une longue barbe, une emplâtre sur l'oeil, et un petit bonnet, par les trous duquel on voit passer ses cheveux. La femme est vue de profil, a un chapeau rond sur la tête, et un panier au coude. E. H. in 4to.

2. Querelle de six musiciens de cabaret, qui se battent avec leurs instrumens de musique. Contrépreuve tirée du contour fait d'une couleur brune sur la toile d'un tableau. E. L. in folio.

HOECK (Jean van) naquit à Anvers vers 1600, et mourut dans la même ville en 1650.

1—5. Cinq différens fort jolis desseins de tableaux d'autels dans des encadremens richement ornés de sculpture. Ces desseins sont faits d'une plume fort délicate, et lavés de bistre et d'encre de la Chine. Le tableau de N. 4. représentant l'assomption de la S. Vierge est dessiné par *P. P. Rubens.*

Toutes cinq pieces sont d'une grandeur égale. E. H. in 8vo.

THULDEN (Théodore van) naquit à Herzogenbusch en 1607, et vivoit encore en 1662.

Sept pièces de l'histoire d'Ulisse; savoir:
1. Ulisse se faisant connoître à Eumée après avoir sondé la disposition de son coeur.
2. Ulisse accompagné d'Eumée, entrant dans sa maison, où il est reconnu par son chien Argus.
3. Les domestiques de Penelope, venant saluer Ulisse.
4. Ulisse et Penelope s'embrassant tendrement.
5. Penelope inquiete dans la crainte qu'elle a, qu'Ulisse ne soit pas son mari.
6. Minerve apparoissant à Penelope, à qui elle assure, qu'Ulisse est tel qu'il se dit être.
7. Les parens d'Ulisse venant le saluer, et se rejouissant avec lui de son heureux retour.

Ces sept pièces sont dessinées et lavées à la sanguine, d'après des tableaux peints à fresque dans une des galeries du château de Fontainebleau par le *Primatice* ou sur les desseins de *Messer Nicolò*. *Theodor van Thulden* a gravé à l'eau-forte toute la suite de ces tableaux au nombre de cinquante huit planches, parmi lesquelles on trouve ces sept sujets sous les numeros: 33. 34. 44. 46. 49. 50 et 54.

DIEPENBECK (Abraham) naquit à Bois-le-Duc en 1607, et mourut à Anvers en 1675.

1. Le Portrait de l'archiduc Leopold, gouverneur général des Pays-bas, et grand maître Teutonique, gravé par *Pontius*. Cette premiere epreuve est entourée d'ornemens, qui ont été faits à la plume, lavés d'encre de la Chine par *A. Diepenbock*. E. H. in fol.

2. L'annonciation.
3. La visitation.
4. La nativité.
5. La présentation au temple.
6. J. C. à l'âge de douze ans disputant au temple avec les docteurs de la loi.
7. J. C. au mont des olives.
8. La flagellation.
9. Le couronnement d'épines.
10. Le portement de croix.
11. Le crucifiement.
12. La résurrection.
13. L'ascension.
14. La pentecôte.
15. L'assomption.
16. La S. Trinité.

Ces quinze petits morceaux d'une même grandeur sont faits à la plume, lavés d'encre de la Chine. De forme quarrée. In 8vo.

17. Deux prêtres des faux dieux voulant persuader une Sainte, à adorer la statue de

Jupiter. Un bourreau est prêt à lui couper la tête. Dans le haut des anges lui apportent la couronne et la palme du martyre. Cette Sainte est représentée une seconde fois dans une autre attitude, sur un papier découpé et collé au bas. Cinq autres figures complettent ce sujet, qui est traité au bistre dans le grand genre. E. H. in fol.

18. Premiere idée croquée à la plume. Un concile assemblé devant un empereur, où l'on met une thiare sur la tête d'un prêtre, qui est à genoux à côté d'une table, sur laquelle sont encore trois autres thiares. E. H. in 8vo.

19. S. Blaise, évêque de Sebaste, tenant deux rateaux à la main. Petit dessein octogone très fini à la mine de plomb, lavé d'encre de la Chine. In 8vo.

20. S. Elisabeth faisant l'aumône des deux mains à deux pauvres à genoux devant elle; de la même forme et du même faire que le dessein précédent.

21. La S. Vierge assise sur un trône, sous un dais, et ayant deux anges à côté d'elle. Elle tient l'enfant Jesus, qui donne une couronne à quatre docteurs de l'Eglise, qui sont debout devant elle. Sur la premiere marche du trône est la Sainte eucharistie, et derriere les docteurs on voit un globe et des livres. Ce dessein, dont la composition est fort belle, est d'une plume grasse, et quelque peu lavé et rehaussé de blanc, sur papier gris. E. L. in fol.

22. Un roi d'Espagne sur son trône, en conférence avec huit grands du royaume, qui sont assis en deux rangs à ses côtés. Près de lui est un Jesuite déscendant d'une gloire céleste. Ce dessein est à la mine de plomb, lavé d'encre de la Chine. E. L. in folio.

23. Dessein pour un frontispice de livre. L'Amour dans l'air décochant une fleche à un chevalier à genoux devant une princesse. Dans le lointain on voit un chevalier combattant un lion; deux chevaliers qui se battent, et quelques autres figures. E. H. in 8vo.

24. Autre frontispice de livre. Plusieurs anges tenant les instrumens de la passion de Jesus Christ, qu'on voit plus bas portant sa croix. Il est suivi d'un nombre de saints portant aussi leur croix. Sur le devant sont trois anges dont l'un tient un cartel, celui de la droite la lance, et celui de la gauche l'eponge de la passion de Jesus Christ. E. H. in 8vo.

25. Autre frontispice de livre. Henri IV à cheval; dans le lointain la bataille d'Jvry. E. H. in 8vo.

26. La fortune planant en l'air audessus d'une femme richement habillée, à qui elle donne une couronne. Cette femme est debout sur deux autres femmes couchées par terre, l'une desquelles tient un coeur brulant à la main, et l'autre a une couronne royale sur la tête. E. H. in 8vo.

Ces quatre desseins très arrêtés, sont à la plume et à l'encre de la Chine.

27. La cene. Dessein pour un frontispice de livre, légerement fait à la plume et à l'encre de la Chine. E. H. in 8vo.

Six autres différens desseins de frontispices de livre; savoir:

28. Les quatre évangélistes assis autour d'une table. Derriere S. Pierre et S. Paul, qui leur font voir le portrait du Sauveur.

29. Quatre Satyres tenant un drap tendu; au bas à droite Bacchus assis sur un bouc, et à gauche une femme, qui tient d'une main un papier deroulé, et de l'autre un masque.

30. L'enlevement de Proserpine. Derriere est le combat des Titans, et dans le lointain une entrée triomphale dans une ville.

31. Une grande église de reformés remplie de monde. Sur le devant deux théologiens assis à une table paroissent disputer.

32. Des hommes assis, le chapeau à la main, autour d'une table, écoutant un homme qui pérore à l'autre bout.

33. Trois philosophes raisonnant sur des opérations astronomiques et mathématiques. L'un en est assis, et mesure des figures avec un compas.

Ces six desseins sont très arrêtés à la plume et à l'encre de la Chine. E. H. in 8vo.

34. La mort de Méléagre. Il est couché à

terre, exprimant par les contorsions de son corps, les douleurs affreuses qu'il ressent. Son chien hurle à côté de lui, tandisqu'Althée sa mere le regarde avec dédain, en brulant le tison fatal, où est attaché le destin de sa vie, pour se venger de la mort de ses freres, dont les cadavres se voient dans le lointain. Ce dessein à la pierre noire, lavé à l'encre de la Chine, a été fait pour un ouvrage intitulé: *Tableaux du temple des Muses représentant les vertus et les vices, sur les plus illustres fables de l'antiquité. Par M. de Marolles de Villeloin à Paris 1655.* in folio, où il se trouve gravé avec quelques changemens par *Corneille Bloemaert.* E. H. in 4to.

35. St. Joseph assis sur une espece de trône reçoit d'entre les mains de la vierge, qui est debout à sa gauche, l'enfant Jesus, pour le mettre sur ses genoux. Le S. esprit souffle son feu divin sur l'enfant. Un ange est à la droite de S. Joseph en adoration, et tout en bas du même côté S. François d'Assise présente un coeur enflammé. Dans le haut du dessein le pere éternel dans une gloire est entouré de plusieurs anges, dont quelques-uns tiennent trois couronnes l'une sur l'autre audessus des têtes de Jesus, Marie et Joseph. Ce dessein le plus capital de *Diepenbeck,* qui soit dans cette collection, est d'un très grand fini, à la pierre noire, terminé à la plume,

lavé d'encre de la Chine et rehaussé de blanc. E. H. in 4to.

36. Jesus pris au jardin des olives.
37. Jesus trainé par les bourreaux.
    Jesus devant Caiphe.
38. Jesus devant Hérode.
    La flagellation.
39. Jesus qu'on attache à la croix.
    Jesus entre les deux larrons.

Ces six derniers desseins sont accouplés deux à deux. Ils sont ainsi que le Nro. 36. faits à la plume lavés de bistre. In 8vo.

40. Dessein d'un frontispice de livre. On y voit la religion catholique sous la figure d'une femme vêtue des habillemens pontificaux, et assise sur un piedestal, au bas duquel sont quatre Indiens de différentes nations, auxquels des anges donnent la lumiere de la foi chrétienne. Ce dessein capital est très fini à la plume, lavé d'encre de la Chine, et rehaussé de blanc. Il a été gravé par *A. Lommelin*, pour un ouvrage intitulé: *Kerckelycke historie van de Gheheele werelt, naemelyck van de voorgaende ende teghenwoordige Eeuwe, beschreven door den Eerw. P. Cornelius Hazart Priester der Societeyt Jesus. T'Antwerpen 1667*. In folio.

41—82. La vie de S. Eloy, les miracles opérés par son intercession, et ce qui lui doit arriver, lorsqu'il reparoîtra sur la terre à la fin des siecles, représenté en une suite de quarante et une superbes desseins faits à la pierre noire, terminés à la plume, lavés d'encre de la Chine et rehaussés de blanc. E. H. in 4.

Tout ces 41 desseins ont été gravés par *A. Lommelin*, *van Caukerken* et quelques autres graveurs des Pays-bas.

83. Joli dessein fait d'après un tableau de *van Dyck*. C'est un repos en Egypte. On y voit la vierge assise sur une butte, ayant l'enfant Jesus sur ses genoux, et regardant neuf petits anges, qui devant elle dansent en ronde; à la plume, lavé de bistre, et rehaussé de blanc. E. L. in 8vo.

84. La religion catholique victorieuse de l'acatholicisme. Représentée sous la figure d'un Pape Romain décoré de tous les ornemens pontificaux, elle est debout au haut d'un balcon vouté, s'appuye de la main gauche sur un livre, que la religion debout à sa gauche, sous la figure d'une femme, tient posé sur une colonne, et précipite avec l'autre moyennant la crosse papale les auteurs des sectes acatholiques. Ce beau dessein allégorique est fait à la plume, lavé d'encre de la Chine. E. H. in fol.

85. L'intérieur d'une église, avec la vue d'un autel, au bas duquel est assis un religieux faisant un sermon à nombre de religieuses, qui sont à genoux autour de lui. Esquisse à la plume, légèrement lavé d'encre de la Chine. E. H. in 8vo.

86. La S. trinité, et plus bas la vierge portée par des anges. Fort jolie esquisse spirituellement faite à la plume, et lavé de bistre, sur papier jeaunâtre. E. H. in 8vo.

87. Plusieurs Religieux de l'ordre des Carmes présentant leurs ouvrages à l'église Romaine, qui est assise sur un trône; légerement esquissé à la plume et à l'encre de la Chine. E. L. in 8vo. Ce dessein a été gravé par *Pierre Clouvet*.

88. Une femme mourante couchée au lit; d'un côté une femme lui fait tenir un cierge béni, et de l'autre un écclesiastique lui montre un crucifix. Au bas du lit plusieurs personnes prient à genoux. Esquisse faite à la pierre noire et terminée à la plume. De forme octogone. E. L. in fol.

89. Statue d'un grand ange tenant d'une main un encensoir et de l'autre un flambeau allumé. Beau dessein fait à la pierre noire, et terminé à la plume. E. H. in folio.

90. Autre dessein du même sujet traité différemment; du même faire, et de la même grandeur, que le dessein précédent.

91. Un jeune héros armé d'une cuirasse et d'un casque, s'avançant à grands pas vers une jeune femme, qui boit dans sa main l'eau puissée dans une source. L'Hymen et Cupidon voltigent en l'air, et celui-ci tire une fleche sur le jeune héros.

92. Venus pleurant la mort d'Adonis.

93. Polyphème jettant une pierre de rocher sur Acis. Plus loin Galatée qui s'enfuit.

94. Vulcain surprenant ensemble Mars et Venus.

95. Jupiter sous la forme de Diane faisant l'amour à Callisto.

Ces cinq superbes desseins sont faits à la plume, lavés d'encre de la Chine et rehaussés de blanc. Ils sont tous d'une même grandeur. E. L. in 8vo.

96. Un jeune homme s'approchant respectueusement d'un trône, sur lequel est assise une reine, qui lui remet un bâton de commandement. Premiere idée fort légerement croquée à la plume. E. L. in 8vo.

97. Le sacrifice d'Abraham. Fort joli dessein fait à la pierre noire, et terminé à la plume. E. H. in 4to.

98. Une jeune femme habillée à la Romaine courant à côté d'un beau cheval, qu'elle tient par la bride. Esquisse fort spirituelle faite à la plume et à l'encre de la Chine. E. H. in 8vo

99. S. François Xavier retrouvant miraculeusement un crucifix, qui étoit tombé dans la mer.

Ce dessein fait avec beaucoup de légereté et d'esprit à la plume et à l'encre de la Chine, a été gravé par quelque anonyme. Il y a à la marge du bas de cette estampe une inscription Latine, qui explique le sujet. E. L. in 4to.

100. Une femme assise près de sa toilette

foulant aux pieds les instrumens de la vanité mondaine, et recevant un cilice et un crucifix qu'un ange lui présente; légerement esquissé à la plume, quelque peu lavé de bistre. E. L. in 8vo.

101. Un Saint religieux de l'ordre des Carmes à genoux devant son prie-dieu. Esquisse bien spirituelle faite à la sanguine, et terminé d'une plume grasse et hardie; sur papier brun. E. H. in 4to.

102. Des gens occupés à éteindre le feu d'une maison incendiée. Croquis confus à la plume et à l'encre de la Chine. E. H. in 8vo.

103. Une Sainte religieuse à genoux devant Jesus-Christ attaché avec des cordes à une colonne; esquissé à la pierre noire, et terminé à la plume. E. H. in 8vo.

104. Un prêtre communiant un religieux de l'ordre des Carmes; légerement croqué à la plume et à l'encre de la Chine. E. H. in 8vo.

105. Un repos en Egypte. La Vierge est assise au pied d'un arbre, ayant sur ses genoux l'enfant Jesus, qui reçoit du fruit, que différens anges lui présentent. S. Joseph assis à côté de la Vierge regarde derriere. En haut deux anges voltigeant en l'air tiennent des couronnes au dessus des têtes de Jesus et de la Vierge. Croquis à la pierre noire et à la plume. E. H. in 8vo.

106. S. Laurent debout. Petite esquisse à la plume et au bistre. De forme octogone in 8.

107. Un pere et une mere assis à côté d'une cheminée; ils sont entourés de trois de leurs enfans. Dans le fond on voit un quatrieme enfant à genoux devant l'image de la Vierge. Croquis fait à la plume. E. H. in 8vo.

108. Une paysanne à genoux appaisant son enfant, qui pleure. Le pere assis à côté d'une cheminée semble menacer l'enfant de la verge qu'il tire d'un balai. Derriere est une petite fille qui les regarde tenant un pot entre les mains. Cette jolie esquisse est ébauchée à la pierre noire, et quelque peu terminée à la plume. De forme quarrée in 4to.

109. Plusieurs personnes à genoux devant l'image miraculeuse de la S. Vierge placée sur un autel au milieu des statues de deux S. évêques; à la plume, lavé d'encre de la Chine. E. H. in 8vo. Ce dessein est des premieres manieres de *Diepenbeck*.

110. Piece d'architecture représentant une espece de théâtre, où l'on voit l'entrée triomphale de quelque prince ou général d'armée. Dans le haut du dessein est représenté le même sujet, qui se trouve sur le Nro. 96. Ce petit dessein très légerement esquissé à la plume, et à l'encre de la Chine, est plein d'esprit. E. H. in 8vo.

111. Un repos en Egypte. La vierge est assise, et tient sur ses genoux l'enfant Jesus, qui tourne la tête vers S. Anne, que l'on voit derriere. Dans le lointain S. Joseph tient l'âne

qui broute. Croquis fait à la plume et au bistre. E. H. in 8vo.

112. S. Elisabeth donnant l'aumône à un pauvre; à mi-corps. Croquis à la plume. E. H. in 8vo.

113. Dieu le fils parlant à la Vierge, qui est assise auprès de lui; au dessus de la tête de Jesus est le S. esprit, et plus haut Dieu le pere. Dans le fond à gauche S. Joseph assis regarde vers le ciel. Ce petit dessein est fort spirituellement esquissé à la plume. De forme ovale in 8vo.

QUELLINUS (Erasme) naquit à Anvers en 1607, et mourut dans la même ville en 1678.

1—9. Une suite de neuf superbes pieces en largeur in folio, dessinées à la plume, lavées d'encre de la Chine, et rehaussées de blanc, sur papier bleu. Elles représentent une suite d'événemens concernant la maison de la Tour.

10. Une tour, sur laquelle sont différentes couronnes et mitres dans de petits écussons suspendus en deux rangs l'un au dessus de l'autre. Au dessus de la tour est le nom de Jesus dans un soleil, qui darde ses rayons réfléchis par d'autres écussons tenus par des anges. Ceux-ci sont au nombre de dix, quatre à terre, les autres voltigeans des deux côtés de la tour. Ce

dessein très arrêté est à la plume, lavé à l'encre de la Chine; il porte la date 1676. E. H. in 4to.

11. Une jeune fille assise écoutant les discours d'une vieille, qui est à côté d'elle. Ce dessein plein de grâce est à l'encre de la Chine, quelque peu rehaussé de blanc, sur papier gris. E. H. in 4to.

12. Un jeune homme accusé devant un empereur par deux hommes, qui le lui amènent. Il prend le ciel à témoin de son innocence. L'empereur consulte sur cette affaire les vieillards, qui entourent son trône. Deux gardes, dont l'un a une hallebarde à la main, sont assis sur le devant. Ce dessein, dont le fond est d'architecture, est sur papier gris, à l'encre de la Chine, quelque peu rehaussé de blanc. E. H. in 4to.

13. Un saint pape portant d'une main le S. Sacrement, et de l'autre sa crosse, foulant aux pieds un payen. Ce morceau est peint à l'huile, d'une couleur brune, et rehaussé de blanc, sur papier bleu. E. L. in 4to.

HOECK (Robert van) né à Anvers en 1609.

1. Une ville assiégée et mise en feu. On voit la tranchée et l'effet des batteries. Cette partie du dessein est coloriée. Le devant est à la plume, lavé de bistre; il représente un

général descendu de cheval, à qui des officiers viennent rendre compte. E. L. in folio.

2. Une vue de l'Inde, ornée de beaucoup de figures. On y voit sur le devant à gauche quelques Européens, qui marchent en avant, étant suivi de négres. Tout près de ce grouppe dans un petit creux, est un prêtre à cheval avec un parasol, et derriere lui un négre assis sur la croupe d'un boeuf en tenant devant lui un ballot; quelques négres et autres boeufs le suivent. Dans un petit éloignement on voit un troupeau de bétail conduit par quelques cavaliers; et dans le lointain une troupe d'Indiens s'enfuient devant un homme à cheval. Vers le milieu du dessein un officier à cheval conduit une petite troupe d'infanterie vers la droite, pour y enlever quelquels naturels du pays assis sur le devant. Dans le fond de ce côté on voit un grand chariot attelé de six boeufs. Ce dessein fort intéressant est esquissé à la pierre noire, lavé d'encre de la Chine. E. L. in fol.

3. Une attaque de cavalerie faite sur les lignes d'une forteresse, que l'on a représentée en perspectif dans le lointain. Esquisse légere au pinceau trempé dans l'encre de la Chine. E. L. in fol.

LINT (Pierre van) naquit à Anvers en 1609, travailla en Italie, et mourut dans la patrie.

1. Esquisse à l'huile représentant une adoration des bergers. La S. Vierge à genoux découvre l'enfant Jésus, pour le leur faire voir. Ils l'entourent, et l'on en voit plusieurs qui descendent un escalier pour venir l'adorer. L'un sur le devant ôte son chapeau. Dans le haut paroît le père éternel dans une gloire d'anges. E. H. in 8vo.

BOCKHORST (Jean van) nommé Langjan, naquit à Münster en 1610.

1. Le martyre de St. Etienne. Esquisse à l'huile sur papier. Le saint entouré de ses bourreaux, qui lui jettent des pierres de toutes parts, est à genoux, les yeux vers le ciel qu'il implore. Des anges lui apportent la palme et la couronne de martyre. Le père éternel et le sauveur sont dans les cieux ouverts. E. H. in folio.

VORSTERMAN (Lucas) graveur d'Anvers, florissoit vers l'an 1640.

1. Petit paysage montagneux orné d'arbres. Ce dessein d'après l'invention *d'Adam Elzheimer* est extrêmement fini à la plume et

roît être le même, d'après lequel *Lucas Vorsterman* a gravé une estampe, qui est de la même grandeur, mais en sens contraire. E. L. in 4to.

PETERS (Bonaventure) naquit à Anvers en 1614, et mourut dans la même ville en 1652.

1. Dessein d'un port de mer, dans lequel on s'occupe de l'harangeaison. Ce joli morceau est fait à la plume, lavé d'encre de la Chine. E. L. in folio.

2. Marine, où l'on voit quatre barques sur une mer agitée. Sur le bord à gauche est un fanal, et sur le devant sont quelques personnes qui semblent attendre avec impatience l'arrivée d'une barque endommagée. Ce dessein est à la plume et au lavis. E. L. in 4to.

WOUTERS (François) naquit à Lierre en 1614, et mourut à Anvers en 1659.

1. Première idée d'une adoration des rois, esquissée avec esprit à la pierre noire, sur papier bleu. E. L. in 4to.

TENIERS (David) naquit à Anvers 1614, et mourut dans la même ville en 1694.

1. Une frise composée d'Anges, têtes de Chérubims, guirlandes, festons et autres or-

nemens; à la plume, lavé à la sanguine, sur papier jeaunâtre.

2. Petit dessein esquissé très légerement sur un papier rougeâtre, et qui représente un génie assis. Il a l'air d'être devant un fronton; lavé de bistre au pinceau, et rehaussé de blanc. E. L. in 8vo.

3. Un paysan assis se cachant le visage d'une main, qu'il tient appuyée sur les genoux, comme un homme plongé dans la plus grande affliction. Vis-a-vis de lui deux autres paysans, l'un assis, l'autre debout, ont l'air de le consoler. Ce dessein est au trait de plume, sur papier gris. De forme quarrée in 4to.

4. Petit paysage à la mine de plomb, sur parchemin, où l'on voit sur le devant vers la droite un paysan debout, qui parle à un autre assis vis-a-vis de lui sur une butte. E. L. in 8vo.

5. Un paysan fumant assis près d'une table; derriere lui est un autre, qui bourre sa pipe. E. H. in 4to.

6. Une femme assise à une table ronde écoutant avec intérêt un homme, qui joue de la guitarre. Il est assis à côté d'elle, une jambe appuyée sur une escabelle. E. H. in 4to.

7. Une auberge, où l'on voit trois cavaliers avec l'épée au côté, qui dinent devant une cheminée; un domestique leur apporte à manger. E. L. in 4to.

8. Un paysan debout appuyé sur un bâton écoutant attentivement les discours d'un homme habillé en fou. E. H. in 4to.

Ces quatre desseins sont legérement esquissés à la mine de plomb.

9. Tentation de S. Antoine. Le saint à genoux lit dans un livre dévotement. Un diable lui tient la lumiere à côté de lui; un autre sous la forme d'une courtisanne est à cheval sur un monstre à tête d'âne. Il tient dans la main un vase, d'où sortent des petits démons sous la forme de dragons. L'hermitage a lair d'être en feu. Deux ou trois diables dont l'un est ajouté sur un morceau de papier, qui cache un tronc d'arbre, forment e reste du sujet. Dessiné au pinceau, lavé d'encre de la Chine, et rehaussé de blanc sur papier bleu. E. H. in folio.

10. Saturne, sa faux sur l'épaule, dévorant un enfant.

11. Jupiter tenant un sceptre d'une main, et la foudre de l'autre. Son aigle est à côté de lui.

12. Apollon tenant d'une main son arc, et de l'autre sa lyre.

13. Diane, un arc à la main.

14. Mars, le casque en tête, son bouclier au bras, et l'épée à la main.

15. Venus et Cupidon.

16. Mercure appuyé sur un globe, son caducée à la main.

Ces sept desseins ont été faits pour un cabinet, où ils devoient être peints. Ils sont d'une même grandeur, les figures vues à mi-corps, dans un cadre orné d'attributs analogues à la divinité dont le nom est écrit dans un écusson au haut de chaque dessein. Ils sont légerement esquissés à la mine de plomb, et lavés de bistre. De forme quarrée in 4to.

17. Un paysan assis, les coudes sur les genoux, et sa tête dans les mains. Il se chauffe à une cheminée; à la plume. E. H. in 8vo.

18. Le même sujet peu différent du précédent. Le paysan y est tourné de façon qu'on ne voit pas sa figure. Dessous son escabelle est un chat; à la plume. E. H. in 8vo.

19. Héraclite pleurant les sottises humaines. Il est représenté assis, accoudé sur le globe de la terre. A mi-corps. Vers le haut du dessein deux génies portent un cartouche, pour y écrire le nom de ce philosophe.

20. Diogène riant sur les foiblesses des hommes. Piece pour le reste semblable à la précédente.

Ces deux morceaux d'une grandeur égale sont légerement esquissés au bistre, et coloriés. E. H. in 4to.

21. Cupidon debout sous un dais orné de guirlandes de fleurs. E. H. in 8vo.

22. Le même sujet traité différemment. E. H. in 8vo.

23. Le tems sous la figure de Saturne représenté à mi-corps, tenant des deux mains sa faux; au dessus de sa tête deux génies voltigeant en l'air portent un sablier.

24. La vanité représentée sous la figure d'une femme habillée en or, assise près d'une table, qui est couverte de différens trésors. Devant elle sont deux enfans, qui font des bouteilles de savon.

Ces deux morceaux sont d'une grandeur égale. E. L. in 4to.

25. Deux héros armés aux deux côtés d'un écusson d'armes attaché à un ruban, dont deux génies voltigeant en l'air tiennent les bouts, et soutenu en bas par deux lions, qui se tiennent sur leurs jambes de derriere. E. H. in 4to.

Tous ces cinq morceaux sont très légerement ébauchés au bistre, et coloriés.

26—27. Deux desseins de forme oblongue représentant plusieurs anges, qui arrangent des trophées d'armes; légerement esquissés à la sanguine. E. H. in fol.

28. Une Bohémienne disant la bonne avanture à un chasseur.

29. Une bande de Bohémiens devant une maison de village.

Ces deux morceaux d'une grandeur égale sont légerement esquissés à la pierre noire et à l'encre de la Chine, E. H. in folio.

30. Paysage représentant un bois. Sur le devant à gauche une figure marchant à côté d'un homme monté à cheval; très légerement croqué à la plume. E. L. in folio.

31. Frise où sont représentés cinq enfans nus, dont trois tiennent des instrumens de musique, et deux autres sont assis à côté d'un pot à fleurs; esquissée et lavée à la sanguine. E. L. in fol.

32. Autre de la même grandeur, avec des rinceaux d'ornemens, parmi lesquels on voit trois génies ailés. Celui du milieu est assis sur un aigle, et tient de la main droite un petit miroir rond. Esquisse faite à la plume et au bistre, et coloriée.

33. Dessein de la double porte d'un péristile. Elle est ornée de guirlandes, que des anges voltigeans s'occupent à arranger. Au haut de la porte dans un fronton est un basrelief représentant la charité. Ce dessein est esquissé à la plume, et au bistre. E. H. in 4to.

HIMPEL (Abraham ter) flor. vers 1650.

1. Une campagne; vers la gauche une petite hauteur, sur laquelle on voit un berger avec quelques moutons. Dans le fond vers la droite est la vue d'un village. E. L. in fol.

2. Paysage représentant vers la droite une montagne couverte de bois. Au bas vers la

gauche est un étang, au delà duquel on voit quelques fabriques. E. L. in folio.

3. L'avenue d'un village situé au haut d'une colline. E. L. in folio.

4. Paysage montagneux d'une vaste étendue. Sur le devant une riviere avec un petit pont. E. L. in folio.

5. Joli paysage orné de beaucoup d'arbres. On y voit un petit pont audessus d'une riviere; et dans le fond à droite on apperçoit quelques maisons, E. L. in folio.

6. Beau paysage montagneux d'un très bel effet. Sur le devant, au milieu du dessein, est un grand arbre, et à côté un autre arbre tronqué, avec peu de rameaux. E. L. in fol.

7. Deux collines dont chacune est ornée d'un grouppe d'arbres; au travers de celle du milieu et du devant on voit une église de village et quelques cabanes. E. L. in fol.

8. Une large riviere, au delà de laquelle est la vue d'une ville et d'un pont. Le bord en deça est elevé et couvert d'arbres, au travers desquels on apperçoit une petite maison. E. L. in 4to.

9. Paysage montagneux. Au milieu dans le fond une église avec une tour quarrée terminée en pointe. E. L. in 4to.

Tous ces morceaux sont grassement desinés à la pierre noire, et légerement lavés à l'encre de la Chine.

10. Paysage d'un bel effet. On y voit sur

le devant trois à quatre gros arbres, dont l'un est tronqué. Au milieu du fond est une cabane près d'un chemin, sur lequel on voit deux figures. Ce dessein est fait à la plume et à l'encre de la Chine. E. L. in fol.

MAES (Jean) de Brugge, flor. vers 1650.

1. Deux hommes enchaînés dans une chaloupe délivrés par un ange, par l'intercession d'un saint de l'ordre de S. François. La vierge au haut des cieux, dans une gloire d'anges, fait voir ce Saint à l'enfant Jésus. Le fond représente une mer agitée, et un vaisseau qui vient de faire naufrage, et dont on voit les débris. Le saint à genoux est sur l'un des ballots. Ce dessein est à l'encre de la Chine, et bien terminé. E. H. in folio.

FLAMEN (Albert) graveur Flamand, florissoit vers 1650.

1—27. Livre de principes de dessein pour les figures, les quadrupèdes, les oiseaux et les poissons, en vingt sept pièces dessinées avec beaucoup de soin à la plume et à l'encre de la Chine.

28—63. Livre de paysages et de marines, en une suite de trente six pièces, dessinées d'une plume très fine, à l'exception de sept qui sont lavées à l'encre de la Chine.

64—100. Autre livre semblable consistant

en une suite de trente six pieces très arrêtées à la plume. Six en sont soigneusement finies à l'encre de la Chine.

101—137. Autre livre de même; en une suite semblable de trente six pieces; dessinées comme les précédentes d'une plume très fine, exceptés quatre morceaux, qui sont lavés à l'encre de la Chine.

138—173. Autre livre semblable de trente six pieces dessinées comme les précédentes.

174—191. Suite de dix huit feuilles avec différens desseins de forteresses, châteaux, maisons de campagne et autres fabriques dans des paysages; faits de même que les pieces précédentes.

192. Différens oiseaux dans un fond de paysage.

193. Une chasse au cerf et au sanglier.

194. Une escarmouche entre quelques cavaliers.

195, 196. Deux feuilles avec différentes figures de soldats armés de piques; à la plume.

197, 198. Deux feuilles avec des études de paysans et de gueux en différentes attitudes, esquissées à l'encre de la Chine.

Ce recueil également précieux pour le nombre des pieces, que pour l'agréable maniere, dans laquelle elles sont touchées, vient de la collection du Prince *Charles de Lorraine*. Toutes les pieces, dont il consiste, sont d'une grandeur égale. E. L. in 8vo.

QUELLINUS (Jean Erasme) fils d'Erasme, naquit à Anvers en 1629, et mourut dans la même ville en 1715.

1. Jesus Christ tenté par le démon dans le désert; c'est le moment où il dit à Jesus: *si vous êtez le fils de dieu, commandez à cette pierre qu'elle devienne du pain.*

2. Jesus Christ en priere au jardin des olives. On voit dans le ciel l'ange avec le calice d'amertume; dans le lointain vers la gauche trois disciples dormans, et dans le fond les gardes conduits par Judas.

3. Le même sujet traité différemment, excepté le grouppe des disciples dormans, lequel est comme dans le dessein précédent.

4. Baptême de notre Seigneur. S. Jean est agenouillé devant Jesus Christ, qui a un genou en terre, et un pied dans l'eau. Dans le lointain quelques figures dans un bateau.

5. S. Augustin, alors encore Manichéen, assis sur une terrasse, un livre à côté de lui. Il a l'air de penser à quitter le deréglement et le Manichéisme. Deux anges voltigeant en l'air lui montrent une banderole, sur laquelle est écrit: *Tolle lege.* Dans le lointain on voit *Patrice* et *Monique* ses parens, qui paroissent s'entretenir sur leur fils.

Ces cinq beaux desseins d'une forme quarrée in fol. sont sur papier gris, lavés à l'encre de la Chine, rehaussés de blanc, et les cieux de bleu d'Inde.

6. Une religieuse tirant un rideau attaché entre deux colonnes, à travers desquelles on voit un paysage montagneux. Superbe dessein d'un effet très piquant, faits dans la maniere des pieces précédentes. E. H. in fol.

7. La S. Vierge assise sur des nuages, et tenant sur ses genoux l'enfant Jesus. A côté d'elle un ange tient une branche de lys; deux autres plus haut vers la gauche adorent l'enfant Jesus, et vers la droite deux autres encore portent en voltigeant une croix. Dessein capital d'une grande beauté, dans la maniere des précédents. E. H. in fol.

8. Achilles reconnu par Ulysse; Celui-ci est derriere le jeune héros en habit d'Arménien. Achilles habillé en femme a mis sur sa tête un casque, qu'Ulysse tenoit caché parmi des ajustemens de femmes, apportés dans un coffre, et que les filles de Licomède regardent avec empressement. Le fond est d'une belle architecture ornée de statues. Ce sujet, trop élevé pour le génie de ce peintre, ne laisse pas que de faire un bel effet, malgré les fautes du dessein, qui en géneral est lourd et ignoble. Il est à l'encre de la Chine, rehaussé de blanc; le ciel en bleu, sur papier jeaunâtre. E. L. in folio.

FLAMANDE.

MINDERHOUT (H.) né à Anvers en 1630.

1. Superbe paysage au bistre, mêlé de noir et rehaussé de blanc. On y voit vers la gauche un grouppe d'arbres, dans le fond une ville, et trois potences sur le chemin qui y conduit. Ce dessein, qui représente un orage pendant la nuit, est remarquable par le bel effet des lumieres produit par un éclair. E. L. in fol.

VAN DER MEULEN (Antoine François) naquit à Bruxelles en 1634, et mourut à Paris en 1690.

1. Un seigneur et une dame montés tous deux à cheval, et allant au galop; devant eux courent deux chiens de chasse. Contrépreuve d'un joli dessein fait à la sanguine. E. H. in 4.

2. Un général François accompagné de plusieurs officiers, marchant avec un corps de cavalerie vers une forteresse. Beau dessein de forme ovale fait à la mine de plomb, légerement lavé d'encre de la Chine. E. L. grand in folio.

GÉNOELS (Abraham) dit Archimède, naquit à Anvers en 1640.

1. Paysage griffonné à la plume. Entre deux montagnes on voit un aqueduc, et sur le devant une cascade. Ce paysage est orné de deux petites figures d'hommes.

2. Pendant du premier. Une riviere, qui serpente dans un vallon terminé par des montagnes. Un pont, qui conduit à la porte d'un jardin, et trois petites figures, dont l'une tient une ligne à pêcher ; du même faire que le précédent.

Ces deux pieces sont en hauteur in 4to.

3. Paysage griffonné à la plume et lavé à l'encre de la Chine. On y voit sur le milieu, du devant un homme nu parlant à deux autres, qui passent devant lui. Dans le fond quelques fabriques au pied d'une montagne escarpée. E. L. in 4to.

4. Joli petit paysage orné d'arbres et de fabriques. En forme de frise ; légerement esquissé à la plume. E. L. in 8vo.

5. Autre d'une plume extrêmement spirituelle. On y voit sur le devant à gauche un homme nu près d'un arbre, duquel il retire quelque chose. E. L. in 8vo.

NATALIS (Michel) de Liege flor. vers 1670.

1. Portrait d'Albert Duc de Baviere et du Palatinat, né Duc et Comte Palatin du Rhin de Leuchtenberg. Ce superbe morceau dessiné à la mine de plomb et terminé à l'encre de la Chine, est du plus grand fini ; il a été payé 63 florins. On a une estampe, que *Michel Natalis* a gravée sur ce même dessein. E. H. in fol.

ABBÉ (H.) graveur d'Anvers, flor. vers 1670.

1. Le S. esprit au milieu d'une gloire céleste entourée de têtes de Chérubins et d'anges voltigeant en l'air. Ce joli morceau propre pour un plafond est dessiné et lavé à la sanguine, mêlé en quelques endroits d'un lavis l'encre de la Chine; il est très terminé. On lit au bas le chiffre de l'artiste et l'année 1677. E. L. in 4to.

2. Trois jeunes filles debout, qui s'embrassent; elles sont légerement drapées à l'antique. Il y a beaucoup de grace dans ces figures, particulierement dans celle vue par le dos. Ce dessein exécuté d'une maniere pittoresque est à la plume, lavé de bistre, et rehaussé de jeaune et de blanc à gouache, sur papier bleu. E. H. in 4to.

EYKENS (Pierre) dit le vieux, naquit à Anvers vers 1650, et vivoit encore en 1689.

1. La présentation au temple; joli morceau ceintré par le haut; peint à l'huile sur papier. E. H. in 4to.

SCHEEMAEKERS (Pierre) sculpteur d'Anvers flor. 1693.

1. Buste d'homme à grande barbe vu de

V

profil; dessiné à la pierre noire tendre, et rehaussé de blanc, sur papier gris. E. H. in fol.

2. Dessein d'un mausolée, au dessus duquel est représenté le portement de croix; à la plume, lavé de bistre et d'encre de la Chine. E. H. in 4to.

3. Statue de l'ange Michel terrassant le démon. Il est debout sur le globe de la terre, lequel est placé sur un piedestal. Joli dessein à la plume, lavé d'encre de la Chine. E. H. in folio.

4. Dessein d'un basrelief pour le fronton d'un autel, représentant le pere éternel dans une gloire d'anges; fait à la pierre noire mêlée de sanguine, et lavé de bistre. E. L. in fol.

VERBRUGGEN (Henri) sculpteur d'Anvers, flor. vers 1696.

1. Esquisse pour le portrait d'une abbesse vue à mi-corps. Ce portrait est dans une forme ovale soutenue au bas par un ange. Croquis à la plume et à l'encre de la Chine fait en 1691 E. H. in 4to.

ORLEY (Richard van) naquit à Bruxelles en 1652, et mourut en 1732.

1. Les apôtres Paul et Barnabas maltraités par les Juifs de Lystra. Beau dessein d'une composition riche de plus de vingt figures; à

la plume, lavé d'encre de la Chine, et rehaussé de blanc, sur papier bleu. E. H. in fol.

2. Paysage où est représenté un chariot chargé de bled, et suivi de deux moissonneurs et d'une moissonneuse, qui dansent ensemble; légerement esquissé à la plume et à l'encre de la Chine. E. L. in folio.

HUYSMAN (Nicolas) naquit à Malines en 1656.

1. Paysage, où se distingue sur le devant à gauche un bouquet de quatre arbres. E. H. in 4to.

2. Deux anachoretes priant à genoux dans un désert. E. L. in 4to.

3. Une gorge entre deux grands rochers. E. H. in 4to.

4. Paysage montagneux. E. L. in 4to.

5. Autre, où l'on voit deux cascades, et sur le devant un homme assis sur une petite élevation de terre. E. L. in 4to.

6. Un chemin creux entre des rochers. On y voit sur le devant un homme secourant un malade couché par terre. E. L. in 4to.

7. S. Jean Baptiste dans le désert; au revers un antre dans un rocher. E. L.

Tous ces paysages sont fort légerement griffonnés à la plume, et très peu lavés d'encre de la Chine.

DEYSTER (Louis de) naquit à Bruges en 1656, et mourut dans la même ville en 1711.

1. La S. Vierge embrassant Jesus adolescent. Derriere on voit S. Joseph. Il y a infiniment d'expression de tendresse dans les figures de la Vierge et de Jesus. Ce dessein est fait au pinceau par couches de différentes couleurs; à la gouache, sur papier teint en gris. E. H. in folio.

MAES (Godefroy) naquit à Anvers vers 1660.

1. Jesus Christ en présence de ses disciples, donnant à S. Pierre les clefs du paradis. Composition de treize figures. Dessein capital fait au pinceau et à l'encre de la Chine en 1696. E. H. in folio.

2. L'assomption de la S. Vierge. Elle est soutenue par nombre d'anges, dont un la couronne. Au bas on voit quinze figures marquant les unes leur surprise, d'autres leur admiration, de voir le tombeau rempli de fleurs. Beau dessein au pinceau et à l'encre de la Chine, sur papier gris. E. H. in folio.

3. Plafond représentant Apollon au Parnasse, et autour de lui les neuf Muses. Dessein légerement esquissé à la plume et au lavis, et rehaussé de blanc. E. L. in folio.

4. La réception dans le ciel de différens Saints et bienheureux religieux de l'ordre de S. François.

5. S. Antoine de Padoue prêchant au peuple dans un bois.

Ces deux jolis desseins d'une grandeur égale sont faits au pinceau trempé dans l'encre de la Chine. E. L. in 4to.

6. Plafond représentant une allégorie sur la libéralité de la maison d'Autriche. L'Autriche sous la figure d'une jeune femme couronnée est assise sur des nues, soutenant d'une main une corne d'abondance, d'où sortent nombre d'ornemens précieux, et tenant de l'autre quelques médaillons attachés à des chaînes d'or. A côté d'elle est un lion, et derrière un aigle. Elle est entourée de plusieurs génies, qui en voltigeant portent des chaînes d'ordre, des couronnes etc. Ce joli morceau de forme ovale est dessiné à la plume, lavé d'encre de la Chine, et colorié en quelques endroits. E. L. in 4to.

7. La S. cene. Petite esquisse à la plume et à l'encre de la Chine. E. L. in 8vo.

BOUT (Pierre) natif de Bruxelles, fleurit au commencement de ce siecle, il ornoit les paysages de Bauduins de jolies figures.

1. Un homme assis à terre, son bâton et

son paquet à côté de lui, vis-à-vis le grouppe d'un paysan avec une longue barbe, d'une femme portant un panier, d'une autre ayant son enfant derriere le dos, d'une naine et d'un chien; peint à l'huile en différentes couleurs sur papier. E. L. in 4to.

SCHOEVAERTS (M.) peintre en paysages, contemporain de Pierre Bout.

1. Une femme établie dans une petite boutique, à la porte d'une ville, et vendant des koucks à un enfant, sur l'épaule duquel saute un chien, pour les lui prendre. Vers la gauche trois hommes sont à patins dans les fossées de la ville etc.

2. Le pendant du morceau précédent. On y voit une femme vendant du poisson, à l'entrée d'une ville auprès du port. Sur le devant vers le milieu une Bohémienne dit la bonne avanture à un paysan.

Ces deux desseins sont à la plume, lavés d'encre de la Chine. E. L. in fol.

JANSENS (Victor Honoré) naquit à Bruxelles en 1664, et mourut en 1739.

1. Piece allégorique pour un mariage. L'Hymen et l'Amour sont à l'autel avec l'épouse. Dans le haut on voit Jupiter et Junon assis sur des nues. Vénus approche de l'autel, étant

descendue de son char, que l'on voit aussi dans les nues. Jolie composition esquissée à la pierre noire, et rehaussée de blanc, sur papier gris. E. L. in folio.

COCK (Jean Claude de) flor. vers 1700.

1. Borée enlevant Orithie. Dessein d'une fontaine fait à la plume, lavé d'encre de la Chine en 1709. E. H. in 4to.

2. Les Israélites amassant la manne; composition de dix figures.

3. L'offrande de Melchisédech; composition de douze figures.

Ces deux petits desseins sont à la plume, légerement lavés d'encre de la Chine. E. L. in 8vo.

4. Piece allégorique. On y voit un lion, une couronne sur la tête, assis au haut d'un rocher sous un dais. Il tient de la patte gauche un étendard, auquel est attachée une double chaîne qui tient enchaînée une femme à double visage, et devant elle une autre couchée à terre, et essuyant ses pleurs. Cette derniere représente la ville d'Augsbourg, dont on voit les armes sur une pierre quarrée, contre laquelle elle est appuyée. De la patte droite le lion tient un sabre, avec lequel il menace Cologne représentée par une femme, qui tient l'écusson d'armes de cette ville, et qui s'enfuit, ainsi qu'une autre femme, qui tient un encensoir et

une conque dans ses mains. La ville d'Augsbourg fait signe vers celle de Cologne comme en lui disant: *Hodie mihi, cras tibi*; mots qui sont écrits sur une banderole flottant au dessus de son bras etendu. E. H. in folio.

5. Le pendant de la piece précédente. Il représente le même lion; mais au lieu des figures on voit au bas du rocher un boeuf, un ours, un chat, un petit chien, un très grand serpent, un renard et une licorne, qui semblent faire hommage au lion.

Ces deux desseins faits en 1704, sont à la plume, lavés d'encre de la Chine. E. H. in fol.

6. Vignette où est représenté un homme vêtu d'une chemise de maille, ayant la tête couverte d'un casque, et tenant des deux mains une lance. Il n'est qu'à mi-corps. Dans le fond à gauche on voit un temple, dans lequel des gens s'occupent à briser des statues de dieux payens. Vers la droite on voit un dessein attaché au mur, où est représenté le jeune David coupant la tête à Goliath, et plus bas un évêque baptisant plusieurs personnes. Ce morceau est fait d'une plume spirituelle, et lavé d'encre de la Chine, en 1724. E. L. in 8vo.

OPSTAL (Caspar Jacques van) natif d'Anvers, florissoit vers 1704.

1. Barnabé et Paul au temple à Lystra, dans

le moment où le sacrificateur vouloit, que le peuple leur sacrifiat, et qu'ils déchirerent leurs vêtemens en criant: *Amis, que voulez vous faire, nous ne sommes que des hommes non plus que vous etc.* à la plume, lavé de bistre, et rehaussé de blanc, sur papier gris. E H. in fol.

MICHAULT (Theobald) naquit à Tournay en 1676, et vivoit à Anvers encore en 1755.

1. Feuille d'étude; on y voit deux pêcheurs, l'un de profil, l'autre par le dos; plus loin une paysanne portant sur le dos un sac, et sous le bras une corbeille. Dans le lointain deux hommes marchant un derriere l'autre et portant chacun une hotte. Toutes ces figures sont faites à la plume, légerement lavées d'encre de la Chine. E. L. in 4to.

2. Autre feuille d'étude avec des figures propres à orner un marché; savoir: deux paysans occupés à mettre des paquets dans une caisse. Une paysanne vue par le dos, portant une corbeille sur la tête, et suivie d'une petite fille, qui porte d'une main une cruche, et de l'autre un panier; enfin un paysan, une paysanne et leur petite fille marchant l'un à côté de l'autre, et portant chacun un panier; ce morceau est à la plume et à l'encre de la Chine. E. L. in 8vo.

3. Autre feuille semblable et du même faire

que les précédentes. On y voit neuf différentes figures, parmi lesquelles on distingue un paysan assis par terre, et s'appuyant d'un bras sur un sac: il parle à un homme et une femme, qui sont debout devant lui. E. L. in 4.

HELMONT (Segres Jacques van) naquit à Anvers en 1683, et mourut à Bruxelles en 1736.

1. Moïse et Aaron offrant à dieu un holocauste, qui est dévoré par un feu sorti du ciel. Le peuple rassemblé autour loue le Seigneur avec des cris de joie, et se prosterne le visage contre terre. Composition d'une belle ordonnance, et d'un grand nombre de figures savamment grouppées. E. L. in fol.

2. Beau dessein bien terminé, représentant la fuite en Egypte. S. Joseph portant sur le dos ses outils, mene par le licou l'âne, sur lequel la Ste. Vierge est assise, tenant l'enfant Jesus entre ses bras. E. H. in fol.

3. Un homme écoutant avec intérêt un vieillard, qui marche à côté de lui, en démontrant quelque chose par l'indication, qu'il fait avec ses doigts. Esquisse légere in 4to.

4. La lapidation de S. Etienne. E. L. in fol.

5. Laban, après avoir joint Jacob à la montagne de Galaad, fouille son bagage, pour y trouver les Idoles, que Rachel avoit enlevés à son pere. E. L. in 4to.

Tous ces morceaux sont dessinés et lavés à la sanguine.

HOREMANS (Jean) naquit à Anvers en 1685.

Recueil de dix neuf morceaux, contenant des études de différentes figures dessinées d'après nature, à la sanguine; savoir:

1. Un savetier assis sur son escabelle, et levant la tête comme pour écouter; à la sanguine. E. H. in 4to.

2. Une cuisiniere assise ratissant des carottes. E. H. in 4to.

3. Vieille mere assise sur une chaise, ayant sur ses genoux un enfant, à qui elle enseigne à prier dieu. E. H. in 4to.

4. Feuille d'étude, où l'on voit une servante tenant d'une main un petit pot, et de l'autre un verre; de plus le buste d'une vieille ayant la tête couverte d'un voile. E. L. in 4.

5. Un garçon le chapeau sur la tête, lequel semble être aux écoutes sur le pas d'une porte; avec la contrépreuve. E. H. in 8vo.

6. Paysan debout vu par le dos, tenant de la main gauche un pot, et de l'autre un verre. E. H. in 8vo.

7. Autre représenté sautant. Il est vu presque par le dos, et tient son chapeau de la main gauche. E. H. in 8vo.

8. Autre debout vu par le dos, tenant de la main gauche un petit pot, et de l'autre montrant quelque chose. E. H. in 8vo.

9. Vieille mere vue par le dos, mettant une main sur le dos d'un garcon, qui marche devant elle. E. H. in 4to.

10. Petite fille debout vue par le dos. E. H. in 8vo.

11. Vieille dame vue de profil, assise sur une chaise, et prenant du thée. E. H. in 4to.

12. Autre debout vue de profil, et portant une pair de souliers. E. H. in 4to.

13. Etude de la figure d'une petite fille debout vue de profil, et de celle d'une paysan debout, qui fume. E. H. in 4to.

14. Une vieille femme sommeillant, appuyée d'un bras sur une table, près de la quelle elle est assise. E. H. in 4to.

15. Un homme assis et fumant. E. H. in 4.

16. Petite fille vue de profil, assise par terre. E. H. in 8vo.

17. Petite fille debout, jouant du violon. E. H. in 8vo.

18. Garçon vu presque par le dos, portant un flambeau. E. H. in 8vo.

19. Une servante de cabaret se défendant contre les libertés, qu'un vieux paysan se prend avec elle. E. H. in 4to.

KRAFT (Jean Louis) graveur à Bruxelles, où il florissoit vers 1730.

1. Paysage représentant un chemin pratiqué, par le moyen d'une voute en forme d'arc, sur un petit courant d'eau, et conduisant un milieu de deux haies dans un village. Sur le devant à gauche un paysan assis par terre parle à une femme, qui est debout derriere lui. Ce dessein d'un très bel effet est à la plume, lavé d'encre de la Chine, et rehaussé de blanc, sur papier teint d'une couleur jeaunâtre. E. L. in folio.

D'HEUR (Joseph Corneille) naquit à Anvers en 1707.

1. Abraham renvoyant Agar; esquissé à la sanguine. E. H. in folio.

*LENS (   ) florissoit à Anvers vers 1750.

1. Miravan, jeune gentilhomme d'Ingrie, après avoir fait ouvrir le tombeau d'un de ses ancêtres, dans l'idée d'y trouver des richesses, ce que lui faisoit croire cette inscription équivoque: *dans ce tombeau est un trésor plus grand que celui de Croesus*, est frappé de terreur, en trouvant en dedans l'inscription suivante: *Ici demeure le repos. Misérable sacrilége, tu cherches l'or parmi les*

morts; va-t-en, enfant de l'avarice, tu ne jouiras jamais du repos. Ce dessein est légerement esquissé à la plume et au bistre, sur papier gris, et rehaussé de blanc. E. L. in 8vo.

2. Un homme armé d'un poignard sortant de la porte d'une ville, à côté d'une jeune femme, qu'il mene par la main, et qui semble être très affligée. Autour d'eux on voit un combat entre plusieurs gens, dont quelques-uns sont déjà étendus morts par terre. Ce joli dessein est fait à la sanguine, sur papier gris. E. L. in fol.

HAESE (van) florissoit à Bruxelles vers 1760.

1. S. Magdelaine frottant d'onguent les pieds de Jesus-Christ, qui est à table avec ses disciples; dessiné à la plume, lavé de bistre et d'encre de la Chine. E. H. in 4to.

2. S. Pierre et S. Jean guérissant un malade à la porte du temple; esquissé à la sanguine, et lavé d'encre de la Chine. E. L. in folio.

3. Présentation au temple. Dessein de tableau d'autel ceintré par le haut; il est à la plume, lavé d'encre de la Chine. E. H. in 4to.

4. Les trois rois apportant des présens à l'enfant Jesus, que la vierge tient sur ses genoux, étant assise sur une espece de trône. Vers le haut une gloire d'anges. Esquisse très lé-

gere à la sanguine, rehaussée de blanc, sur papier gris. E. H. in fol.

5. Une nativité; on y voit nombre de bergers, qui viennent adorer l'enfant Jesus nouvellement né. Ce dessein, dans lequel le jour provient de l'enfant Jesus, est d'un effet piquant. Il est à la plume, lavé de bistre et d'encre de la Chine. In 4to.

6. Le même sujet traité différemment; dessiné au fusain d'une maniere large, et rehaussé de blanc, sur papier gris. E. H. in fol.

7. La femme adultere devant Jesus Christ, dans le moment où il se baisse, et écrit du doigt sur la terre. Esquissé à la pierre noire, sur papier bleu, et rehaussé de blanc. E. H. in folio.

TASSAERT (Pierre Joseph) né à Anvers et demeurant à Londres.

1. Un concert de musique. On y voit une jeune dame assise à une table, et ayant un chapeau à plumet sur la tête; elle chante ayant un papier de musique à la main. A côté d'elle est un cavalier assis, le coude appuyé sur la table, et la main droite sur le dos de sa chaise. Derriere lui une autre dame assise à la table chante, et s'accompagne de la guitarre, et un autre cavalier joue de la flûte derriere elle. En avant on voit un homme assis, la chapeau sur la tête,

et le verre à la main ; à ses pieds un grand lévrier. Dans le fond un homme caresse une servante, qui apporte un verre de vin ; dessiné à la mine de plomb, et lavé de bistre. E. L. in folio.

2. L'enlevement des Sabines. Romulus est dans le fond de la gauche sur un trône, tenant son sceptre à la main, et donnant des ordres. Sur le devant du même côté est un Romain enlevant une Sabine, qu'il tient élevée entre ses bras ; mais une autre Sabine, les genoux en terre, et la tenant per le bras, fait des efforts pour l'arracher hors de ses mains. Derriere ce grouppe est une Sabine, qui s'enfuit vers la droite ; un Romain l'arrête par le bras, et deux autres Romains accourent à cheval. Au milieu du dessein est Hersilie, fille de Tatius, roi des Sabins ; elle est debout, le corps vu de face. Un Romain à cheval la tire vers lui par sa draperie, un autre Romain à pied la tient par derriere d'une main, tandisque de l'autre il retient sans grands efforts le bras de la mere de cette princesse, laquelle tient encore les bras de sa fille. Ils semblent la rassurer et lui dire, qu'elle est destinée pour leur roi, vers qui Hersilie ayant la tête tournée et le bras gauche élevé, semble faire des exclamations, sans pourtant se défendre. Derriere la mere d'Hersilie est un Romain qui enleve une Sabine, laquelle de sa main droite le repousse au visage, en faisant des

efforts pour échapper de ses mains. A la droite sont trois autres grouppes sur différens plans, intéressans par les divers mouvemens. Ce dessein, qui n'est qu'une premiere imagination de l'artiste, est plein de feu, et bien grouppé. Il est griffonné au fusain, à la sanguine, et ensuite corrigé et lavé de bistre au pinceau. E. L. très grand in folio.

VERBRUGGE (   ) jeune artiste vivant à Bruxelles.

1. Un berger vu par le dos, et assis par terre auprès d'une mazure; à côté de lui trois moutons couchés et une chevre debout se léchant. Ce joli dessein très arrêté à la pierre noire, et rehaussé de blanc, sur papier teint d'une couleur grise, est d'un très bel effet. E. L. in 4to.

LE MAY (Olivier) Ce peintre de marines moderne est né à Bruxelles. Il se mit à bord d'un vaisseau, partant pour l'Amérique, pour étudier par lui même ce que la plupart des peintres ne savent que sur des rapports. C'est ce qui lui a donné une exacte connoissance de la mer, et des différens vaisseaux. Il peint aussi le genre des animaux et des paysages. Il voyagea long tems en Italie, et fut employé en France, à fournir des desseins pour l'ouvrage intitulé: *Voyage pittoresque de Sicile et de Naples.* Il quitta vers l'an 1790 de nouveau Bruxelles, pour retourner en Amérique, où il est employé dans le commerce.

1. Paysage représentant un retour de chasse, dans le goût de *Wouwermans.* On y distingue vers la gauche une fontaine entourée de trois hautes colonnes, qui sont le reste d'un bâtiment tombé en ruines. Plusieurs chasseurs y abbreuvent leurs chevaux, et d'autres accompagnés de leurs chiens sont assis sur le devant en différens grouppes. Beau dessein assez terminé à la pierre noire, lavé d'encre de la Chine, et rehaussé de blanc, sur papier teint d'une couleur jeaunâtre. E. H. in fol.

Deux superbes marines faites à la gouache et très terminées; elles sont d'une grandeur égale. E. L. in 4to.

2. L'une représente un calme. On y voit vers la gauche un vaisseau à voiles fermées, un autre au milieu du dessein arrive du lointain à pleines voiles, étant accompagné de trois à quatre petites tartanes.

3. L'autre est une mer fort agitée, sur laquelle on voit trois différens vaisseaux travaillés par les ondes.

BRUGGEN (Stert van der) de Bruxelles.

1. Tête de jeune femme d'un air très modeste. Elle a une espece de bonnet, d'où pend un voile, qui descend sur son dos. Beau dessein aux deux crayons dans le goût de *Leonard de Vince*. E. H. in folio.

CARLIER (Henri.)

1. Différens hommes et femmes malades et estropiés priant au bas des statues colossales des saints Philippe Nery, Riquier abbé, et Paulin évêque. Petit morceau dessiné à la plume sur parchemin, et très terminé. In 4.

COCKX (Guillaume) Sculpteur d'Anvers.

1. Statue d'un grand ange debout, tenant d'une main un petit poisson, et de l'autre un fouet. Joli dessein à la pierre noire, rehaussé de blanc, sur papier gris. E. H. in fol.

2. Autre statue d'un ange, tenant d'une main un chapelet. Ce dessein est du même faire et de la même grandeur, que le précédent.

Ces deux statues existent à Anvers dans l'église des Dominicains.

VAN DALEN (Jean) Flamand.

1. Buste de femme ayant la tête couverte

d'un grand voile. Joli petit morceau dessiné à la sanguine et estompé. E. H. in 4to.

DANIELS DE MALINES.

1. Un prince Indien suivi de trois de ses serviteurs, dont l'un porte la queue de son manteau, et l'autre tient une espece de grand parasol. Il va au devant d'un jeune héros qui vient de sortir d'un vaisseau. Dans le fond à droite on voit un grand palais magnifique, et à gauche un port de mer. Joli petit morceau dessiné et lavé à la sanguine, sur papier rougeâtre, et rehaussé de blanc. E. L. in 8vo.

2—7. Suite de six petits paysages faits au lavis. E. H. in 8vo.

KERRICX (G. J.) peintre d'Anvers.

1. L'ange tutélaire défendant une jeune personne contre les poursuites du démon, qu'il frappe avec la foudre. Sur le devant est une jeune femme à genoux accompagnée d'un petit ange, et tenant une petite couronne à la main. Ce dessein esquissé à la plume et à l'encre de la Chine a été fait d'après un tableau de *Quellinus*, qui est à Anvers dans l'église de S. André. E. H. in 4to.

NORBLIN ( )

1. Un Savoyard portant une lanterne magique. Jolie Esquisse faite au bistre. E. H. in 8vo.

RIDDERBOSCH (Demoiselle de) vraisemblablement Flamande.

1. Une femme nue sortant du bain, et habillée par sa servante. Ce dessein d'un fini extraordinaire est fait à la plume en 1781. Dans une forme ovale. E. H. in folio.

RIDDERS vraisemblablement Flamand.

1. Une feuille d'étude. Un homme, un genou en terre, regardant en haut, une tête de vieillard, un bras, et une main. Hardiment dessiné à la pierre noire. E. H. in folio.

VERBRUGGEN (Pierre) Sculpteur d'Anvers.

1. Modele d'un paroi orné de quatre figures placées contre des pilastres, au milieu desquels on voit un miroir, dont le cadre est surmonté d'un grouppe d'anges, qui soutiennent une espece de rideau de velours rouge. Ce dessein ébauché à la sanguine est terminé à la plume, lavé d'encre de la Chine, et colorié. E. L. in folio.

VERVOORT (Michel) le fils; peintre d'Anvers.

1. Le bien hereux Simon Stock de l'ordre des Carmes reçevant à genoux le Scapulaire d'entre les mains de la S. Vierge, qui descend du ciel sur des nues; à la plume et au bistre. E. H, in 4to.

2. La résurrection de Jesus Christ. Esquisse dessinée et lavée à la sanguine. In 4to.

ÉCOLE FRANÇOISE.

VOUET (Simon) naquit à Paris en 1582, et mourut dans la même ville en 1641.

1. Jacob luttant avec l'ange. Joli dessein à la sanguine. E. H. in folio.

PERRIER (François) nommé Paria en Italie, naquit à Mâcon en Bourgogne en 1590, et mourut à Rome en 1650.

1. La statue équestre de Marc Aurel, d'après l'antique; à la sanguine. E. H. in folio.

2. Etude d'un homme couché et endormi; à mi-corps; à la sanguine, sur papier gris. E. H. in 4to.

3. Une descente de croix. Joli dessein à la plume, légerement lavé de bistre, et rehaussé de blanc, sur papier gris. E. H. in 4to.

4. Le martyre d'une Sainte. Les bourreaux, avant de frapper, lui font voir l'idole, qu'elle doit adorer. Elle est à genoux au pied d'un trône, sur lequel est assis un tyran au milieu de sa cour. Belle composition à la plume, légerement lavée d'encre de la Chine. E. H. in 4.

CALLOT (Jacques) dessinateur et graveur, naquit à Nancy en 1593, et mourut en 1635.

Les pieces marquées d'un astérisque ne semblent point être de Callot: elles approchent plutôt du goût d'Israel Silvestre.

Neuf différens petits desseins in 8vo. sur une même feuille esquissés à la plume; savoir:

1. Un pauvre qui demande la charité à deux femmes sur le pas d'une porte.
2. La cene.
3. La S. eucharistie dans les nues.
4. La multiplication des pains.
*5. Un chevalier qui jure sur l'évangile.
6. Une nativité.
7. Trois moines debout, et un à genoux.
8. La flagellation.
9. Présentation au temple.

Douze autres différens petits desseins, sur une même feuille, traités dans le même genre; savoir:

10. Un S. prêtre célébrant la messe.
11. St. Onuphre foulant aux pieds les marques de la royauté.
12. Un moine tombé de cheval.
13. La pêche miraculeuse.
14. La Vierge à côté de notre Seigneur, entourés de Saints.
15. Trois personnes près du lit d'un malade.

16. Jesus Christ dans une gloire d'anges apparoissant à S. Catherine de Sienne.

17. L'ange gardien montrant à un enfant Jesus Christ en croix.

18. Adam et Eve.

19. Un S. pape assassiné par une trouppe de gens armés, étant assis devant un autel.

20. Jesus Christ assis sur une hauteur prêchant au peuple.

21. S. Magdelaine brulant les instrumens de sa toilette.

Onze autres différens desseins, traités de même, collés sur une même feuille; savoir:

22. Un S. Jésuite à genoux sur une planche au milieu de la mer.

23. Un homme sur son lit, parlant à un jeune homme, qui est debout vis-à-vis de lui.

24. S. Cunegonde devant le trône de S. Henri empereur.

25. S. François Anachorete prêchant aux poissons.

26. Une annonciation.

27. Bataille à la vue d'une ville.

28. Une nativité.

29. Un S. religieux à genoux devant un autel.

30. S. Mathieu quittant tout pour suivre Jesus Christ.

31. S. Jean Nepomucène jetté dans l'eau.

32. Le martyre des Macchabées.

Neuf autres différens petits desseins, traités de même, sur une même feuille, savoir:

33. Deux chevaliers à genoux devant une femme; dans un bois.

34. S. Jean Nepomucène amené devant le roi Wenceslas.

35. Sujet de bataille; vers la droite sur le devant un roi et deux de ses généraux cachés sous un nuage.

36. Un Saint prêchant en présence de soldats armés.

37. Un anachorete qui lit, assis auprès de son hermitage.

38. Un S. martyre devoré par des lions dans un amphithéatre.

39. Chevalier au galop, otant son casque devant plusieurs hommes et femmes, qui le regardent passer; dans un fond de paysage.

*40. Cinq chevaliers à cheval, précédés de deux trompettes.

41. Des Amours conduisant un chevalier armé d'un epée dans une chambre, où entre autres figures on voit une jeune femme dans son lit.

Neuf autres desseins semblables sur une même feuille, savoir:

42. Plusieurs chevaliers sauvant des flammes, quelques femmes.

43. Jesus devant Caïphe.

44. Un chevalier et une dame en croupe, suivi d'un autre chevalier.

45. Un homme chassé d'un temple et foulé aux pieds par la populace.

46. Un anachorete marchant dans un paysage.

47. La mort du mauvais riche, et celle du Lazare.

48. Trois chevaliers qui se battent en présence de deux armées et d'une femme, qui s'élance de son char.

*49. Le même sujet, que Nro. 40, avec peu de changemens.

50. Un général escorté d'une trouppe de cavaliers, entrant à pied dans une grotte, où sont assis un homme et une femme entourés d'une lumiere rayonnante.

Neuf autres sujets semblables; savoir:

51. Une trouppe de chevaliers passant dans un défilé; dans le fond on voit une armée rangée en bataille.

52. Une courtisanne tentant un hermite assis dans son cabinet auprès d'une table.

53. Une dame à cheval, suivie d'un chevalier, qui surprend deux personnes couchées dans un bois.

54. Le chaste Joseph echappant aux sollicitations de la femme de Putiphar.

55. Un anachorete qui lit, assis devant une table auprès de son hermitage.

56. Un homme monté sur un arbre, parlant à d'autres hommes, qui sont au bas.

57. Une armée passant une riviere, pour en

attaquer une autre rangée, pour empêcher le passage.

58. David coupant la tête à Goliath.

59. Entrée triomphale.

Douze autres desseins semblables, savoir:

*60. Combat de deux chevaliers en champ clos; l'un d'eux leve la visiere à l'autre, qu'il a terrassé.

*61. Un roi qui donne audience.

*62. Un chevalier à genoux sur les dégrés d'un autel, et cinq autres à genoux derriere lui.

*63. Un seigneur présentant ses lettres de noblesse, pour être reçu chevalier.

*64. Un prince à cheval, un sceptre à la main.

*65. Un chevalier jurant sur l'évangile, en présence d'un prêtre et de deux autres chevaliers.

*66. Trouppe à cheval entrant dans une ville au son des trompettes.

*67. Un roi donnant une épée à un seigneur qui est à genoux au pied de son trône.

68. Nabucodonosor.

69. S. Paul et S. Antoine, auxquels le corbeau apporte du pain.

70. Un roi prenant l'habit de religieux.

71. Un solitaire à genoux devant le corps mort de Ste. Marie Egyptienne.

Onze autres desseins semblables, savoir:

72. Deux moines, l'un à genoux devant l'autre.

73. Le Pharisien et le Publicain.

74. Le martyre de plusieurs Saints, auxquels on tranche la tête.

75. Jesus apprenant le métier de charpentier.

76. Un moine refusant des patentes devant un roi, qui a l'air de juger.

77. La Samaritaine au puits.

78. Un Saint foulant aux pieds des écrits mondains.

79. Un S. évêque décapité devant le trône d'un tyran payen.

80. S. Catherine de Siene et S. Dominique à genoux devant la S. Vierge, qui leur apparoît sur des nuages.

81. Un roi à cheval, qui parle à trois guerriers.

82. Un Saint entre quatre hommes, dont l'un tient une mitre.

83. Première idée de la fameuse estampe représentant la foire de Florence. Ce morceau intéressant et rare est esquissé à la plume et au bistre. E. L. in fol.

84. Le martyre de S. Laurent. Piece capitale dessinée à la plume; elle est connue par l'estampe gravée par *Callot* même. E. L. in 4to.

POUSSIN (Nicolas) naquit à Andely en Normandie en 1594, et mourut à Rome en 1665.

1. Un enfant effrayé, renversé sur le dos; à la sanguine. E. L. in 4to.

2. La Vierge transportée au ciel par les anges. Beau dessein de forme quarrée, fait à la plume, légerement lavé de bistre. In 4to. Il a été gravé par *Adam Bartsch*.

3. L'annonciation. Dieu le pere et nombre d'anges sont vers le haut du dessein. La S. Vierge est à genoux sur un coussin. Dessein d'un superbe effet, à la plume, lavé de bistre. E. L. in 4to.

4. Premiere idée pour une gloire d'anges, librement touchée à la plume et au bistre. E. L. in 4to.

5. L'esquisse d'une partie du Colisée; à la plume, lavée de bistre. E. H. in 4to.

6. Une étude de deux trones d'arbres, dont l'un est brisé par un coup de vent; vers le milieu l'autre partie penche à terre; artistement dessinée à la plume, lavé de bistre. E. H. in 4to.

7. L'étude faite d'un endroit sauvage. Sur le devant on voit un gros tronc d'arbre, qui occupe toute la hauteur du dessein; Il est tout à fait dans l'ombre, ce qui détache le reste du dessein pris d'après nature, et fait à la plume, lavé de bistre. E. H. in 4to.

8. Un grand chemin qui traverse un bois. Sur le devant à gauche on voit un vieux mur ruiné, et dans le fond deux petites figures. Belle esquisse à la plume et au bistre. E. L. in 4to.

9. Trois bouquets d'arbres rangés l'un au milieu des deux autres, entre les distances desquels on voit un lointain avec un ruisseau qui y serpente. Ce morceau est du même faire que le précédent. E. L. in 4to.

10. Paysage avec une riviere, qui regne à travers du dessein; sur le bord au delà sont beaucoup d'arbres, parmi lesquels on voit une maison; l'autre bord représente une ville; légerement esquissé à la plume et à l'encre de la Chine. E. L. in 4to.

11. Vue d'une partie de la ville de Rome prise de l'église appellée : *S. Pietro in vincoli*; à la plume et au bistre. E. L. in folio.

12. Vue de bâtimens antiques, tombés en ruines. Sur le devant un homme nu étendu à terre, à côté d'un vase posé sur un piedestal. Un autre homme courbé à terre semble ramasser de la terre, pour en couvrir l'autre, qui paroît mort. Superbe dessein à la plume et au bistre. E. L. in 4to.

13. Autre dessein semblable du même faire et de la même grandeur. On y voit des deux côtés un temple antique, et dans le fond une

porte de ville. Sur le devant à droite est une statue de femme placée sur un piedestal.

14. Un rocher rude, au haut duquel sont des arbustes; légerement esquissé au pinceau trempé dans bistre. E. H. in folio.

15. Paysage d'une vaste étendue, où est représenté le Tibre du côté de ponte mole. Sur le devant à gauche un petit arbre, et à droite deux troncs d'arbres, qui s'élevent jusqu'au haut du dessein, et dont on ne voit plus les couronnes; à la plume et au bistre. E. L. in 4to.

GELÉE (Claude) dit le Lorrain; naquit au château de Chamagne près de Toul en 1600, et mourut à Rome en 1682.

1. Paysage sur le bord de la mer, qu'on voit dans le fond avec une barque dessus. Tout à fait sur le bord est une fabrique de quelques maisons, et sur la terrasse de devant ornée d'arbres on voit deux hommes, l'un à genoux, l'autre assis.

2. Paysage, où sur le devant est un rocher avec quelques arbustes; dans le fond une petite ville sur le bord d'un étang.

Ces deux morceaux d'une même grandeur sont à la plume. E. L. in 4to.

3. Un bouquet d'arbres; à la plume, lavé de bistre; avec une petite figure sur le devant, faite à l'encre de la Chine. E. H. in fol.

4. Une petite terrasse avec trois petits arbres très feuillés; une piece d'eau derriere, et dans le fond des rochers. A la pierre noire et au bistre. E. H. in folio.

5. Un grouppe de rochers montant vers la droite, et au haut de l'endroit le plus élevé un vieux château. Deux figures pêchant sur le devant. Superbe dessein à la plume et au bistre. E. L. in folio.

DE LA HIRE (Laurent) naquit à Paris en 1606, et mourut dans la même ville en 1656.

1. Dalila coupant les cheveux à Samson. Joli dessein très terminé à la pierre noire lavé d'encre de la Chine, sur papier teint de bistre. E. H. in 4to.

Onze desseins de l'histoire de Marie de Médicis, reine de France, d'après les tableaux de Rubens peints dans la galérie du palais de Luxembourg à Paris; savoir:

2. Les Parques filent la vie de la reine.

3. Lucine met la jeune princesse, qui vient de naître, entre les mains de la ville de Florence.

4. Henri IV. délibére sur son mariage.

5. La reine debarque au port de Marseille.

6. La reine regarde avec plaisir le dauphin qu'elle vient de mettre au monde.

7. La reine se rend au pont de Cé.

8. Isabelle de Bourbon passe en Espagne pour y epouser Philippe IV. et Anne d'Autriche vient en France pour être l'épouse de Louis XIII.

9. La reine fait regner en France la félicité pendant le tems de sa régence.

10. Elle remet au roi son fils le gouvernement du royaume.

11. Louis XIII. et la reine sa mere confirmant leur paix dans le ciel.

12. Le tems découvre la vérité.

Tous ces desseins d'une hauteur égale sont à la pierre noire, légerement lavés de bistre. E. H. in folio.

BOULLONGNE (Louis) le pere, de Paris; naquit en 1609, et mourut en 1674.

1. Mercure remettant le jeune Bacchus aux Nymphes de Nysa. Beau dessein fait avec bien de l'esprit à la pierre noire. E. L. in fol.

MIGNARD (Pierre) dit le Romain; naquit à Troyes en Champagne en 1610, et mourut à Paris en 1695.

1. Le portrait de Molière, ami du peintre; il est assis dans un fauteuil. Ce beau dessein est à la pierre noire, rehaussé de blanc sur papier gris. E. H. in 4to.

2. Le Christ en croix; S. Jean, la S. Vierge, la Magdelaine et les autres S. femmes sont assemblés autour dans différentes attitudes de douleur; très heurté et griffonné à la plume. E. H. in 8vo.

3. L'annonciation, artistement croquée à la plume. De forme quarrée in 4to.

4. Le petit S. Jean Baptiste au désert, assis contre un arbre, duquel pend un serpent. De l'autre côté est une croix plantée sur une butte de terre. Esquisse légere à la sanguine quelque peu lavée de bistre. E. H. in 8vo.

5. Porus vaincu amené devant Alexandre, et suivi d'autres prisonniers. Plusieurs guerriers entourent Alexandre. Dans le lointain on voit encore quelques combattans. Petit dessein à la sanguine, le devant légerement lavé au bistre. E. L. in 4to.

6. Apollon assis sur des nues; et plus bas Phaéton porté par sa mere, à demander le dieu, de le rassurer sur sa naissance contre les doutes d'Epaphus. Ce dessein d'un fort bel effet, est à la sanguine, lavé de bistre. E. H. in 4to.

7. Apollon voltigeant dans les airs. Plus bas sur des nues, Uranie couronnée de laurier, et tenant un flambeau à la main. Elle est ailée, et mesure le globe; à côté d'elle un génie assis tient des branches d'olivier. Dans le fond on voit le temple du Soleil.

Ces deux desseins d'une même grandeur ont été faits pour des peintures de la galerie d'Apollon à S. Cloud.

8. Ce dessein capital et très terminé représente la vengeance de Latone assise sur le bord d'un étang. Elle tient ses deux jumeaux, Apollon et Diane. Jupiter paroît sur des nuages, dans le haut du dessein; Latone le prie, de la venger des paysans de Lycie qui coupant des joncs, l'empêchoient de se désaltérer. L'un d'eux est déjà métamorphosé en grenouille. Sur le devant du tableau on en voit un couché, et dans un petit éloignement, un jeune homme à côté d'une jeune fille jouant du chalumeau. Dans le lointain deux autres paysans emportent des roseaux. Le fond est un paysage. Ce dessein d'une forme irréguliere, parcequ'il est le haut d'un trumeau, est du même faire, que les deux précédens, et pour la même galerie; mais il est plus fini. E. L. in folio.

9. Diane au bain avec ses Nymphes; composition de neuf figures principales. Le fond est un paysage montagneux, où l'on voit son char attelé de deux cerfs. Ce beau dessein à la sanguine, retouché quelque peu à la pierre noire, est de forme ovale, sur papier gris. E. L. in folio.

10. Le martyre de S. Denis. Les autels, les prêtres, les bourreaux, sont renversés par la foudre lancée du ciel. Le saint marche,

portant sa tête à la main. Le peuple fuit de toutes parts, et les vrais croyans rendent grace à dieu. Ce dessein très heurté à la plume et au bistre, et rehaussé de blanc, est d'un grand effet par sa riche composition. E. L. in folio.

11. S. famille. La Vierge assise au milieu du dessein a sur ses genoux l'enfant Jesus qui donne la bénédiction à S. Jean à genoux devant lui. Derriere ce saint on voit S. Elisabeth pareillement à genoux, et vers la gauche S. Joseph debout derriere la berce les regarde. Le haut du dessein est occupé par une gloire d'anges. Ce morceau est esquissé à la sanguine, terminé à la plume, lavé de bistre et rehaussé de blanc, sur papier jeaunâtre. E. H. in 4to.

12. Apollon poursuivant Daphné, qui est metamorphosée en un laurier. Joli croquis à la plume et au bistre. E. L. in 8vo.

13. S. famille. La S. vierge, un genou en terre, arrangeant quelque chose dans la berce, a sur l'autre genoux l'enfant Jesus qui, caresse S. Jean placé derriere. S. Joseph assis vers la droite, un livre entre les mains, regarde les deux petits. Belle esquisse faite avec esprit et grace, à la plume et au bistre. E. L. in 4to.

14. Piece allégorique représentant une salle d'Académie. La peinture, sous la figure d'une jeune femme accompagnée de Pallas, et suivie d'un génie, qui porte le portrait de

quelque célebre artiste mort, s'approche de la vérité, qui est debout sur l'estrade, où l'on a coutume de poser le modele, ayant à côté d'elle le tems et deux autres figures; derriere on voit l'envie, qui se cache. Autour de l'estrade plusieurs génies occupés à dessiner, paroissent être frappés d'une vive douleur par l'aspect du portrait de l'artiste dont on vient leur annoncer la mort. Ce morceau est légerement esquissé à la plume, lavé de bistre, et rehaussé de blanc, sur papier jeaunâtre. E. L. in 4to.

15. Une assemblée des dieux de l'Olympe; dessinée d'une plume hardie. Il y a autour un cadre à l'encre rouge, orné de sculpture, en quatre différentes manieres. E. H. in fol.

BOURDON (Sebastien) naquit à Montpellier en 1616, et mourut à Rome en 1671.

1. L'entrée d'une princesse dans une ville. Elle est assise dans un char triomphal trainé par deux cheveaux; elle seche de la main gauche ses larmes, qu'elle semble verser sur un vase cinéraire placé à sa droite. Son char est entouré d'une foule de peuple. Dessein capital sur papier grisâtre, fait à la pierre noire, lavé au bistre, et rehaussé de blanc. E. L. in folio.

2. La France sous la figure d'une femme, la tête couronnée, ayant pénétré dans le temple de mémoire, malgré le tems, qui est renversé à ses pieds, donne à la divinité, qui y est honorée, le livre, où sont écrites les actions des grands hommes, qui l'ont illustrée. Elle est accompagnée d'une femme, qui peut être la vérité, où l'histoire. La porte du temple est défendue par un soldat. La renommée est en l'air prête à publier ce qu'elle vient de voir et d'entendre. Ce dessein d'un grand goût est croqué à la mine de plomb, et lavé par parties à l'encre de la Chine. E. H. in fol.

LE SUEUR (Eustache) né à Paris en 1617, et mort dans la même ville en 1655.

1. L'intérieur d'une chambre, où l'on voit deux jeunes religieux à genoux, au pied d'un autel, sur lequel est une croix et une tête de mort. Hors la cellule on voit trois soldats qui ont l'air de venir, pour assassiner les deux religieux. Ce beau dessein est à la mine de plomb. E. H. in fol.

2. Etude pour une figure drapée d'un homme, qui a un genou en terre; la tête et une main sont esquissées séparément. E. H. in fol.

3. Figure drapée d'un jeune homme à genoux; il a son manteau attaché sur la poitrine avec une agraffe. E. H. in fol.

Ces deux beaux desseins sont faits à la pierre noire, et rehaussés de blanc, sur papier gris.

4. Le martyre de S. Pierre. Il est représenté debout; derriere lui un bourreau le prend par l'épaule. De l'autre côté un homme est occupé à faire des trous à la croix, pour y enfoncer les cious. Dans le fond on voit deux soldats à pied, et un à cheval. E. H. in folio.

5. Le martyre de S. Paul. Il est debout, et habillé comme S. Pierre dans le dessein précédent, duquel celui-ci est le pendant. Un bourreau arrange des cordes à terre, pendant qu'un autre tire son sabre. Derriere un homme à cheval leur donne des ordres, et plus en arriere encore est une figure de soldat.

Ces deux desseins d'une grande beauté sont très arrêtés à la sanguine.

6. Un homme vêtu d'une robe, marchant vers la droite; dessein fort spirituel à la pierre noire, rehaussé de blanc, sur papier gris. E. H. in fol.

LE PAUTRE (Jean) naquit à Paris en 1617, et mourut dans la même ville en 1682.

1. Une bataille de cavaliers, dans un encadrement rond formé de feuilles de chêne, et surmonté d'un écusson, où est représentée la justice. Dans les angles d'en haut des gé-

nies sonnent de la trompette. Au bas on voit des trophées d'armes et deux esclaves; fait avec soin à l'encre de la Chine au pinceau. E. H. in folio.

2. Un vase, dont le couvercle est orné d'un triomphe de Cupidon, qui est représenté monté sur un lion. Esquisse faite à la plume lavée de bistre. E. L. in 4to.

LE BRUN (Charles) naquit à Paris en 1619, et mourut dans la même ville en 1690.

1. Projet d'une fontaine représentant Eole au milieu d'un rocher parsemé de têtes, qui souflent de l'eau de toutes parts. Joli dessein à la pierre noire, lavé d'encre de la Chine. De forme quarrée in folio.

2. Apollon debout auprès d'un buste, dont il écarte les nuages, qui l'entourent. Au bas du piedestal du buste, la France représentée sous la figure d'une femme, fait voir le serpent de l'envie, n'osant se remuer sous les pieds d'Apollon. Esquissé à la pierre noire, légerement lavé d'encre de la Chine, sur papier bleu. E. H. in 4to.

3. Un ange à mi-corps, les mains croisées sur la poitrine. Superbe dessein à la sanguine, sur papier gris. E. L. in 4to.

4. Plafond représentant une allégorie. Trois jeunes femmes habillées à la Romaine, et couchées entre un lion et une lionne. L'une d'el-

les assise sur une rame, tient d'une main une harpe, et de l'autre une épée. Aux deux coins du dessein, et de hors le plafond, on voit une figure de femme, et une d'homme couchées. Ce dessein est à la pierre noire, légerement lavé de bistre, sur papier jeaunâtre. E. L. in folio.

CHAUVEAU (François) naquit en 1620, et mourut à Paris en 1675.

1. Repos en Egypte. La vierge, au milieu du dessein, a sur ses genoux l'enfant Jesus, qui étend ses mains vers le petit S. Jean, lequel est à genoux devant lui. Vers la droite S. Joseph assis regarde deux anges, qui voltigent en l'air, et arrangent des guirlandes. Très joli dessein à la plume, lavé de bistre. E. L. in 4to.

2. Deux cavaliers montés à côté l'un de l'autre sur des chevaux magnifiquement harnachés. Ce dessein est fait à la plume, lavé d'encre de la Chine. E. H. in 4to. On en trouve l'estampe dans un ouvrage de trente pieces dessinées et gravées par *F. Chauveau*, où sont représentées les cinq quadrilles d'un carousel fait par Louis XIV.

COURTOIS (Jacques) dit Bourguignon; naquit à S. Hypolite en Franche comté en 1621, et mourut à Rome en 1676.

1. Une attaque de cavalerie, à l'entrée d'une ville, dont on voit la porte dans le fond. Sur le devant un cavalier tombé à terre avec son cheval, semble demander quartier à un autre, qui le couche en joue avec son pistolet. On voit par terre plusieurs corps morts; à la plume, lavé de bistre. E. L. in 4to.

2. Esquisse légere d'une escarmouche entre quelques cavaliers; à la pierre noire, sur papier brun. E. L. in 8vo.

SYLVESTRE (Israel) naquit à Nancy en 1621, et mourut à Paris en 1691.

1. Vue de la ville et du château de Sarbruck, ornée de figures et d'animaux; à la plume et lavé d'encre de la Chine. E. L. in folio.

POILLY (N. I. B.) graveur, naquit à Abbeville en 1626, et mourut à Paris en 1696.

1. La tente de Darius, d'après le fameux tableau de *le Brun*, et connu par l'estampe d'*Edelink*. Ce précieux morceau est lavé à l'encre de la Chine, quelque peu rehaussé de

blanc. On ne peut rien voir de plus fini, et l'encre de la Chine travaillée avec plus de perfection. E. L. très grand format.

COURTOIS (Guillaume) dit Bourguignon frere de Jacques Courtois; naquit à S. Hypolite en 1628, et mourut à Rome en 1679.

1. Le martyre de S. André. Un bourreau sur une échelle, et un autre au bas, sont occupés à le lier sur une croix. Un ange lui tient une couronne sur la tête. Sur le devant à gauche une femme est assise au pied de la croix, avec un enfant sur les genoux. Dans le lointain on voit plusieurs figures legerement esquissées. Ce superbe dessein plein d'esprit est au crayon rouge et noir, lavé de bistre et d'encre de la Chine. Il a été gravé à l'eau-forte par *Adam Bartsch*. E. H. in folio.

BELLANGE (Jacques) peintre et graveur Lorrain, florissoit vers 1660.

1. Un ange voltigeant en l'air, et tenant d'une main une couronne de fleurs, et de l'autre un chapelet; à la plume, lavé de bistre E. L. in 8vo.

2. Jesus mort sur les genoux de la S. Vier-

ge, qui par ses gestes exprime sa douleur; à la plume, E. H. in folio.

COCHIN (Nicolas) dessinateur et graveur à l'eau forte, de Troye en Champagne, florissoit à Paris vers l'an 1670.

1. Beau dessein du fameux tableau de *Paul Veronese*, représentant les nôces de Cana en Galilée, peint à Venise dans le reféctoire du monastere S. Giorgio maggiore; à la plume, lavé d'encre de la Chine. E. L. in fol.

AUDRAN (Gérard) naquit à Lyon en 1640, et mourut à Paris en 1703.

1. Le passage de la mer rouge, d'après le fameux tableau de *Nicolas Poussin*, et connu par une estampe gravée sous la direction de *Gantrel.* Cette piece capitale est d'une correction et d'un fini admirables. Les contours presque imperceptibles, les hachures fines et réunies par des pointillages, et ensuite lavées au pinceau à la sanguine, et rehaussées avec soin et finesse, rendent ce dessein aussi terminé qu'une miniature, et lui donnent un effet extrêmement brillant. Il est sur papier jeaunâtre. E. L. très grand in folio.

DE LA FOSSE (Charles) élève de le Brun, naquit à Paris en 1640, et mourut dans la même ville en 1716.

1. Moïse frappant le rocher. Sujet composé de quinze figures; à la sanguine, lavé de bistre. E. L. in 4to.

2. Académie d'un homme couché sur le côté, et dormant; plus bas l'étude d'une de ses jambes. Beau dessein à la sanguine sur papier gris. E. L. in folio.

CORNELLE (Michel) le fils, naquit à Paris en 1642, et mourut dans la même ville en 1708.

1. Apollon faisant écorcher Marsias. Très beau dessein à la plume, rehaussé de blanc, sur papier brun. E. L. in 4to.

PARROCEL (Joseph) naquit à Brignole en Provence en 1648, et mourut à Paris en 1704.

1. Un cavalier dans le costume du tems, montant à cheval, sa carabine pendue au crochet, et le sabre à la main. Ce dessein fait avec esprit est à la pierre noire, rehaussé d'un peu de blanc, sur papier bleu. E. L. in folio.

BOULLONGNE (Bon) naquit à Paris en 1649, et mourut dans la même ville en 1717.

1. Junon descendant du ciel sur des nues, pour exciter Neptune contre Enée. Neptune est représenté comme un fleuve, assis à côté d'Amphitrite. Superbe dessein fait à la pierre noire, lavé de bistre et d'encre de la Chine. E. L. in folio.

VERDIER (François) élève de le Brun, naquit à Paris en 1651, et mourut dans la même ville en 1730.

1. Hercule enlevant les pommes d'or du jardin des Hespérides. Beau dessein à la sanguine, rehaussé de blanc, sur papier gris. E. L. in fol.

2. Le même sujet traité différemment; dans le même genre, et du même format.

LA FAGE (Raymond) né à l'Isle en Languedoc en 1654, et mort à Rome en 1684.

1. Dieu le pere porté en l'air par des anges. Dessein très spirituel à la plume. E. L. in 4to. Il a été gravé par *A. Bartsch*.

2. Eve présentant la pomme de la main gauche à Adam, et en recevant de la droite

une seconde, que lui donne le serpent, dont le haut du corps est celui d'une femme. A l'entour d'eux on voit un nombre d'animaux. Croqué à la plume. E. H. in 4to.

3. Agar désolée de voir son fils Ismaël mourir de soif, est rassurée par un ange, qui lui indique l'endroit, où elle peut le soulager. Croqué d'une plume grasse. E. H. in folio.

4. La décollation de S. Jean. Le corps mort est étendu aux pieds du bourreau, qui est vu par le dos, donnant la tête à Hérodiade, qui la fait mettre sur un plat, que tient sa servante. Au revers se voient différens griffonnages; à la plume. E. H. in 4to.

5. Le triomphe de la religion chrétienne; piece allégorique représentant S. Pierre entre deux matrones, dont l'une porte la croix, l'autre le modele d'une église, les quelles marchent d'un pied ferme par dessus l'hérésie représentée par un homme terrassé et chargé de fers. Vers la gauche dans le fond l'ange gardien empéche un enfant de tomber dans l'abime. Belle esquisse à la plume. E. H. in fol. Elle a été gravée par *A. Bartsch*.

6. Laocoon et ses deux fils étranglés par des serpens. Outre ces trois figures principales on voit encore vers la droite une statue de Neptune sur un piedestal, et dans le lointain cinq différentes figures, qui expriment leur

frayeur. Ce dessein le plus précieux et le plus capital de ce maître dans cette collection, tant pour le fini, que pour la sagesse de l'ordonnance, le beau caractere des têtes et l'expression de chaque figure, est fait à la plume, et légerement lavé d'encre de la Chine. E. L. in fol. Il a été gravé par *J. T. Frestel.*

7. Feuille d'étude de trois hommes nus; l'un en est représenté de bout, et le troisieme plus grand, que les deux premiers, est assis sur des dégrés, et vû de profil; légerement croqué à la plume. E. H. in 4to.

8. L'éducation de Bacchus. Il est assis, et on lui verse du vin dans la bouche avec une corne. Les Satyres, les Bacchantes et les Faunes dansent à l'entour. Dessein en forme de frise, fait à la plume, lavé d'encre de la Chine.

9. Pendant du dessein précédent, ou est représentée une partie de la suite de Bacchus à son retour de l'Inde. On voit des éléphans portant des vases; ils sont précédés d'un enfant, qui conduit deux leopards; et dans le fond on apperçoit un temple.

10. Bacchanales où l'on voit sur le devant un grouppe de Bacchantes et de Satyres, qui dansent au son d'un instrument à vent. Vers la droite une femme et un Satyre, assis sur une butte de terre, se font l'amour. Dessein

capital à la plume, lavé quelque peu de bistre. E. L. in folio.

11. S. Jean prêchant dans le désert; à la plume. E. H. in folio.

12—16. Cinq basreliefs dessinés par *Ertinger* d'après *la Fage*, deux desquels sont les copies des Nro. 8 et 9. Ils sont à la plume, lavés d'encre de la Chine. E. L. in folio.

17. Le baptême de Jesus Christ dans le Jourdain. Esquisse fort légere à la plume. E. H. in fol.

18. Le pere éternel vu de face, étendant les bras; à mi-corps. La tête est très terminée à l'encre de la Chine, le reste est griffonné à la plume. E. L. in 4to.

DE DIEU (Antoine) né en Bourgogne en 1654, florissoit à Paris vers 1710.

1. Un camp de croisés. Sur le devant on voit dans une tente, un malade tenu par un homme; et faisant des efforts, pour se lever; à côté un guerrier enveloppé dans un monteau, qui lui revient par devant. Celui-ci invoque la S. Trinité, qu'on voit sur des nuages au haut du dessein. Un écuyer porte sa lance et son bouclier, et un page à genoux lui présente quelque chose sur un plat; derriere d'autres soldats portent l'étendart de la foi. Ce dessein est à la sanguine, lavé d'encre de la Chine. E. H. in 4to.

BOULLONGNE (Louis de) le fils; naquit à Paris en 1654, et mourut dans la même ville en 1733.

1. L'ange annonçant la résurrection de notre Seigneur aux saintes femmes, qui viennent l'embaumer. Les soldats effrayés s'enfuient de toutes parts. Ce superbe dessein d'un effet très piquant, est à la pierre noire, lavé et rehaussé de blanc, sur papier gris. E. H. in folio.

VIVIEN (Joseph) naquit à Lyon en 1657, et mourut à Bonne en 1735.

1. Portrait à mi-corps du cardinal Armand duc de Richelieu; dessiné aux trois crayons, sur papier gris. E. H. in fol.

BOITARD (François) né en 1670.

1. Paysage richement orné d'arbres, de fabriques et de figures, fait à la plume. Un Satyre, la tête et les épaules couvertes d'une draperie, qui pend jusqu'à terre, brule de l'encens devant une statue de Priape: il est assisté par une jeune fille à genoux. A côté on voit couché sous un arbre, un homme et une jeune femme. Plus loin deux hommes buvant à une fontaine. Le lointain représente une ville ornée de pyramides et de temples entourés de murailles. E. L. grand in folio.

OPPENORD (Gilles Marie) Architecte de Paris, né en 1672, et mort en 1742.

1. Projet d'une fontaine. On y voit la statue d'un fleuve, sur un piedestal placé sous un arc, à côté duquel est la statue de Diane. Hardiment dessiné d'une plume très exercée. E. H. in fol.

PICART (Bernard) naquit à Paris en 1673, et mourut à Amsterdam en 1733.

1. Flore et Zéphire. La déesse couchée sur des nues dort; Zéphire la découvre d'une main, et avertit de l'autre les petits Zéphirs, de contenir leur haleine; à la sanguine; in 4to.
2. Pygmalion travaillant à sa statue. Un Amour armé de son carquois, et un autre avec un flambeau, accourent pour l'animer; d'autres à l'entour admirent ce prodige de l'art; à la sanguine. E. L. in 4to.
3. Une déesse couchée sur des nues dans les flammes de la foudre, dont l'aigle de Jupiter assis près d'elle, est armé.
4. Jupiter faisant l'amour à Danaé, sous la forme d'une pluie d'or.
5. Le même sujet traité différemment. On y voit à gauche sur le devant une vieille femme, qui recueille la pluie d'or.

6. Jupiter et Antiope. Il est assis près d'elle sous la forme d'un Satyre. Son aigle est à côté. Dans un paysage.

Ces quatre desseins d'une même grandeur sont croqués à la sanguine. E. L. in 4to.

7. Basrelief antique. Deux Centaures conduisant un char, sur lequel est Bacchus, qui s'appuye sur un vieux Faune. Il regarde derriere lui une chevre amenée pour victime par un enfant à deux sacrificateurs. On voit encore derriere deux figures de Centaures. Ce dessein est très arrêté à la sanguine. E. L. in folio.

8. L'intérieur d'un palais, où une jeune femme, montrant vers la porte, parle à une vieille matrone assise sur un dégré entre deux colonnes.

9. Hercule sur son bucher allumé par Philoctéte, qui détourne la tête.

10. Le Triomphe d'Hercule.

11. Amalthée assise à terre, tenant la corne d'abondance, que trois autres Nymphes remplissent de fleurs et de fruits; dans un joli paysage, au fond duquel on voit un fleuve couronné par deux autres Nymphes.

Ces quatre fort jolis desseins sont esquissés à la sanguine, soigneusement finis à la plume, et lavés d'encre de la Chine. Ils sont d'une même grandeur. E. H. in 8vo.

12. L'extrême onction, composition de neuf figures, dessinée pour son ouvrage, intitulé:

Cérémonies et coûtumes religieuses de tous les peuples du monde. Beau dessein à la sanguine, les expressions données avec quelques coups de plume, et lavé d'encre de la Chine. E. L. in 4to.

13. Frontispice de livre représentant une grande feuille de papier, que deux génies voltigeant en l'air soutiennent par les deux bouts du haut. Vers le bas est le dessein d'un cul de lampe, représentant Bellone placée debout au milieu de trophées, et armée d'un bouclier et d'un sabre. Ce beau dessein très fini est fait à la plume, lavé d'encre de la Chine. E. H. in 4to.

14—19. Six différens desseins de buffets ornés de guirlandes, de fleurs et de chandeliers. Ils sont très finis à la plume, et lavés d'encre de la Chine. E. L. in 4to.

20. Les nôces de Cana. Grande composition inventée et dessinée par Picart en 1715. Elle est de près de cinquante figures. Le festin se donne dans une salle ouverte et ornée de guirlandes. Le fond est un paysage. Ce dessein capital très terminé à l'encre de la Chine, a été acheté à une vente 200 liv. E. L. in folio.

21. La mort de Méléagre; grand dessein à la sanguine, composé de dix figures principales d'après un tableau de *le Brun*. La maniere seche et lechée, dont ce dessein est exécutée, fait croire, qu'il est des commencemens de *Picart*. E. L. très grand in folio.

FRANCOISE. 359

SILVESTRE (Louis) naquit à Paris en 1675, et mourut dans la même ville en 1760.

1. L'enlevement d'Europe. Fort joli dessein légerement fait à la pierre noire, quelque peu lavé d'encre de la Chine, sur papier gris. E. L. in fol.

PESNE (Antoine) né à Paris en 1680, et mort à Berlin en 1757.

1. Buste de vieille, ayant la tête couverte d'un bonnet; légerement esquissé à la pierre noire, et rehaussé de blanc, sur papier bleu. E. H. in 8vo.

2. Un Enfant nu de grandeur naturelle vu jusqu'aux genoux. Il est assis, et tient les deux mains croisées sur ses jambes. Piece capitale de la plus grande beauté, dessinée et estompée à la pierre noire, sur papier bleu, et rehaussé de blanc. L'exactitude des contours, le gras de la chair, l'expression et l'air gracieux de la tête élevent ce dessein à la dignité d'un vrai chef-d'oeuvre de l'art. E. H. très grand in fol.

WATTEAU (Antoine) naquit à Valenciennes en 1684, et mourut à Paris en 1721.

1. Joli dessein à la sanguine, d'un gueux qui demande l'aumone. E. H. in 8vo.

2. Autre semblable d'un courtisan à genoux, supposé aux pieds de sa maîtresse. E. H. in 8vo.

PARROCEL (Charles) naquit à Paris en 1688, et mourut dans la même ville, en 1752.

1 — 2. Deux études d'escarmouches entre des cavaliers. Superbes esquisses faites d'une plume hardie et spirituelle, légerement lavées d'encre de la Chine. E. L. in folio.

3. Un soldat debout, ayant la main droite étendue devant lui, et parlant à un de ses camarades, qui est couché à terre, à côté de lui.

4. Un homme pansant un soldat blessé, qu'un autre, placé derriere lui, soutient sous les aisselles.

Ces deux beaux morceaux sont esquissés à la sanguine. Ils sont d'une grandeur égale. E. H. in 4to.

5. Une troupe de cavalerie poursuivant de la cavalerie ennemie. Sur le devant un escadron de cuirassiers, qui se rallie au son de deux trompettes. Beau dessein à la plume et au bistre. E. L. in folio.

6. Etude d'un trompette de cavalerie, supposé assis à cheval. Il n'est vu que jusqu'

aux genoux; hardiment esquissée à la pierre noire, et estompée sur papier gris. In 4to.

7. Quelques Turcs chassant des tigres; dessein à la sanguine, dont nous avons une estampe gravée par *Louis Desplaces*. E. H. in folio.

GRAVELOT (Henri François) naquit à Paris en 1699, et mourut dans la même ville en 1773.

1. L'ascension de Jesus Christ, lequel occupe le milieu du dessein, et est entouré d'anges. Il a la tête baissée et regarde la sainte vierge et les douze apôtres, qui les uns à genoux, les autres debout, expriment leur surprise et leur admiration; à la plume, lavé d'encre de la Chine. E. H. in folio.

ROETTIERS (François) florissoit en 1730.

1. Sujet allégorique représentant vers la gauche un jeune homme nu, faisant voir différentes figures géometriques tracées sur la terre; derriere lui est un vieillard enveloppé dans son manteau. A droite sont quatre hommes en différentes attitudes, qui causent ensemble, et dont l'un à genoux tient une planche. Plus loin au milieu du dessein un grouppe de cinq autres hommes nus s'entr'aidant

pour ériger un Therme. Le fond est un paysage montagneux; à la plume, lavé de bistre. E. H. in folio.

2. Triomphe pour honorer la mémoire d'un héros. On voit un char à quatre roues, attelé de huit chevaux, marchant quatre à quatre. Au plus haut du char, sur un piedestal entouné de trophées d'armes, est le buste du héros couronné de lauriers. Derriere lui est la renommée sonnant de la trompette, et tenant une couronne au dessus de sa tête. Au bas, sur le même char, sont assis les quatre parties du monde. A côté des roues on voit deux jeunes garçons portant son bouclier, son casque et son sabre. Des génies couronnés de lauriers, et portant des étendarts et des drapeaux, sont assis sur les chevaux attelés au char; à côté marchent des licteurs, un génie portant l'écuson des armes du héros et des branches de laurier, deux hommes nus, une massue en mains, enfin des soldats portant des trophées. La renommée précède à cheval, sonnant la trompette. Ce beau morceau est dessiné à la plume, et lavé de bistre. Il est un des plus grands de cette collection. E. L. très grand in folio.

NATOIRE (Charles) naquit à Nismes en 1700, et mourut à Rome en 1775.

1. L'enlevement d'Europe. Ses compagnes

effrayées la voient partir avec regret. Elle est assise sur le taureau, qu'elle tient par une corne, et qui est conduit et précédé de trois Amours. Il s'élance dans l'eau à la vue de quelques divinités marines, dont plusieurs se rangent, pour le laisser passer.

2. Bacchus à son retour des Indes, venant consoler Ariadne. Elle est sur un lit, sur le bord de la mer, et entourée de Faunes et de Bacchantes.

3. Vénus sur son char, accompagnée des trois Graces. Elle vient demander à Vulcain des armes pour Enée.

4. Une femme à genoux, présentant quelque chose des deux mains à Apollon. Derriere elle un Amour se cache d'un masque. Des Satyres, un fleuve et deux Nayades regardent attentivement Apollon, qui étend son bras vers elle.

5. Hercule enlevant les pommes du jardin des Hespérides, qui remplissent une corne d'abondance. Le fleuve, qui en défendoit l'entrée, fait voir les marques du désespoir.

6. Hercule chassant les oiseaux du lac Stymphale en Arcadie. Minerve dans les airs l'accompagne. Les Faunes et les Nayades se réjouissent du succès; trois de ces dernieres encore effrayées se cachent derriere des arbres.

Ces six superbes desseins sont faits à la pierre noire, lavés d'encre de la Chine, et rehaussés de blanc, sur papier gris. E. L. in folio.

7. Jesus Christ rendant la vie à la fille de Jaïre; il est représenté dans le moment, où prenant la fille par la main, il lui dit: *ma fille, levez vous*. La figure du Christ est rendue avec beaucoup de noblesse, dans ce beau dessein fait d'une maniere déterminée à la sanguine, estompé et rehaussé de blanc, sur papier gris. E. H. in 4to.

Quatre sujets pour l'histoire d'une sainte, en quatre superbes morceaux artistement inventés et dessinés à la pierre noire, lavés d'encre de la Chine, et rehaussés de blanc, sur papier bleu. Les sujets sont:

8. Un homme suivi de trois de ses valets sortant de l'intérieur d'un palais dans un vestibule, et saluant une sainte, qui vient à sa rencontre, étant suivie de deux femmes.

9. La même sainte à genoux devant le Sauveur, qui lui apparoît sur des nues, dans une gloire d'anges. Derriere la sainte on voit deux soldats à pied, et un à cheval, qui sont frappés par l'apparition, ainsi qu'un quatrieme soldat sur le devant, qui se prosterne.

10. Trois bourreaux conduisant hors de la ville une reine au supplice. Elle se retourne pour écouter les exhortations de la sainte ci-dessus mentionnée, qui marche derriere elle. Elles sont suivies d'un grand nombre d'autres femmes, qui pleurent et lamentent. Un

ange voltigeant au dessus de la reine et de la sainte semble les consoler.

11. Des bourreaux occupés à emporter le corps de la même sainte, qu'ils viennent de décoller. On en voit un, qui tient la tête de la sainte sur un plat. Plusieurs femmes autour expriment leur douleur.

Ces quatre morceaux sont d'une grandeur égale. E. L. in 4to.

12. Jesus Christ dans le désert, entouré de plusieurs anges, qui lui apportent de la nourriture. Ce superbe dessein est du même faire que les quatre précédens, et de la même grandeur.

13. Un vieillard mourant. Il est au lit, et prie les mains jointes. Un homme debout à côté de lui semble l'exhorter. Deux femmes dont une est assise aux pieds du lit, essuient leurs larmes. Beau dessein à la pierre noire, lavé d'encre de la Chine, et rehaussé de blanc, sur papier gris. E. L. in 4to.

14. Figure académique d'un Jupiter supposé lançant un coup de foudre. E. H. in 8vo

15. Autre d'un homme assis vu de profil, tenant une main sur la poitrine, et laissant pendre l'autre sur ses jambes. De forme quarrée, in 8vo.

Ces deux desseins sont esquissés à la plume, et légèrement lavés à l'encre de la Chine.

BOUCHER (François) naquit à Paris en 1704, et mourut dans la même ville en 1770.

1. Jesus Christ à table avec ses disciples. Beau dessein à la plume. E. L. in folio.

2. Trois Amours assis ensemble au pied d'un arbre; l'un d'eux joue avec un pigeon; les deux autres se disputent pour une pomme; aux trois crayons, sur papier gris. E. H. in folio.

VANLOO (Charles André) naquit à Nice en 1705, et mourut à Paris en 1765.

1. Projet d'un Mausolé. On y voit un cercueil placé sur un piedestal. Deux femmes ailées, dont l'une est assise au haut du cercueil, et l'autre debout auprès, soutiennent deux bustes en basrelief.

De deux autres femmes assises au bas du cercueil, celle placée vers le milieu tient un troisieme buste. Ce superbe dessein est touché avec la légereté, et l'esprit ordinaire à ce grand maître. Il est fait à la plume, et lavé de bistre. E. H. in fol.

2. Autre projet semblable et dessiné de la même maniere. On y voit sur un grand piedestal un magnifique cercueil, aux deux côtés duquel est assis un lion. La justice et la vérité assises sur le cercueil, soutiennent

deux bustes en médaillon. Au bas sont trois génies, tenant l'un le faisceau, l'autre une épée, et le troisieme une lance. La renommée sonnant de la trompette voltige au dessus du cercueil; et derriere elle s'éleve une grande pyramide, au bout de laquelle est un vase. E. H. très grand in folio.

3. Fort beau dessein du même faire, représentant la vierge assise, ayant sur ses genoux l'enfant Jesus. E. H. in folio.

PIERRE (Jean Bapt. Marie) professeur à l'académie de Paris depuis 1748.

1. Une académie d'homme debout, un genou plié en avant, et tenant de la main gauche une corde pendue au plancher. Beau dessein à la sanguine, et très terminé. E. H. in folio.

EISEN (François) florissoit à Paris vers 1750.

1. Trois hommes et deux dames en masque, dans une loge de théâtre. Esquisse à la sanguine. E. L. in folio.

CHÉNU (Pierre) peintre et graveur moderne, travailla à Paris vers 1750.

1. L'intérieur d'une chambre, dans laquelle on voit une femme assise près d'un grand

lit, où est couché un petit enfant. Trois autres enfans sont auprès d'une cheminée.

2. Des blanchisseuses. L'une lave dans une petite riviere traversée par un pont; et une autre met le linge dans un panier, qui est tenu par un homme.

Ces deux beaux desseins sont à la sanguine, avec quelques touches à la pierre noire. E. H. in 4to.

DE LA RUE (Louis Félix) sculpteur, naquit à Paris en 1720, et mourut dans la même ville en 1765.

1. Esquisse fort légere d'un basrelief représentant onze figures de femmes nues, dont le unes nagent dans l'eau, et les autres sont couchées sur le bord; à la plume, lavé de bistre. E. L. in fol.

2. Des Nymphes dansant au son des chalumaux joués par deux Satyres.

3. Le pendant de ce dessein représentant un sujet semblable.

Ces deux jolis morceaux sont à la plume, lavés de bistre. E. H. in 4to.

EISEN (Charles) florissoit à Paris vers 1770.

1. Deux têtes de vieillards vues de profil; joliment esquissées à la plume, légerement lavées à l'encre de la Chine. E. L. in 4to.

2. Un vieux paysan assis à côté d'un tonneau.

3. Une femme assise donnant le sein à un enfant.

4. Deux hommes assis sur une motte de terre; derriere eux un troisieme couché sur le ventre.

5. Un jeune paysan monté sur un âne chargé.

Ces quatre morceaux sont joliment esquissés à la mine de plomb. E. H. in 8vo.

LE BAS (Jacques Philippe) flor. à Paris vers 1770.

1. Un groupe de trois jeunes bergers et de trois bergeres assis ensemble dans un bosquet. Très joli morceau dessiné et lavé à la sanguine avec beaucoup de légèreté et de grace. E. L. in 4to.

LE PRINCE (Jean Baptiste) François, passa quelques années en Russie, travailla à Paris, et mourut à Londres vers l'an 1782.

1. Petit dessein à la plume, lavé de bistre, représentant vers la gauche un pope Russe accompagné d'un paysan; on voit plusieurs autres paysans vers la droite, assis à une table près d'un cabaret, devant lequel

passe un chariot, où est assis une femme. E. L. in 4to.

CASANOVA (François) naquit à Londres en 1730, de parens Venitiens. Disciple de François Simonini; vit encore à Vienne en Autriche.

1. Bataille. L'on y distingue au milieu du dessein un cavalier armé de toutes pieces, qui ayant saisi son ennemi par le bras, le renverse de son cheval, et va lui enfoncer son poignard; dessiné à la plume, et lavé à la sanguine et au bistre. E. H. in folio. Les desseins de ce célèbre artiste sont tous très précieux et fort rares.

2. Un grouppe de soldats, femmes et enfans, qui se reposent auprès des rochers. Il y en a un soldat debout, appuyé contre son fusil, et une femme montée à cheval, parlant à une autre, qui est assise à terre. Sur le devant à droite deux hommes vuident un tonneau.

3. Une campagne, où l'on voit une compagnie de Messieurs et de Dames assis à terre et prenant un gouté. Dans le fond on voit leur caléche attelé de deux chevaux, et plus loin vers la droite est la vue d'un bois.

Ces deux beaux desseins d'une même grandeur sont faits au bistre d'une touche hardie et légere. E. L. in folio.

COZETTE (Charles) éleve de Charles Parrocel, florissoit à Paris vers 1760.

1. Bataille. Sur le devant on voit un soldat tombé de son cheval, se defendant contre un cavalier, qui fond sur lui; il est secouru par un soldat à pied, qui pare le coup moyennant un bouclier. Il y a beaucoup de feu dans ce dessein fait d'une plume spirituelle, et lavé d'encre de la Chine. E. H. in folio.

ROBERT (Hubert) François, florissoit à Rome vers 1760.

1. Un ancien bâtiment délabré, le long duquel est un petit ruisseau, où nombre de femmes sont occupées à blanchir du linge. On voit sur le devant à droite une femme debout auprès d'un escalier, ayant un enfant entre les bras; une autre s'approche d'elle, portant une cruche sur la tête. Ce morceau fait à la sanguine d'une touche légere et spirituelle, est précieux, vu que les desseins de ce maître sont fort recherchés, et toujours payés des grands prix. E. L. in folio.

FRAGONARD (Honoré) reçu membre de l'académie de Paris en 1765.

1. Un vieillard assis lisant dans un grand livre ouvert; à côté de lui un ange, qui

semble lui montrer les passages dignes de sa méditation. Joli dessein à la pierre noire d'après le *Dominiquain*. De forme quarrée in 4.

2. Le sénat assemblé pour décider de la paix ou de la guerre, devant le temple, offrant des sacrifices, et consultant les oracles. Le premier Sénateur s'avance, et annonce au peuple assemblé, que les dieux ordonnent la guerre, en faisant voir dans les airs Mars et Bellone. Belle esquisse à l'huile en grisaille. De forme quarrée in folio.

3. Le pendant de la piece précédente, et fait de même; il représente la paix. Un paysage agréable orné d'un ciel serein; dans le lointain le temple de Janus est fermé. Sur le devant du tableau, un prêtre offre un sacrifice; des jeunes filles dansent devant l'autel qui est entouré de femmes et de filles entre les bras de jeunes guerriers.

Ces deux desseins ont été envoyés par *Fragonard* à Mr. d'*Aoust* banquier à Bruxelles, qui les a payés 300 liv.

BEAUVAIS (Jacques) sculpteur, étudia à Rome en 1770, en qualité de pensionnaire du Roi de France.

1—6. Une frise composée d'un grand nombre de figures. Ce sont deux processions, qui se réunissent. Sur le passage plusieurs malades et beaucoup de spectateurs accourent de toutes parts. Ce dessein fait à la pierre noire a été coupée en six morceaux, qui joints ensemble sont d'une largeur de 9 pieds 8 pouces.

PARIZEAU (Philippe) peintre François, né en 1748.

1. Diane surprise au bain par Actéon. Beau dessein à la plume, lavé de bistre. E. H. in 4to.

HUET (Jean Baptiste) florissoit à Paris en 1780.

1. Une bergere assise à terre au pied d'un arbre; devant et à côté d'elle trois à quatre moutons et une chevre.
2. Un berger assis à terre au pied d'un arbre, tenant un bâton à la main; il est entouré de plusieurs moutons, et vis-à-vis de lui est son chien.
3. Un berger vu par ledos assis à côté d'un arbre, au milieu de son troupeau de moutons. Derrière lui est une vache couchée.
4. Une bergere assise à terre, caressant son chien. A côté d'elle une vache debout, qui mugit, et autour plusieurs moutons.

Ces quatre beaux desseins sont faits en 1772 à la plume et à l'encre de la Chine, et coloriés d'un lavis léger. Ils sont tous quatre d'une même grandeur. E. L. in 4to.

JULIEN DE PARME, ainsi appellé à caufe du long séjour, qu'il fit dans cette ville. Ce peintre moderne a beaucoup étudié les Italiens, dont il est enthousiaste. Il avoit faits une collection de desseins, qu'il a vendue depuis au prince de Ligne.

1. Un jeune homme se destinant à l'art de la peinture, incertain, s'il suivra l'ancienne ou la moderne. Il est appuyé sur un piedestal, où sont les bustes de Raphael, du Titien et du Corrége. Un génie couronne la peinture ancienne représentée par une femme drapée avec noblesse; tandis que la peinture moderne représentée par une femme hors de proportion, mesquinement drapée, ainsi qu'un petit génie, qui tient une bourse à la main, tiraillent le jeune homme, en lui montrant les bustes des peintres modernes François: Le Moine, Natoire, Pierre, Boucher et Vanloo. Les chardons croiffent au piedestal, sur lequel ils sont posés, et les palmes y sont foulées par le petit génie. Julien de Parme, à ce qu'il paroît, a voulu par ce sujet éterniser sa haine contre l'école Françoise en général, ainsi que contre les peintres ses contemporains, qui l'ont empêché d'être reçu membre de l'académie. Ce joli dessein est à la plume lavé de bistre, et rehauffé de blanc, sur papier brun. E. L. in 4to.

2. Roxane assise voulant se couvrir d'un voile.

3. Junon à sa toilette.

Ces deux superbes desseins sont des études pour un tableau représentant les nôces d'Alexandre et de Roxane; ils ont été faits à Rome en 1768 à la sanguine, et estompés. La grace dans les attitudes, la beauté du contour et le moëlleux des chairs y sont admirables. E. H. in fol.

DAVID ( ) peintre moderne, demeurant à Paris.

1. Repos en Egypte. La Vierge est assise sur une motte au pied de deux dattiers; elle a l'enfant Jesus sur ses genoux, et regarde d'un air tranquil S. Joseph, qui est assis par terre sur le devant. L'âne broute derriere la vierge. E. H. in 4to.

2. Deux religieux de l'ordre de S. François d'Assise à genoux en priere dans la solitude. Ils levent les yeux vers le ciel, d'où leur apparoissent deux anges. E. H. in 4to.

3. Un homme nu debout appuyé de ses bras contre un piedestal, et baissant les yeux vers un plat, qui est à ses pieds. E. H. in folio.

Ces trois morceaux sont dessinés à la plume, et lavés d'encre de la Chine, dans les premieres manieres de cet artiste.

4. Un sacrifice. Le grand prêtre fait des li-

bations, tandis qu'on égorge le bélier. Ce dessein n'est pas des plus corrects, mais d'un bel effet. La composition en est riche, et les figures sont bien placées; à la plume; lavé de bistre. E. L. in folio.

5. Une femme parlant avec chaleur à un homme assis devant un grand vase, dans lequel il met un pied. Dans le fond une femme, dans un fauteuil auprès d'une cheminée, se cache le visage pour pleurer. Ce superbe dessein est fait à la plume, lavé de bistre. E. L. in 4to.

6. Un vieillard assis devant une reine, à qui elle raconte un événement. La reine et plusieurs de ses femmes, qui sont derrière, pleurent en l'écoutant. Ce morceau est d'une très belle ordonnance, et supérieurement bien dessiné à la plume, lavé de bistre, et rehaussé de blanc. E. L. in folio.

DU VERGER (   ) éleve de Fr. Casanova.

1. Un troupeau de quatre moutons, d'une vache, et d'un âne; à côté une petite fille assise par terre, qui joue avec son chien. Très beau dessein fait au bistre, et rehaussé de blanc sur papier teint d'une couleur brune. E. L. in 4to.

2. Une marche d'animaux conduits par trois pâtres, dont un est à pied en avant, un autre sur un âne, et le troisieme derriere le troupeau à

cheval parle à deux femmes. Le fond est un paysage, où l'on voit vers la gauche un vieux château sur une montagne escarpée. Beau morceau dessiné à la gouache en grisaille. E. L. in folio.

VIVIER (   ) natif de Marseille; élève de Fr. Casanova.

1. Un soldat Russe poursuivant deux Turcs, dont il tue un de sa bayonnette. Deux autres Turcs morts sont étendus par terre. Beau dessein fait à la plume, lavé de bistre. E. L. in folio.

2. Deux chasseurs à cheval avec trois chiens, qui font partir une compagnie de perdreaux. Ce dessein d'un très bel effet est au bistre d'après l'invention de *F. Casanova.* E. L. in folio.

DE WAILLY (   ) architecte, fils d'un teinturier d'Amiens. Flor. à Paris en 1780. M. en 1798.

1. Projet pour une maison de chasseurs, avec chénils, écuries etc. situé à Belloeil, appartenant au Prince de Ligne. On y a représenté un temple de Diane avec ses attributs et les logemens des prêtres et sacrificateurs. Dessein capital fait à l'encre de la Chine. E. L. in folio.

BARBAULT (   ).

1. Un sacrifice payen, dans le style des basreliefs antiques, composé de quatorze figures; librement esquissé d'une plume grasse, lavé de bistre. E. L. in 4to.

BEGUYER DE CHANCOURTOIS, amateur.

1. Le matin.
2. Le midi.
3. Le soir.
4. La nuit.

Petites marines à la plume, lavées d'encre de la Chine, et d'un peu de bistre. Cet amateur les a faites à l'âge de 15 ans en 1770 au college d'Harcourt à Paris. E. L. in 8vo.

CLERMONT (   ) François moderne.

1. Vue d'un village, le long duquel passe un ruisseau. Sur le devant à la gauche on voit un homme assis, qui pêche à ligne, et derriere lui est une femme debout. Ce joli dessein est à la pierre noire, et assez terminé. E. L. in fol.

COSNY (   ).

1. Beau paysage avec un hameau sur une colline, par laquelle on descend dans une petite riviere, qui occupe le devant. Au delà de cette riviere on voit un paysan monté sur un mulet, et à côté de lui un autre qui

marche à pied etc. Piece capitale peinte à gouache. E. L. in folio.

LE GRAND (   ).

1. Une femme et deux enfans, qui jouent avec un grand chien. Un homme debout, tenant un bâton à la main, accompagné d'un petit chien. Sur le devant à gauche un autre grand chien, qui fait son cas; à la plume, lavé de bistre. E. L. in 4to.

SARAZIN (   ) peintre François.

1. Vue d'un bois. On y voit au milieu un chasseur couchant son fusil en joue vers le haut d'un arbre. Il est accompagné d'une femme et d'un chien. Joli dessein à la plume et à l'encre de la Chine, sur papier bleu. E. L. in 8vo.

ÉCOLE ANGLOISE.

HAMILTON (Ferdinand) Ecossais; florissoit à Vienne vers 1730.

1. Quatre chiens chassant un sanglier. E. L. in 4to.

2. Un grand chien de chasse suivant à la piste; et la tête d'un autre chien semblable. E. L. in fol.

3. Quatre singes assis sur une table, autour d'une corbeille remplie de fruit, duquel ils mangent. E. L. in 8vo.

Hamilton avoit la coutume, de faire le contour de ses tableaux avec une couleur rougeâtre, et d'y passer ensuite un papier, sur lequel les traits se marquoient, et qui formoient une contrépreuve. Les trois pieces ci-dessus mentionnées sont de ce nombre.

WEST (Benjamin) peintre d'histoire, vivant à Londres.

1. Un magicien vêtu à l'Orientale assis près d'une table, contre laquelle il est accoudé, en posant la tête sur la main. Il tient de la main gauche une baguette, et regarde avec attention quelque machine magique, qui

est sur la table devant lui. Hardiment dessiné à la mine de plomb. E. H. in folio.

ROWLANDSON (T.) artiste moderne, vivant à Londres.

1. Un jeune mari en accès de désespoir, se faisant tirer les bottes par deux laquais. Sa femme assise à côté de lui a l'air de le consoler. Dans le fond une servante, qui emporte la lumiere.

2. Le même homme assis auprès d'une table couverte d'une nappe. Accablé par le sommeil il ne paroît pas voir, qu'on lui apporte le déjeuner.

Ces deux beaux morceaux sont dessinés d'une plume grasse et fort légere, et terminés au lavis. E. L. in folio.

ROOD (J.) vraisemblablement Anglois.

1—3. Trois différentes marines, joliment dessinées au bistre et très terminées. E. L. in 4to.

DESSEINS,
DONT LES NOMS
DES MAÎTRES SONT INCONNUS.

Sujets de l'ancien Testament.

1. Loth avec ses deux filles. Dessein de quelque ancien maître Allemand, fait à la plume, lavé d'encre de la Chine, et rehaussé de blanc sur papier teint en gris verdâtre. E. L. in fol.

2. Le sacrifice d'Abraham, esquisse légere à la plume et au bistre. E. L. in 4to.

3. Isaac assis au lit, donnant la bénédiction à Jacob; Rebecca est assise à côté. Joli dessein à la plume, lavé de bistre. E. L. in fol.

4. Le départ de Jacob et de toute sa famille pour l'Egypte; dessein à la plume, légerement lavé d'encre de la Chine. E. L. in fol.

5. Joseph échappant aux sollicitations de la femme de Putiphar. Esquisse légere à la plume et à l'encre de la Chine. E. H. in fol.

6. Aaron frappant de sa verge la poussiere de la terre, et la changeant par là en moucherons; grande composition de plus de douze figures dessinée à la plume, lavée de bistre. E. L. in fol.

Ce dessin est du même maître, qui a fait la résurrection de Lazare (Suj. du nouv. Test. Nro. 42.)

7. Le passage de la mer rouge, dans le moment, où Moïse ordonne aux flots, de se rejoindre et de submerger Pharaon avec son armée. Dessein en forme de frise, fait à la plume, lavé de bistre. E. L. in fol.

8. Le passage de la mer rouge. Ancien dessein fait à la plume au XV. Siecle. E. H. in 4to.

9. Le même sujet traité différemment.

10. Le rocher frappé par Moïse.

Ces deux jolis desseins de forme octogone sont lavés à l'encre de la Chine, et rehaussés de blanc, sur papier bleu. In 4to.

11. Le camp des Israélites, où l'on voit dans le lointain Moïse recevant les tables de la loi. Esquisse faite à la plume et au bistre. E. H. in fol.

12. Les Israélites adorant le veau d'or. Tandis que les uns se livrent à la débauche, les autres dansent à l'entour d'une colonne, sur laquelle est le veau. On voit dans le lointain Moïse recevant de dieu les tables de la loi. Esquisse à plume. E. L. in fol.

13. Le serpent d'airain; librement dessiné aux crayons noire et blanc, sur papier gris. E. L. in fol.

14. Judith mettant la tête d'Holoferne dans un sac, que tient sa servante. Petit morceau

d'un bon effet dessiné à la sanguine, lavé de bistre. E. H. in 4to.

15. Judith faisant mettre dans un sac la tête d'Holoferne; croqué à la plume. E. H. in 4to.

16. Judith tenant de la main gauche la tête d'Holoferne; elle est accompagnée d'une vieille femme; à mi-corps. Dessiné à la plume, lavé d'encre de la Chine et légerement colorié. Cette piece paroît être faite par quelque maître Hollandois, qui n'a pas beaucoup de mérite. E. H. in 4to.

17. Samson livré par Dalila. À la plume, lavé d'encre de la Chine, d'après *Ant. van Dyck*, vraisemblablement par quelqu'un de ses disciples. E. L. in 4to.

18. Une premiere pensée à la plume pour une bataille des Amalécites. Grand morceau dans le goût de *I. B. Ghisi de Mantoue*. E. L. in fol.

19. Le Sacre de David. Jolie composition de beaucoup de figures, dessinée à la plume, lavée d'encre de la Chine. E. L. in fol.

20. Le même sujet traité différemment, par le même maître. E. L. in fol.

21. Saul assis sur le trône; à côté de lui David jouant de la harpe. Sur le devant à gauche quelques gens de la cour, qui s'enfuient, étant menacés par le roi. Esquisse très légere faite à la mine de plomb. E. L. in 4to.

22. Académie d'une figure à mi-corps, de Da-

vid vainqueur de Goliath. Il est vu presque par le dos, tient de la main droite le sabre, et porte de l'autre la tête de Goliath. Beau dessein estompé à la pierre noire et rehaussé de blanc sur papier gris. E. H. in fol.

23. David entrant en triomphe avec la tête de Goliath. Grande composition de beaucoup de figures, légerement esquissée à la plume et au bistre. E. L. in fol.

Sujets du nouveau testament.

1. L'annonciation. La vierge est à genoux sur son prie-dieu; l'ange lui apparoît à genoux sur des nues: il est placé au milieu du tableau. Le ciel est ouvert, et l'on y voit le pere éternel entouré d'une gloire d'anges. Au bas vers la gauche on apperçoit les quatre évangélistes, et derriere eux deux prophêtes. Ce dessein est fait au trait de pinceau, lavé au bistre. E. H. in fol.

2. L'ange annonçant à la vierge le mystere de l'incarnation. Très joli dessein d'une plume délicate et spirituelle, lavé d'encre de la Chine. in 4to.

3. L'annonciation; au dessus du ceintre d'une fenêtre; à la plume, lavé d'encre de la Chine, et rehaussé de blanc, sur papier jeaunâtre E. L. in fol.

4. Une vierge au prie-dieu; étude pour une

Annonciation. Très petit morceau légerement esquissé à la plume, et lavé d'encre de la Chine. E. H. in 8vo.

5. Le même sujet traité différemment; à la plume, lavé de bistre, et rehaussé de blanc. E. H. in 8vo.

6. La nativité; petit morceau joliment dessiné à la plume, et lavé de bistre. E. H. in 8vo.

7. La nativité; composition de quatorze figures; à la plume, lavé de bistre. E. H. in fol.

8. La S. vierge à genoux près de l'enfant Jesus, qui est couché dans la crêche; de l'autre côté quelques bergers à genoux l'adorent: l'un d'eux joue de la musette. Beau dessein esquissé à la plume et au bistre. E. L. in 4to.

9. Etude à la sanguine d'un berger à genoux, adorant l'enfant Jesus. E. L. in 8vo.

10. L'adoration des bergers; à la plume, lavé de bistre. E. H. in fol.

11. Esquisse pour une adoration des bergers faite d'une plume très spirituelle et très légere, quelque peu lavée de bistre; dans le goût de *R. la Fage*. E. H. in fol.

12. L'adoration des rois. Dessein très arrêté à la plume, lavé d'encre de la Chine, et rehaussé de blanc, sur papier couleur de rose; par quelque maître Flamand. E. L. in fol.

13. Une adoration des rois. La vierge assise devant les ruines d'un palais tient sur ses genoux l'enfant Jesus, les pieds duquel

baise l'un des trois rois. Cette composition de onze figures est d'une plume fine, lavée légerement. E. H. in 4to.

14. Le même sujet. Belle esquisse dans le goût de *Polydore* peinte sur toile en grisaille. E. L. in fol.

15. Premiere idée faite à la plume, des trois rois. Il n'y en a qu'un, qui soit ébauché en figure entiere, les deux autres ne sont vus qu'à mi-corps. E. H. in fol.

16. Les trois rois adorant l'enfant Jesus nouvellement né.

17. Jesus Christ à l'âge de douze ans au temple parmi les docteurs de la loi.

18. Un homme et une femme debout sur le bord de la mer, regardant arriver un grand vaisseau.

19. Jesus Christ apparoissant à ses disciples au mont Thabor.

Ces quatre desseins sont légerement esquissés à la plume, et lavés d'encre de la Chine. Ils sont faits par un même maître, et d'une grandeur égale E. H. in 8vo.

20. Fuite en Egypte. La vierge tenant l'enfant Jesus entre ses bras est montée sur un mulet, que S. Joseph mene par la bride. On lit au bas de la droite le chiffre de l'artiste, représenté par les lettres C et F. entrelacées, le nom de la ville d'Ingolstadt en Baviere, et l'année 1599. Ce dessein ceintré par le haut

est fait à la plume, lavé d'encre de la Chine in 4to.

21. Fuite en Egypte. S. Joseph vers la droite du dessein porte l'enfant Jesus sur le bras; il tourne la tête vers la vierge, qui le suit. Derrière elle un ange conduit l'âne. Dans le fond on voit un palmier, vers le haut duquel planent plusieurs anges dans des nues; à la plume, lavé d'encre de la Chine. E. H. in fol.

22. Fuite en Egypte. S. Joseph, un paquet sur le dos, et un bâton à la main, mene l'âne par le licou. La vierge marche à côte de l'âne, en soutenant l'enfant Jesus, qui y est assis. Jolie esquisse à l'encre de la Chine, faite au pinceau E. L. in 8vo.

23. L'enfant Jesus entre la vierge et S. Joseph, marchant dans un paysage: joli petit dessein à la sanguine. E. H. in 4to.

24. Repos en Egypte. La vierge placée au pied d'un arbre soutient de ses deux mains l'enfant Jesus, qui est debout devant elle sur une butte de terre. Sur le devant S. Joseph assis par terre est occupé à lire dans un livre, qu'il tient de la main droite. Croquis à la plume. E. H. in fol.

25. Repos en Egypte. On y voit un jeune homme tenant une escabelle, sur laquelle la S. vierge descend de l'âne, qu'un homme armé d'une hallebarde tient par le licou. Joli croquis à la plume. E. H. in 4to.

26. Repos en Egypte; croqué à la plume par un maître, qui s'est designé par un chiffre composé des lettres I. H. D. C. Morceau de forme ronde in 4to.

27. S. Joseph debout tenant par le licou l'âne, qui broute; fragment d'un repos en Egypte, légerement esquissé à la pierre noire et corrigé d'une plume hardie et savante, dans le goût de *Paul Veronese*. E. H. in 4to.

28. Le massacre des innocens; grande composition dans le goût de *Poussin*, légerement esquissé à la pierre noire. E. L. très grand in folio.

29. Etude d'un grouppe pour un massacre des innocens; c'est une mere à genoux parant d'une main le coup, qu'un bourreau porte sur son enfant; esquissée d'une plume grasse dans le goût de *Passerotti*, sur papier gris, et quelque peu rehaussée de blanc. E. H. in 4to.

30. Présentation au temple; ancien dessein assez joli, qui cependant ne paroît pas être original. Il est à la pierre noire, sur papier gris E. H. in fol.

31. S. Jean Baptiste prêchant au peuple sur le bord du Jourdain, dans le moment, où il dit aux Publicains: *n'exigez rien au de là de ce qui vous a été ordonné*. Vers la droite est un grouppe des gens de guerre, qui s'approchent de S. Jean, pour lui faire des questions de leur part. Ce dessein dont les deux

grouppes principaux consistent en dix figures, est d'une plume fine et hachée, lavé légerement. E. L. in fol.

32. S. Jean Baptiste prêchant dans le désert. Superbe dessein d'une composition riche et belle, fait d'une plume spirituelle, lavé et rehaussé de blanc, sur papier bleu. E. L. in fol.

33. S. Jean Baptiste prêchant dans le désert. Esquisse d'une belle ordonnance, librement faite à la sanguine, lavée d'encre de la Chine. E. L. in folio.

34. S. Jean Baptiste prêchant dans le désert. Croquis ébauché à la sanguine, et retraité à la plume et à l'encre de la Chine. E. H. in 4to.

35. La Samaritaine au puits; petit morceau joliment dessiné à la plume, et lavé de bistre. E. H. in 8vo. Il est du même maître, qui a fait le dessein Nro. 6.

36. Hérodiade apportant la tête de S. Jean Baptiste à Hérode, qui est assis à table sous un dais, dans un magnifique sallon. Piece ceintrée par le haut, dessinée avec de l'esprit à la plume, légerement lavé d'encre de la Chine. E. H. in folio.

37. Jesus Christ, qui se promene sur les eaux, suivi de S. Pierre. Dans le lointain une barque et deux figures; à la plume, lavé de bistre. E. L. in folio.

38. Jesus Christ répondant au chef de la

synagogue, lequel fut indigné de ce que Jesus avoit fait une guérison le jour du Sabath. Dans le fond on voit Jesus délivrant la femme possedée d'un esprit, qui la rendoit infirme depuis dix huit ans. Ce joli dessein de forme ovale est à la plume, lavé de bistre sur papier jeaune, et rehaussée de blanc. E. L. in 4to.

39. Premiere idée pour les vendeurs chassés du temple, légerement esquissée d'une plume spirituelle. Dans une forme ronde; in 4to.

40. La femme adultere conduite devant Jesus Christ. Premiere idée pleine d'esprit, croquée à la sanguine. La figure de la femme adultere est dessinée avec beaucoup de grace. E. L. in 4to.

41. La femme adultere; premiere idée croquée à la plume, lavée de bistre. E. L. in folio.

42. La résurrection du Lazare. Il sort de son tombeau, dont deux hommes s'efforcent d'ôter la pierre, qui le couvroit. Grande composition de plus de trente figures, dessinée hardiment à la plume, et lavée au bistre. E. L. in fol.

Ce dessein est du même maitre, qui a fait le Nro. 6. des *Sujets de l'anc. Test.*

43. La résurrection du Lazare. Belle ordonnance renformée dans un encadrement octogone. Dessein très arrêté à la plume,

lavé de bistre en 1598, par quelque maître Flamand. E. L. in fol.

44. La résurrection du Lazare; à la plume, lavé d'encre de la Chine. E. H. in 4to.

45. Premiere idée pour une résurrection du Lazare; croquée à la plume, lavée sur le devant de verd, et le fond de bleu d'Inde. E. H. in 4.

46. L'entrée de Jesus Christ en Jérusalem. Jolie composition de beaucoup de figures, faite à la plume, légerement lavée d'encre de la Chine. E. H. in 4to.

47. S. Pierre à genoux reçevant les clefs de l'église; derriere lui sont plusieurs apôtres debout. Belle étude légerement esquissée à la sanguine. E. L. in 4to.

48. Jesus Christ remettant à S. Pierre les clefs de l'église. Vers le haut du dessein est une gloire d'anges. Ce beau morceau dessiné avec bien de l'esprit est de quelque bon peintre Italien; à la pierre noire, rehaussé de blanc, sur papier gris. E. H. in folio.

49. La sainte cene. Premiere idée croquée à la plume; de forme quarrée in fol.

50. Deux apôtres vus à mi-corps; derriere eux est Jesus Christ à genoux priant au mont Olivet. Dans le fond on voit quatre autres figures de disciples. Carton fait au bistre, rehaussé de blanc. Les ombres et les clairs sont donnés par hachures au pinceau. Dans le coin vers la droite est marqué l'année 1571

et un monogramme composé des deux lettres M et G entrelacées. E. L. in folio.

51. Jesus Christ à l'agonie au mont Olivet; derriere lui un ange, qui le soutient. Premiere idée à la plume lavée d'encre de la Chine. E. H. in folio.

52. Pierre reniant son maître. Dessein légerement fait à la plume, et à l'encre de la Chine, sur papier brun, et rehaussé de blanc. E. H. in fol.

53. La flagellation; à la plume, lavé de bistre. E. L. in 8vo.

54. Jesus Christ attaché par les deux bras à une colonne, et représenté accablé des douleurs de la flagellation; à la plume. E. H. in 8vo.

55. Le couronnement d'épines. Joli dessein d'un bel effet de clair obsur; à la plume, lavé de bistre. E. H. in 4to.

56. Les Juifs se préparant pour mettre Jesus Christ à la croix. Premiere idée d'une composition de beaucoup de figures, faite à la plume sur papier brunâtre. Les figures du devant sont légerement lavées de bistre et rehaussées de blanc. E. L. in fol.

57. Jesus Christ en croix entre les deux larrons; grande composition de beaucoup de figures, esquissée à la sanguine, légerement lavée de bistre. E. L. in folio.

58. Jesus Christ en croix, autour de laquelle sont les saintes femmes à genoux, qui

pleurent; légerement croqué à la sanguine sur papier gris. E. H. in 4to.

59. Petit dessein ceintré par le haut, dans une bordure. Il représente Jesus Christ crucifié. La Magdelaine à genoux embrasse la croix; la S. Vierge, S. Jean et d'autres disciples l'entourent; derriere on apperçoit quelques soldats; à la plume, lavé de bistre. E. H. in 8vo.

60. Le corps de notre seigneur entre les mains des saintes femmes; à la plume, légerement lavé d'encre de la Chine. E. L. in folio.

61. Les saintes femmes pleurant le corps de Jesus Christ. Esquisse à la pierre noire, rehaussée de blanc, sur papier gris. E. H. in 4to.

62. Le Christ mort; sa tête repose sur les genoux de la vierge, dont le visage exprime la plus grande douleur. A ses côtés est Ste. Magdelaine et S. François. Deux anges assis à terre montrent les playes de Jésus. Esquisse hardiment faite à la plume, lavée de bistre par quelque artiste anonyme, d'après un tableau *d'Annibal Carrache*, dont on a une estampe gravée par *P. Aquila*. E. H. in 4to.

63. Un grouppe de quatre saintes femmes qui visitent le tombeau; à la plume lavé de bistre. Ce dessein approche du goût du *maitre Roux*: cependant il paroît plutôt être une copie qu'un original. E. H. in fol.

64. Jesus Christ ressuscitant. Au bas du tombeau sont les gardes, qui expriment leur frayeur. Belle esquisse faite au lavis. E. H. in folio.

65. L'ascension. Trois anges supportent des nues, sur lesquels le sauveur est assis, étendant les bras, et tournant son regard vers le ciel. Esquisse d'un bel effet, dessinée et lavée à la sanguine, rehaussée de blanc, sur papier jeaunâtre. E. L. in fol.

66. Feuille d'étude, où l'on voit Jesus Christ apparoissant en jardinier à la S. Magdelaine. Tout autour sont plusieurs anges, qui sonnent du chalumeau; croqué à la plume. E. L. in folio.

67. Jesus Christ apparoissant en jardinier à la S. Magdelaine. Croquis à la plume, quelque peu rehaussé de blanc, sur papier brun. Petit morceau in 8vo.

68. Le baptême de l'Eunuque de la reine de Candace; très petit dessein à la plume et à l'encre de la Chine. E. H. in 8vo.

69—72. Les quatre évangélistes; dessinés dans le goût de *François Rossi*, sur papier bleu, à la plume, lavés d'encre de la Chine et rehaussés de blanc au pinceau. In 4to.

73. S. Pierre délivré de sa prison, à côté de Rhodé, à qui il fait signe de se taire, A la plume, lavé d'encre de la Chine. E. H. in folio.

DESSEINS

Sujets de Vierges.

1. La S. vierge assise sur des nues, étendant les deux bras, et élevant les yeux vers le ciel. Esquisse spirituelle à la sanguine. E. H. in 4to.

2. La S. vierge vue jusqu'aux genoux tenant l'enfant Jesus. Beau dessein à la plume, terminé et lavé de bistre. E. H. in 8vo.

3. La vierge à mi-corps soutenant de la main gauche la tête de l'enfant Jesus couché devant elle sur une table, et dormant. Elle leve la main droite pour faire signe du silence. Petit morceau à la plume, lavé d'encre de la Chine. De forme quarrée in 8vo.

4. Autre vierge à mi-corps, soutenant l'enfant Jesus assis devant elle sur une table; légerement esquissé à la plume, quelque peu lavé de bistre; même grandeur que la piece précédente.

5. La vierge assise tenant l'enfant Jesus, qui est debout devant elle. Ce dessein estompé à la pierre noire, et terminé à la plume est fait d'après une statue *d'Arthus Quellinus.* E. H. in 4to.

6. Premiere idée d'une vierge, assise ayant près d'elle l'enfant Jesus. Ce morceau est très confusement griffonné à la pierre noire: il n'y a que la tête de la vierge, qui soit plus terminée et rehaussé de blanc; sur papier bleu. E. H. in folio.

7. Beau dessein très fini à la pierre noire sur papier bleu, qui semble être fait d'après *André del Sarto*; s'il n'est pas de lui même. C'est une vierge vue jusqu'aux jambes, tenant de la main droite son mouchoir et de l'autre l'enfant Jesus, qui est assis sur ses genoux. E. H. in folio.

8. La S. vierge dans une gloire d'anges; elle est debout sur des nues, et porte l'enfant Jesus sur ses bras; à la plume, lavé d'encre de la Chine. On y trouve l'année 1591, et un chiffre composé de deux C. entrelacées. E. H. in folio.

9. La S. vierge debout, ayant sur son bras gauche l'enfant Jesus. Dessein d'un vieux maître Allemand, fait à la plume, lavé d'encre de la Chine, sur un papier teint en gris, rehaussé de blanc, et très terminé. E. H. in fol.

10. Un ange en adoration devant l'enfant Jesus, qui est sur les genoux de la vierge. Joli dessein à la plume, lavé de bistre. E. H. in 8.

11. La S. Vierge assise, tenant l'enfant Jesus dans ses bras; à côté d'elle le petit S. Jean Baptiste. Ce dessein fait par un anonyme dans le goût de *Barozzi* est à la plume, les ombres à la pierre noire, rehaussé de blanc. E. H. in 4to.

12. La S. Vierge ayant l'enfant Jesus entre les bras, debout au milieu de S. Jean Baptiste et de S. Jean l'évangéliste. Dessein fait à la

plume, par quelque vieux maître Allemand dans le goût de *Jean Burgmayer.* E. H. in 4.

13. La S. Vierge debout dans une gloire d'anges. Au bas un homme à mi-corps, priant les mains jointes. Dans le fond la vue d'une église, et de quelques autres fabriques; librement dessiné à la plume, lavé d'encre de la Chine. E. H. in 4to.

14. La S. Vierge assise sur une estrade, au dessous d'une espece de baldaquin; elle soutient de la main gauche l'enfant Jesus, qui est debout à côté d'elle, et tend la droite au petit S. Jean, pour le faire monter sur la marche de l'estrade. Joli croquis à la plume. E. H. in 8vo.

15. La S. Vierge assise sur une estrade, ayant sur ses genoux l'enfant Jesus. S. Jean à genoux sur un des dégrés lui présente un agneau posé sur un livre. Vers la gauche est S. Michel tenant la balance d'une main, et le glaive de la justice de l'autre; il foule le démon aux pieds. Ce beau dessein sur papier bleu est traité d'une plume légere et spirituelle, lavé de bistre et rehaussé de blanc. On y lit vers le milieu du bas I. B. R. et l'année 1609. E. H. in 4to.

16. Une S. famille, où la Vierge tient l'enfant Jesus debout dans la berce, sur laquelle un agneau a les deux pieds de devant. S. Joseph à genoux sur le devant tient une planche, et regarde l'enfant Jesus, qui joue avec

S. Jean Baptiste. S. Anne derriere, et un ange en adoration font le reste du sujet; à la plume, lavé de bistre et d'encre de la Chine, et rehaussé de blanc. E. L. in 4to.

17. S. famille, très légerement croquée à la pierre noire par une main fort habile. La Vierge y est représentée assise au pied d'un arbre. Elle met la main droite sur le dos du petit S. Jean, et tient de l'autre l'enfant Jesus sur ses genoux; S. Joseph debout derriere les regarde. E. H. in 4to.

18. Une sainte famille, où la Vierge met l'enfant Jesus dans la berce; à mi-corps.

19. Autre sainte famille. S. Joseph semble recevoir quelque chose d'entre les mains de l'enfant couché sur les genoux de la vierge.

Ces deux esquisses très légerement faites à la plume et au bistre, sont d'une même main. E. H. in 8vo.

20. L'assomption de la S. Vierge; jolie esquisse faite par quelque artiste de mérite, à la mine de plomb et à l'encre de la Chine. E. H. in 8vo.

21. L'assomption de la S. Vierge. Plafond légerement dessiné à la plume, lavé de bistre. Belle piece qui pour le goût du dessein semble être de la main du *Correge*. E. L. in fol.

22. La S. Vierge transportée au ciel par des anges. Esquisse gracieuse à la plume, légerement lavée de bistre. E. H. in fol.

23. Dessein d'un grand tableau d'autel, au haut duquel est représenté l'assomption de la S. Vierge. Vers le bas on voit S. Paul et S. Pierre et plusieurs autres saints à l'entrée d'un temple, lesquels tous dirigent le regard vers le ciel; à la plume, lavé d'encre de la Chine. E. H. in fol.

24. Les apôtres regardant avec étonnement la S. Vierge, qui est élevée au ciel par les anges. Superbe dessein fait d'une plume délicate et très savante, lavé de bistre, d'après le tableau de *Rubens*, connu par l'estampe qu'*Antoine Masson* en a gravée. E. H. grand in folio.

25. La S. Vierge reçue dans le ciel par la S. Trinité. Elle est représentée à genoux sur des nues, et portée par nombre d'anges. En bas on voit beaucoup de spectateurs, dont les uns expriment leur étonnement, les autres leur piété. Dessein pour un tableau d'autel ceintré par le haut; à la plume, lavé de bistre. E. H. in fol.

Saints et Saintes.

1. S. Antoine de Padoue adorant à genoux le petit Jesus, qui lui apparoît sur des nues dans une gloire d'anges. Esquisse faite à la plume, lavée de bistre. E. H. in 4to.

2. S. Antoine sur des nues, entouré d'anges qui le soutiennent. Plus bas sont les démons

qui vainement l'ont tenté, et que les anges précipitent. Tout au bas du dessin on voit quatre pélerins à genoux qui invoquent ce saint. Ce dessein ceintré par le haut, est à la plume, lavé de bistre. E. H. in fol.

3. S. Augustin debout près d'une table, où l'on voit plusieurs livres; il tient d'une main un coeur brulant, et de l'autre une plume, qu'un ange planant en l'air couronne. Aux pieds du saint sont Donatus, Pelagius et deux autres hérétiques, contre lesquels il a écrit. Esquisse légere à la plume et à l'encre de la Chine. E. H. in 4to.

4. S. Augustin occupé à écrire; il est assis dans sa bibliothèque, et nombre d'anges lui apportent des livres. Sur le devant deux d'entr'eux soutiennent un écusson propre à y écrire le titre de quelque livre. Esquisse légere à la plume, lavée de bistre. E. H. in fol.

5. Le martyre de S. Barthelemy; à la plume, légérement lavé d'encre de la Chine. E. H. in fol.

6. La décollation de S. Denys, premier évêque de Paris. Esquisse librement faite au bistre. E. H. in fol.

7. S. Dominique guérissant des malades par des miracles; à la plume et au bistre. E. H. in 4to.

8. S. Dominique à genoux sur des nues au milieu de S. Jacques et de S. Paul. Pré-

miere idée légèrement croquée à la plume. E. H. in 4to.

9. S. Eloy à genoux sur des nues intercédant la S. Vierge pour des pauvres malades, que l'on voit au bas du dessein. Piece ceintrée par le haut; à la plume, lavé d'encre de la Chine. E. H. in fol.

10. Buste d'un S. François, considérant un crucifix, qu'il a entre les mains. Croquis léger à la plume; in 8vo.

11. S. François mourant dans les bras d'un ange; il est assis à terre, et tient un crucifix à la main; dessiné et lavé à la sanguine. Ce morceau est dans le goût du *Corrège*, et il est même très vraisemblable, qu'il vient de ce maître. in 4to.

12. Etude d'un S. François Xavier vu jusqu'aux genoux. Il est vêtu d'une aube et porte une étole; il tient le bras gauche élevé, et à l'autre en pente; à la pierre noire sur papier huilé.

12. *a.* S. George à cheval combattant le dragon; vers la gauche du dessein on voit dans le ciel la Ste. Vierge assise et tenant l'enfant Jesus, entourée d'anges et de Saints. Ce morceau à la plume, et lavé d'encre de la Chine, sur papier bleu, est d'après *Paul Veronese*. E. H. in fol.

13. Le petit S. Jean Baptiste faisant des caresses à l'enfant Jesus, qui est assis à terre, tenant d'une main la croix de S. Jean, et

s'appuyant du bras droit sur l'agneau. Esquisse faite à la pierre noire. E. L. in fol.

14. S. Jean Baptiste dans le désert. Dessein capital dans le goût de *Paul Farinati*, et peut-être fait par lui même, à la pierre noire, rehaussé de blanc, sur papier brun. E. H. in fol.

15. S. Jean Baptiste prêchant dans le désert; dessiné d'une plume grasse et déterminée, et lavé d'Indigo. E. L. Au revers est l'ange qui ordonne à Tobie de prendre le coeur, le fiel et le foie du poisson; à la plume et à l'encre de la Chine. E. H. in fol.

16. Un bourreau tirant le sabre pour décapiter S. Jean Baptiste, qui est à genoux devant lui, les yeux bandés. Dans le fond à gauche est Hérodiade, sa servante et quelques soldats. Esquisse au trait faite à la plume. E. H. in fol.

17. Hérodiade recevant sur un plat la tête de S. Jean Baptiste, qu'un bourreau vient de lui couper dans une prison; esquissé aux trois crayons sur papier grisâtre. E. H. in 4to.

18. S. Jean l'Evangéliste dans l'isle de Pathmos écrivant l'apocalypse. Ce dessein est fait à la plume, sur papier brun, et rehaussé de blanc, par quelque vieux maître, dont on voit le monogramme sur une tablette suspendue à une branche de l'arbre, au pied duquel le saint est assis. E. H. in 4to.

19. S. Jean l'évangéliste debout, tenant un calice à la main. Fragment d'un dessein d'une

plume extrêmement fine, dans le goût Gothique des plus anciens maîtres Florentins. E. H. in 4to.

20. S. Jerôme debout tenant de la main gauche un crucifix, et de la droite une pierre; à la plume et au bistre. E. H. in 4to.

21. S. Jerôme à genoux dans sa grotte devant un crucifix. Beau dessein à la plume, lavé de bistre, et bien terminé. E. H. in fol.

22. S. Ierôme dans un désert à genoux devant une croix, faisant la pénitence; à la plume, lavé de bistre. On y trouve les lettres I. et B; qui désignent le nom de l'auteur inconnu. E. L. in fol.

23. S. Luc, faisant le portrait de la S. Vierge assise devant lui; elle est environnée de nombre d'anges, qui portent les instrumens de la passion de J. C. S. Joseph à côté de S. Luc regarde le tableau. Dessein de mérite fait à la plume et au bistre par quelque maître de l'école Flamande. Au revers est un morceau de parement orné de Caryatides, de Sphinx et de festons en sculpture; à la plume et au bistre. E. L. in 4to.

24. S. Pierre représenté à mi-corps se repentant du reniement de Jesus Christ; à la pierre noire, lavé de bistre et rehaussé de blanc, sur papier gris. E. H. in 4to.

25. S. Roch accompagné de son chien; auprès de lui un ange qui montre la playe du saint;

à la plume lavé d'encre de la Chine. E. H. in 4to.

26. Statue de S. Roch, debout dans une niche; joliment dessinée sur parchemin à la plume, lavée de bistre, et rehaussée de blanc. E. H. in 4to.

27. S. Sébastien exhortant au martyre S. Marc et S. Marcellin, et à ne se point laisser gagner par les prieres de leur famille. Ce dessein esquissé légèrement à la plume et au bistre, est fait par un habile homme d'après le grand tableau de *Paul Veronese*, qui est dans l'église de S. Sébastien à Venise. E. L. in fol.

28. S. Sébastien percé de fleches, et attaché à un tronc d'arbre. Dessein très terminé à la pierre noire, sur papier bleu, et rehaussé de blanc d'un pinceau fin et délicat; il paroit être de quelque ancien maitre de l'école de Florence. E. H. in fol.

29. Etude pour un S. Sébastien supposé attaché contre un arbre. Il n'est vu que jusqu'aux hanches. Beau dessein dans le goût de *Rembrandt*; fait aux deux crayons, sur papier jeaune, et bien terminé. E. H. in 4to.

30. S. Sébastien vu jusqu'aux genoux. Il s'appuye d'un bras sur un piedestal, et tient d'une main une palme, et de l'autre quelques fleches; esquisse à la plume, et à l'encre de la Chine. E. H. in 8vo.

31. Esquisse d'une plume fine et très spiri-

tuelle, représentant S. Jacques, un S. Evêque et S. Martin à cheval. Ce dernier coupe un morceau de son monteau, pour le donner à un pauvre assis à terre aux pieds de son cheval. E. H. in 4to.

———

32. La nativité de la sainte Vierge; premiere idée griffonnée à la plume dans le goût *des Carraches*. E. H. in fol.

33. S. Anne assise enseignant la petite Vierge qui est debout à côté d'elle. S. Joachim est vu dans le fond, appuyé sur un piedestal et tenant un livre. Jolie esquisse faite à la pierre noire, sur papier gris, et rehaussé de blanc. E. H. in fol.

34. Le mariage de S. Catherine; elle est à genoux devant l'enfant Jesus, qui est assis sur les genoux de sa mere. Un grand nombre d'anges est autour. Esquisse faite à la plume et au bistre. E. L. in 4to.

35. Le mariage de S. Catherine. Joli dessein fait au pinceau en bistre, et rehaussé de blanc, sur papier gris. E. H. in 4to.

36. Le mariage de S. Catherine; à la plume, lavé d'encre de la Chine. E. L. in 4to.

37. S. Cécile à mi-corps; petit morceau fait à la plume, lavé de bistre et rehaussé de blanc, sur papier jeaunâtre. E. H. in 8vo.

38. S. Magdeleine pénitente assise à terre contre un rocher dans un désert. Esquisse

très spirituelle à la plume et au bistre. E. L. in 8vo.

39. S. Thérese à genoux sur des nues recevant la S. communion des mains du Sauveur, qui descend vers elle. Au bas deux anges étendent un drap devant elle ; esquisse faite à la plume et à l'encre de la Chine, sur papier bleu. E. H. in fol.

40. S. Thérese à genoux sur des nues, devant Jesus, Marie et Joseph, qui sont assis sur des nues supportées par des anges. En bas on voit le prie-dieu de la Sainte ; à la plume, lavé de bistre. E. H. in 4to.

41. Une sainte à genoux dans sa chambre, brandillant un encensoir, en regardant vers le ciel, d'où vient un ange. Croquis à la pierre noire, quelque peu rehaussé de blanc, sur papier bleu. E. H. in fol.

Différens autres sujets de piété.

Le Sauveur.

1. Le Sauveur debout tenant d'une main sa croix, et montrant de l'autre le calice, qui est à ses pieds ; dessiné au trait d'une plume spirituelle. E. H. in fol.

2. Le Sauveur assis sur des nues, soutenant d'une main sa croix ; croqué à la plume. E. H. in 4to.

3. Le Sauveur debout vu de profil, tenant de la main gauche le globe de la terre, et

donnant de l'autre la bénédiction. E. H. in fol. Dessein d'un vieux maître Allemand fait à la plume, lavé d'encre de la Chine, sur un papier teint en gris, et rehaussé de blanc; c'est le même, qui a fait le dessein Nro. 9. des sujets de Vierges.

4. La Vierge considérant avec douleurs le corps de Jesus Christ. Tout autour plusieurs anges, qui montrent les playes du Sauveur. Piece ceintrée par en haut; à la plume, lavée d'encre de la Chine. E. H. in fol.

5. Trois anges pleurant le corps de J. C. Les figures sont à mi-corps; à la plume, légèrement lavé d'encre de la Chine. E. L. in 8vo.

6. La S. Vierge assise au pied de la croix, ayant sur ses genoux le corps mort de J.C. Dessein très ancien de quelque vieux maître Allemand de la fin du XV. siecle; à la plume, rehaussé de blanc, sur un papier teint d'une couleur verte. Les cheveux du Christ sont peints en brun, et les auréoles en or. Piece de forme quarrée in 4to.

7. Deux saints à genoux devant un autel, sur lequel est un tableau de Jesus Christ descendu de la croix, et adoré par les anges. Joliment dessiné à la mine de plomb, d'un contour ferme et correct; tous les clairs y sont donnés avec le blanc. E. H. in fol.

8. Tableau d'église représentant la résurrection. Il y a beaucoup d'expression et de

force dans les figures. Joli dessein d'une plume hardie, légérement lavé d'encre de la Chine. E. H. in fol.

S. Trinité.

9. La Trinité dans le ciel. La S. Vierge aux genoux du pere eternel intercéde pour plusieurs Saints religieux, que des anges portent au ciel. Esquisse tres légere faite à la plume, lavée d'encre de la Chine. E. H. in 4to.

10. Sujet pour un plafond d'église. On y voit au milieu vers le haut la Trinité, et des deux côtés les différens saints du ciel; à la plume, lavé d'encre de la Chine. E. L. in 4to.

11. S. Grégoire, S. Augustin, S. Thérese et plusieurs autres Saints sur des nues, adorant la S. Trinité, qui est au haut du dessein dans une glorie. Joli morceau à la plume, lavé d'encre de la Chine. E. H. in fol.

Anges.

12. Un petit ange debout, tenant de la main droite un sceptre. Très petit morceau fait à la plume, légérement lavé d'encre de la Chine; dans le goût de *F. Zucchero*. E. H. in 8vo.

13. Etude pour la figure de l'ange Gabriel, qui descend du ciel pour annoncer à la vierge le mystere de l'incarnation; légérement dessinée à la plume et au bistre. E. H. in 4to.

14. Autre étude d'un ange voltigeant dans

l'air, la tête en bas et les pieds en haut; à la sanguine, in 4to.

15. Dessein d'une croix ornée d'ouvrage d'orfévrerie; au milieu est l'ange Michel debout sur le démon, qu'il tient enchaîné; deux autres anges sont à côté aux deux bouts horizontaux: plus bas on voit l'ange Gabriel et tout en bas le sauveur en enfant, debout sur le globe. Ce joli dessein d'une plume fine et spirituelle est lavé d'encre de la Chine E. H. in fol.

La S. Vierge accompagnée de Saints.

16. Un Saint religieux et une sainte religieuse invoquant à genoux la S. Vierge, qui dans le haut du dessein est assise sur des nues au milieu de deux Saints apôtres. Esquisse légere à la plume et au bistre. E. H. in 4to.

17. Trois saints religieux et un saint évêque à genoux sur des nues, invoquant la S. Vierge, qui est au dessus d'eux dans une gloire d'anges; à la plume, lavé légérement de bistre. E. H. in fol.

18. La S. Vierge assise sur des nues dans une gloire, et ayant l'enfant Jesus sur ses bras; à sa droite est une Sainte assise plus bas, et devant elle S. Catherine est à genoux. Petite piece ceintrée par le haut, esquis-

sée à la plume et à l'encre de la Chine. E. H. in 8vo.

19. S. François à genoux, soutenu par un ange, recevant une espece de diplome d'entre les mains de la Vierge, qui est assise à côté de Jesus Christ dans une gloire d'anges. Sur le devant vers la droite est un homme à genoux sur un prie-dieu. Cette esquisse légere faite à la pierre noire sur papier bleu, et rehaussée de blanc, est dans le goût *d'Antoine van Dyck*. E. H. in fol.

20. Feuille d'étude; au milieu est un ceintre, dans lequel on voit la Vierge avec l'enfant Jesus entre S. Augustin et S. Claire; à mi-corps. Joliment dessiné à la plume, lavé de bistre. E. H. in 4to.

21. Dessein pour un tableau d'église, où est représenté S. Jean l'évangéliste persuadant à S. Grégoire, S. Augustin et à un autre docteur de l'église, à écrire. On voit dans le haut la S. Vierge dans une gloire d'anges. Ce dessein est fait d'après un tableau de *Carle Maratti*, vraisemblablement par *Nicolas Dorigny*, qui en a aussi gravé une estampe de la même grandeur; à la plume, lavé d'encre de la Chine. E. H. in fol.

Martyres de différens Saints.

22. Le martyre de deux religieux, assassinés dans la rue par trois bourreaux ar-

més de piques et de sabres. Très petit dessein croqué à la sanguine, et terminé à la plume et au bistre. E. H. in 8vo.

23. Premiere idée du martyre d'un Saint, à qui un bourreau coupe la tête en présence d'une foule de peuple. Croquis fait à la sanguine. E. H. in 8vo.

24. Belle composition de treize figures représentant le martyre d'un Saint assassiné dans un temple pendant un sacrifice payen; à la plume, lavé d'encre de la Chine, et rehaussé de blanc, sur papier bleu. E. L. in folio.

25. Un ange sauvant deux Saints martyrs d'un puits, dans lequel les payens les avoient jettés. Superbe dessein très arrêté par quelque graveur; il est fait à la pierre noire, lavé d'encre de la Chine. E. H. in fol.

26. Deux Saints nus, attachés par les bras à une colonne, e fouettés par deux bourreaux. Dessein spirituel fait à la plume, lavé au bistre; il paroît être de quelque habile artiste de l'école Florentine. E. L. in fol.

---

27. Un Saint évêque sous un baldaquin, baptisant quelques jeunes princesses en présence d'un roi, que l'on voit assis au pied d'un arbre. Dans un cartouche de forme ovale. Morceau joliment esquissé à la plu-

me, lavé d'encre de la Chine, et rehausé de blanc, sur papier bleu. E. H. in 4to.

28. Un évêque en habit pontifical donnant le baptême à un homme, qui est à genoux devant lui. Sur le devant on voit un soldat avec un étendart; dans le fond sont plusieurs religieuses à genoux; à la plume, lavé de bistre, et repassé en quelques endroits au lavis. E. H. in fol.

29. Un évêque sur la chaire, faisant jurer sur l'évangile un homme à genoux devant lui. Il est entouré de différentes personnes, entre autres de trois Arméniens. Dans le lointain on voit une foule d'autres personnes, parmi lesquelles on distingue ce même évêque; à la plume, lavé de bistre. E. H. in fol.

30. Un saint religieux donnant la bénédiction à un guerrier mourant, qui est couché à terre, et soutenu par un soldat. Derrière plusieurs spectateurs pleurent. Dans le fond est de l'architecture. Joliment croqué à la plume, lavé légèrement. E. H. in 8vo.

31. Un pape assis sur sa chaire; esquissé à la pierre noire, et rehaussé de blanc, sur papier bleu. E. H. in fol.

32. Esquisse d'un évêque assis sur un fauteuil; légèrement lavée d'une couleur rougeâtre E. H. in 4to.

33. Un S. Pape debout avec tous les ornemens pontificaux, tenant de la main droite

sa crosse et de l'autre les clefs de l'église. Joli dessein à la plume, lavé d'encre de la Chine. E. H. in 4to.

34. Un saint évêque portant de ses deux mains le modele d'une église. Du même faire que le morceau précédent, et par le même maître. E. H. in 4to.

35. L'intérieur d'une sacristie, où l'on voit un gentilhomme à genoux devant deux prêtres, dont un lui présente une petite croix; à la plume, lavé de bistre, et rehaussé de blanc, sur papier bleu. E. L. in fol.

36. Un saint jeune homme assis sur un trône, guérissant différens malades et estropiés. A ses côtés on voit un roi et une religieuse. Joli dessein à la plume, lavé de bistre E. L. in 4to.

37. Un Saint religieux éxorcisant une femme; elle est soutenue par un homme, qui regarde attentivement le Saint. Derriere on voit plusieurs spectateurs, dont quelques uns sont en priere. D'après *Pietre de Cortone*; à la plume, lavé d'encre de la Chine, et rehaussé de blanc, sur papier bleu. E. H. in folio.

Statues de Saints.

38—41. Quatre statues de prophêtes, en quatre morceaux dessinés à la pierre noire, lavés d'encre de la Chine, et rehaussés de blanc; sur papier jeaune. Ils sont d'un même maître, et d'une grandeur égale. E. H. in fol.

42. Feuille d'étude de quatre différentes figures d'apôtres, faites à la plume, très légérement lavées d'encre de la Chine. E. L. in 8vo.

43. Belle esquisse faite d'une plume savante, représentant une femme à genoux, les yeux tournés vers le ciel. E. H. in 8vo.

44. Une Sainte debout dirigée vers la droite, et tenant les mains jointes et élevées. Au bas de la droite est marquée l'année 1504. Dessein d'un vieux maître Allemand dans le goût de *Martin Schön*, fait à la plume, lavé d'encre de la Chine, et rehaussé de blanc sur papier brun. E. H. in 4to.

Saints mourans.

45. Un ange conduisant un Saint au ciel où l'on voit un grand nombre d'autres Saints en différens grouppes. Esquisse à la pierre noire, rehaussée de blanc, sur papier verdâtre. E. H. in fol.

46. La mort de S. Joseph. Beau dessein à la plume et à l'encre de la Chine. E. H. in folio.

47. Un Saint sur le lit de la mort, soutenu par un ange. Vers le haut on voit le Sauveur dans le ciel, entouré de plusieurs

Saints, qui intercédent auprès de lui, pour l'ame du mourant. Joli dessein fait d'une plume très spirituelle, et lavé de bistre. E. H. in 8vo.

48. Un vieillard mourant assis à terre, et soutenu sous les aiselles par un homme, qui est derriere lui; il semble parler à un religieux, qui est à genoux devant lui. Esquisse à la sanguine. E. L. in 4to.

49. Sujet pour un plafond de forme ovale, représentant une sainte reine transportée au ciel par nombre d'anges. Esquisse à l'huile en clair obscur, sur papier verdâtre. E. L. in folio.

50. Etude pour un plafond, représentant le jugement dernier; croquée à la plume, E. L. in 4to.

51. Sujet pour un tableau d'église; on y voit deux anges délivrant les ames du purgatoire; à la plume, lavée d'encre de la Chine. E. H. in fol.

Allégories.

52. La religion représentée sous la figure d'une femme couverte d'un manteau pontifical; elle est assise sur une pierre quarrée, a dans la main gauche le drapeau de la foi, qu'un ange lui aide à soutenir, et ordonne de la droite à un autre ange, de détruire les idoles du Paganisme. Un troisieme ange

à genoux devant elle l'encense; dessiné et estompé à la sanguine. E. L. in fol.

53. Trois ceintres et deux demi-ceintres qui joints ensemble font le quatrieme ceintre; ils représentent la création du monde; un massacre des martyres de l'église; S. Jean baptisant différentes personnes dans le Jourdain; et Jesus Christ prêchant sa sainte religion; à la plume, légerement lavé d'encre de la Chine, dans le goût de *R. la Fage*. E. L. in folio.

54. Un Saint Jésuite à genoux, recevant les rayons du bouclier de la foi, lequel lui est présenté par la religion, et qui le remplit des lumieres requises pour écrire contre l'hérésie. Joli dessein esquissé à la pierre noire. E. H. in folio.

Sujets de Mythologie.

1. Apollon au Parnasse, au milieu des neuf Muses. Vers la gauche dans le fond on voit un héros armé, qui s'approche du Parnasse; il est suivi de deux guerriers, et un troisieme marchant à son côté lui montre les divinités. Grand dessein fait à la sanguine sur papier jeaunâtre, et rehaussé de blanc: il y a en quelques endroits des touches ajoutées à l'encre de la Chine. Ce morceau paroît être fait par quelque éleve de *Cyro Ferri* d'après l'invention de ce maître;

il est même vraisemblable, que ce dernier y a ajouté les ombres noires et les rehauts blancs, qui sont touchés avec beaucoup d'intelligence et une très grande légèreté, et dans lesquels on reconnoît une main différente de celle, qui a fait tout le reste du dessein. E. L. in fol.

2. Apollon et Pan luttant pour la préférence dans l'art de la musique. Midas y est représenté faisant des reproches à Tmolon qui avoit accordé la préférence à Apollon. Ce joli dessein dans le goût de *Lucas Giordano* est esquissé d'une plume spirituelle, et légerement lavé de bistre. E. L. in fol.

3. Apollon faisant écorcher Marsias; celui-ci est attaché à un arbre, et manifeste par les contorsions de son corps les douleurs affreuses, qu'il ressent. Ce beau dessein est à la plume, lavé de bistre, et rehaussé de blanc, sur papier bleu. E. L. in 4to.

4. Deux Bacchantes dansant au son du tambourin et du chalumeau, desquels deux Satyres jouent; à la sanguine. E. L. in fol.

5. Silene ivre, et se faisant encore verser à boire. Un jeune Satyre est assis entre ses jambes, et en soutient une sur son épaule. Une Bacchante, qui le soutient sous le bras, en se retournant, donne une grappe de raisin à Bacchus enfant sur les genoux d'une autre Bacchante. On voit encore derriere deux autres figures. Croquis légerement fait

à la plume, dans le goût de *R. la Fage*. E. L. in 4to.

6. Un jeune homme nu soutenant dans sa marche un vieillard ivre. Ils sont suivis de deux autres jeunes hommes et d'un enfant. Joli dessein d'une plume légère et spirituelle E. L. in fol.

7. Cupidon à table à côté de Psyché, qu'il tient embrassée; à mi-corps. Beau dessein fait à la plume, lavé de bistre, et rehaussé de blanc. E. L. in fol.

8. Un Amour jouant de la flûte. Joli croquis à la sanguine. E. H. in 8vo.

9. Un jeune homme et une jeune fille, qui se tiennent embrassés, voltigeant en l'air. Au dessous un Amour, qui repand des fleurs d'une main, et tient de l'autre une petite cuve, d'où coule de l'eau. Dessein fort spirituel pour un plafond de forme octogone, à la pierre noire sur papier brunâtre. E. H. in 4to.

10. Trois Amours, qui voltigent. Joli dessein fait aux crayons noire et rouge, avec beaucoup de délicatesse. E. L. in 4to.

11. Un plafond rond, où sont représentés plusieurs Amours voltigeant en l'air. L'un d'eux décoche un flèche vers un masque de Satyre, que d'autres Amours emportent. Dans le bas plusieurs vents, qui souflent. Légerement touché au pinceau, lavé de bistre, et rehaussé de blanc, sur papier bleu. In fol.

12. La moitié d'un plafond quarré, aux

coins duquel sont quatre oeil-de-boeufs. Dans un tableau placé au milieu on voit quatre Amours voltigeant sur des nues. Hors chaque bord de ce tableau sont deux figures nues assises sur une espece de fronton, ayant entre elles une corbeille remplie de fleurs. Ce dessein fait avec esprit, est d'une plume grasse, lavé d'encre de la Chine, et colorié en quelques endroits. E. L. in fol.

13. Etude pour la servante de Danaé, supposée placée près du lit de sa maîtresse, et représentée cueillant dans son tablier la pluie d'or. A côté d'elle deux Amours jouant ensemble, et vus à mi-corps. Joli dessein à la plume, et lavé de bistre, sur papier gris. E. H. in 4to.

14. Diane au bain avec ses Nymphes, découvrant la grossesse de Callisto. Librement esquissé à la plume, lavé d'encre de la Chine. E. L. in fol.

15. Diane et quatre de ses Nymphes au bain. Actéon changé en cerf est vu dans le fond sur un petit pont entre deux rochers. Croquis à la plume et à l'encre de la Chine, fait par quelque maître inconnu, dont le monogramme consiste en un H entrelacé d'une flêche. E. H. in 4to.

16. Actéon surprenant Diane au bain; légerement esquissé à la pierre noire, quelque peu rehaussé de blanc, sur papier gris. E. L. in folio.

17. La déesse Flore assise s'appuyant d'un bras sur un vase de fleurs; à la plume, légerement lavé d'encre de la Chine. E. L. in 4to.

18. Hercule combattant contre le Cerbère. Ce dessein à la plume lavé de bistre, est fait par quelque habile maître d'après *Rossi* dit le *maître Roux*. Il en existe une estampe gravée par *Caraglio* E. H. in 4to.

19. Le repos d'Hercule entouré des marques de ses travaux. Il tient un poignard à la main, et est couché sur la peau du lion. Sa massue et ses fleches sont à ses pieds, ainsi que la tête du sanglier de Calydon, un cerf, Cerbère et un Sphinx. Ce dessein octogone est à la plume, lavé d'encre de la Chine. In fol.

20. Hercule armé de sa massue, assis sur une montagne, et regardant le combat d'un lion, qui mord le dos d'un cheval terrassé. Dessein à la plume, lavé d'encre de la Chine. E. H. in 4to.

21. Jupiter foudroyant les Géans. Croquis à la plume, lavé d'encre de la Chine E. H. in fol.

22. Statue de Neptune assis dans son char trainé par deux chevaux marins. Dessein fait à la plume, légèrement lavé d'encre de la Chine. E. H. in 4to.

23. Basrelief pour le fronton d'un bâtiment, où l'on voit au milieu un fleuve sous la figure d'un homme assis et appuyé d'un bras

sur une cuve, d'où coule de l'eau, et tenant de l'autre main une rame. Il est entouré de différens instrumens de la navigation, et de quatre génies; à la sanguine. E. L. in fol.

24. Un sacrifice à Priape; on voit plusieurs statues de ce dieu, et son temple. Cette composition est de plus de quarante figures, dont plusieurs sont obscènes. L'année 1547 et un monogramme composé des lettres B. H. et S. sont dans le milieu du haut du dessein, qui est fait à la plume, lavé d'encre de la Chine. E. L. in fol.

25. Sujet libre. Une femme nue couchée dans un lit faisant voir la Statue de Priape à un vieillard, que deux jeunes Satyres engagent à se déshabiller; derriere le vieillard on voit Apollon jouant de la Lyre, Bacchus aux pieds duquel un jeune Satyre joue avec une chêvre, Silene jouant de deux flûtes et un vieux Satyre portant un Thyrse. Dans un fond d'architecture. Ce dessein très fini au bistre, et rehaussé de blanc, sur du papier teint d'une couleur grise, est dans le goût de *Nicoletto de Modene*, ou de quelque autre vieux maître Italien de ce tems E. L. in fol.

26. Promethée déchiré par le vautour; aux crayons rouge et noire. E. H. in folio.

27. Psyché à table avec Cupidon. Ils sont entourés par plusieurs Nymphes, dont quelques unes apportent les mets.

28. Psyché une lampe à la main, regar-

dant Cupidon couché dans son lit. Vers la droite du dessein on la voit se piquer avec une des fleches de Cupidon, et à gauche elle est représentée voulant retenir Cupidon, qui s'envole par la fenêtre.

Ces deux desseins esquissés à la plume et à l'encre de la Chine sont d'un même maître. E. L. in 4to.

29. Des Satyres courant après des femmes au bain, qui fuient; à la plume, lavé de bleu d'Inde. E. L. in 4to.

30. Un grouppe de deux Satyres et d'une Bacchante, qui boivent, assis essemble. Premiere idée à la sanguine, corrigée à la plume, et lavée de bistre. E. H. in 4to.

31. Des Tritons et des Nereïdes nageant sur la mer. Ce morceau peint à gouache en grisaille paroît être fait par quelque artiste de l'école de Raphael. E. L. in folio.

32. Venus caressée par l'Amour. Elle est assise sur un lit de repos près d'une fenêtre. L'Amour approche son visage de celui de sa mere, et met une main sur sa gorge. A côté d'eux est un vase et une corbeille de fruits. Ce morceau est dessiné à la plume, lavé de bistre, et rehaussé de blanc sur papier bistré. E. H. in 4to.

33. Venus sur son char précédée par Cupidon, qui lance un trait. En forme de frise entre deux bordures; dessiné et lavé à la sanguine E. L. in folio.

34. Venus assise sur un tronc d'arbre, dont une branche lui passe entre les jambes; à côté d'elle Cupidon vu par le dos, qui grimpe sur une butte de terre. Ce morceau à la plume, lavé d'encre de la Chine, est fait par un maître, qui s'est designé par un monogramme composé des lettres M. P. V. K. entrelacées, in 4to.

Sujets de l'histoire profane.

1. Enée portant sur le dos son père Anchise; ils sont accompagnés par le petit Ascanius; dans le fond on voit Troye en flammes; à la plume, lavé d'encre de la Chine. E. H. in 4to.

2. Le même sujet traité différemment; esquissé à la plume et au bistre. Il y a la marque G. R. qui renferme le nom inconnu de l'artiste. E. H. in 4to.

3. Marc Curce se précipitant dans le gouffre. Ce dessein paroît être de la main de quelque peintre Allemand; il est fait au pinceau, lavé de bistre et rehaussé de blanc, sur papier brunâtre. E. L. in folio.

4. Tarquin et Lucrece. Esquisse griffonnée à la plume. E. L. in 4to.

5. Achilles et Septimius, officiers de Ptolomée tuant Pompée à la vue de sa femme.

6. Cesar affligé à la vue de la tête de Pompée, qu'on lui apporte.

Ces deux pieces sont légèrement esquissées à la plume et à l'encre de la Chine. E. H. in 8vo.

7. Un partie du célebre tableau peint dans une des salles du vatican par *Jules Romain* d'après les cartons de *Raphael*, représentant la victoire remportée par l'empereur Constantin sur le tyran Maxence près de Ponte Mole. Ce beau dessein est fait à la sanguine sur papier gris, rehaussé de blanc. E. L. in folio.

8. Cimon allaité par sa fille dans la prison. Très petit morceau d'un bon effet, au bistre et rehaussé de blanc. E. L. in 8vo.

9. Miravan jeune gentilhomme d'Ingrie, après avoir fait ouvrir le tombeau d'un de ses ancêtres, dans l'idée d'y trouver des richesses (ce que lui fit croire cette inscription equivoque: *Dans ce tombeau est un trésor plus grand que celui de Croesus*) est frappé de terreur en trouvant en dedans l'inscription suivante: *Ici demeure le repos. Misérable sacrilege, tu cherches l'or parmi les morts, va-t-en, enfant de l'avarice, tu ne jouiras jamais du repos.* Cette esquisse est faite à la plume, lavée de bistre et rehaussée de blanc. E. L. in 4to.

10. Un empereur Romain parlant à un guerrier armé de toutes pieces. Ils sont debout l'un près de l'autre. En forme de basrelief. Cet ancien dessein paroît être fait d'après le

Polydore; il est à la plume, lavé de bistre et rehaussé de blanc, sur papier bleu.

11. Une troupe de soldats Romains passant un défilé; à la plume, lavé de bistre. Ce joli dessein paroît être fait d'après *Jules Romain*, par quelque artiste de mérite. E. H. in 4to.

12. Un vieux général d'armée s'approchant du trône, où une reine debout semble aller à sa rencontre. Ce beau dessein d'une composition d'environs douze figures est fait d'une plume leste et spirituelle, et lavé de bistre. E. L. in 4to.

13. Un héros suivi de quelques soldats fondant dans un temple d'Hercules et dispersant les prêtres et les sacrificateurs, dans le moment, où ils portent un sacrifice à ce dieu. Grande composition de beaucoup de figures, dessinée à la plume et à l'encre de la Chine. E. H. in folio.

14—15. Deux sujets pour quelque histoire des Indes. Le premier représente l'intérieur d'une maison, où l'on voit quelques Espagnols à table: il y a parmi eux plusieurs Indiens nus en différentes attitudes.

L'autre représente une plaine, où un Espagnol escorté de quelques soldats faits couper les mains à plusieurs Indiens.

Ces deux jolis desseins sont faits à la plume, lavés d'encre de la Chine. E. L. in 4to.

Figures académiques.

1. Académie d'un homme assis. Il est vu de face, s'appuye sur son bras gauche, et tend l'autre pour montrer quelque chose; à la pierre noire, et rehaussé de blanc, sur papier gris. E. H. in fol.

2. Un homme assis, tenant de la main droite un grand livre ouvert, et faisant de la gauche, qu'il tend en avant, un geste d'étonnement. Derriere lui est un homme vu presque par le dos, qui de la main gauche montre le ciel. Beau dessein à la sanguine, vraisemblablement par quelque maître de l'école Florentine. E. H. in fol.

3. Un homme assis vu de profil; il s'appuye sur son bras gauche, et a la main droite posée sur sa cuisse; à la sanguine. E. H. in fol.

4. Un homme couché à terre, le bras droit et la tête appuyés sur des pierres quarrées; à la sanguine. E. L. in fol.

5. Académie d'un S. Jean Baptiste, représenté prêchant dans le désert; à la sanguine, in 4to.

6. Un enfant couché sur le dos, dormant au pied d'un arbre, qu'on voit indiqué; l'idée de cette figure est fort jolie, mais le dessein en est en plusieurs endroits peu correct; à la sanguine. E. L. in fol.

DESSEINS

Portraits.

1. Portrait à mi-corps de quelque général d'armée. Il a la tête découverte, et porte barbe et moustaches. Son cou est orné d'une cravatte, et son corps couvert d'une cuirasse, sur laquelle on voit la chaîne de l'ordre de la toison d'or. Pièce de forme ovale soigneusement dessinée à la plume, lavée d'encre de la Chine, d'après *Rubens.* E. H. in 8vo.

2. Tête d'homme coëffé d'un chapeau; elle n'est qu'ébauchée. Beau dessein fait à la pierre noire, et rehaussé de blanc, sur papier bleu. E. H. in fol.

3. Buste de jeune homme vu de face; morceau renfermé dans un oval, et dessiné aux trois crayons, sur papier bleu. E. H. in 8vo.

4. Jeune dame assise. Dessein très arrêté aux trois crayons, vraisemblablement d'après une peinture de *Mieris.* E. H. in fol.

5. Simon de Vos, peintre, représenté à mi-corps; légèrement dessiné à la pierre noire d'après *Ant. van Dyck.* E. H. in 4to.

6. Gaspar Gevartius, secretaire de la ville d'Anvers, à mi-corps. Ce dessein est fait au bistre et bien terminé, d'après *van Dyck.* E. H. in 4to.

On a des estampes de ces deux portraits, gravées par *P. Pontius.*

7. Albert Prince d'Aremberg, à mi-corps;

joli dessein fait à la pierre noire, et rehaussé de blanc, sur papier bleu, d'après *van Dyck*. E. H. in 4to.

Ce portrait a été pareillement gravé en plus petite forme par *S. a Bolswert*.

8. Don Diego Philippe de Gusman, à mi-corps. Esquisse peinte à l'huile en grisaille; elle paroît avoir été faite d'après une estampe de *P. Pontius*, qu'il a gravée d'après *Ant. van Dyck*. E. H. in folio.

Paysages et marines.

1. Paysage. On y voit sur le devant à gauche un homme et une femme vus par le dos, qui marchent ensemble, au milieu un paysan debout parle à un pâtre assis à terre, qui garde quelques moutons. Dans le fond à gauche est une grande rivière, dont un bras se repand jusqu'en avant du dessein. Sur le bord en deça est une montagne extrêmement haute, au sommet de laquelle se voit un bourg. Ce dessein dans le goût de *Jean Breughel* est fait à la plume, le devant en est lavé à l'encre de la Chine, et le lointain à l'Indigo. E. L. in fol.

2. Paysage représentant un petit ruisseau, dont les bords sont couverts d'arbres et de buissons; sur le devant on voit un garçon debout tenant un hameçon, et parlant à un autre, qui est assis auprès de l'eau. C'est une

vue prise à la Roche près le Coudray, route de Fontainebleau. Joli dessein à la pierre noire, et rehaussé de blanc, sur papier bleu. E. L. in folio.

3. Dessein superbe de forme ronde, fait à la plume, lavé de bistre. On y voit quatre figures, les unes assises, les autres couchées à terre au dessous de la voute d'un ancien bâtiment délabré. In 4to.

4. Paysage orné sur le devant à droite d'une fuite en Egypte; à la plume, et à l'encre de la Chine; de forme octogone in 8vo.

5. Paysage fait d'une plume grasse et hardie, lavé d'encre de la Chine. Il y a sur le devant à gauche quelques petites collines ornées d'arbres. Vers la droite est de l'eau, sur laquelle on voit un petit bateau. Dans le fond sur le bord de l'eau est un château entouré d'arbres. E. L. in folio.

6. Deux vieillards solitaires dans un bois. L'un est accroupi sur le bord d'un ruisseau, l'autre est assis à terre, et adossé contre une grosse pierre; tous deux ont la barbe fort longue; dessiné à la plume dans le goût *de Titien.* E. L. in 4to.

7. Partie d'un bois au haut d'un côteau; joli dessein à la pierre noire, sur papier gris, rehaussé de blanc. E. H. in folio.

8. Paysage fait à la plume et assez terminé. On y voit sur le devant, près d'un grouppe de quelques gros arbres, deux figures, dont l'une

DES MAITRES INCONNUS. 431

pêche à la ligne; le lointain à gauche présente la vue d'un pays très montagneux. E. L. in 4to.

9. Une forêt de pin; on y voit sur le devant à gauche un homme assis à terre, qui mange et boit, et vers la droite un autre, qui dessine. Beau dessein fait en 1576 aux deux crayons, vraisemblablement par *Fr. Barozio*. E. L. in folio.

10. Jolie esquisse faite à la plume, représentant une ville sur le bord d'une riviere; sur le devant un homme assis parlant à un autre, qui est debout devant lui. Ce morceau est dans le goût d'*Annibal Carrache*. E. L. in 4to.

11. Paysage orné d'arbres, au milieu duquel se voit dans le lointain une ville; légèrement esquissé à la plume et au bistre. E. L. in 4to.

12. Des chasseurs allant à la chasse des alouëttes. Ce petit dessein en forme de frise est à la plume et à l'encre de la Chine, et très terminé. E. L. in 8vo.

13. Paysage montagneux orné de figures et de bestiaux. On voit sur le devant vers la droite un paysan marchant à côté d'une femme, qui porte une corbeille sur la tête; ils sont vus par le dos, et avancent vers un petit garçon, qui mene paître son bétail, en le faisant aller vers le spectateur. Dessein capital d'un des meilleurs maîtres modernes

de l'école Françoise. La maniere large, l'effet juste et vrai du clair obscur, la correction et le goût du dessein dans les figures, que l'on admire dans cet ouvrage, pourroit bien faire croire, qu'il est une production de *Vernet*. Il est fait à l'encre de la Chine. E. L. in folio.

14. Paysage représentant un très large chemin descendant doucement d'une montagne. Ce chemin est couvert de pierres et morceaux de rocher de différente grandeur, parmi lesquels coule de l'eau. On voit dans un rocher vers la gauche deux hommes, qui dessinent; et sur le devant à la droite deux cavaliers, qui montent la montagne. Ce dessein fait d'une plume spirituelle, est de quelque ancien maître Italien. E. L. in folio.

15. Paysage montagneux orné d'arbres. Superbe dessein fait à la mine de plomb, et légèrement lavé de bistre. Il est dans le goût de *Henri Roos*, et peut-être de lui même. E. L. in folio.

16. Paysage ébauché à l'aquarelle, représentant un grand rocher, dont le haut est couvert d'arbres et de buissons, et au travers duquel on peut passer par un grand trou, d'où coule un ruisseau. Sur un petit pont conduisant dans le trou, est assis un homme, qui pêche à la ligne. Dessein de quelque amateur. E. H. in 4to.

17. Paysage montagneux orné d'abres. On y voit une riviere venant du fond jusque sur le devant; sur le bord de cette riviere à gauche sont plusieurs rochers escarpés et fort hauts, au sommet desquels on voit des châteaux et autres fabriques. Il y a un bâteau à voile vers le devant de la riviere. Ce morceau est fait à la plume, lavé de bleu d'Inde, par quelque maître inconnu, qui s'est désigné par les lettres M. S. A. entrelacées. E. L. in 4to.

18. Paysage avec quelques rochers escarpés, couverts vers le haut d'arbres. Au milieu du devant un homme enveloppé dans un manteau, semble demander le chemin à un paysan et une femme, qui sont assis à terre. Ce morceau dessiné à la plume paroît être l'ouvrage de quelque amateur E. L. in folio.

19. Plusieurs Dames et Messieurs assis en compagnie dans un jardin près d'une statue. Petit morceau dans le goût de *Watteau*, fait à la plume et à l'encre de la Chine. E. L. in 8vo.

20. Vue d'un jardin avec une allée au milieu, et deux autres à côté; on y voit plusieurs gens, qui se promenent.

21. Autre vue semblable avec un casin, devant lequel est un parterre entouré d'abres. Hors du mur de ce jardin on voit un carosse et un cabriolet.

Ces deux desseins à la plume et au bistre sont d'un même auteur. E. L. in 4to.

22. Vue de Tivoli du côté des remparts. On y voit un pont de pierre à côté d'un château flanqué de deux tours rondes; hardiment dessiné à la pierre noire. E. L. in fol.

23. Petit dessein fait à la plume, au trait, représentant la vue d'une Abbaye; sur   devant est un homme assis sur une butte de terre lequel dessine. E. H. in 8vo.

24. Vue perspective d'une large riviere, sur le bord droit de laquelle est une ville. Vers le haut on voit la figure d'un homme nu à genoux sur des nues, implorant un dieu assis sur un trône. Ce morceau est à la plume, le devant lavé de bistre, et le lointain de bleu d'Inde. E. L. in fol.

25. Un pont de bateaux sur une large riviere, au delà de laquelle est située une ville. Sur le devant à gauche un muletier marchant à côté de son mulet, qui est très-chargé. Ce dessein au trait est fait d'une plume spirituelle par quelque maître François. E. L. in fol.

26. Paysage orné d'arbres; on y voit vers le milieu dans un petit éloignement un pilier, tel qu'il y en a de plantés sur les grands chemins, érigé sur une petite hauteur, au bas de laquelle deux hommes assis à terre se reposent. Ce beau dessein est fait à la sanguine sur papier jeaunâtre, et rehaussé de blanc d'après *Weirotter*. E. H. in fol.

27. Une partie du bord d'un large canal. Ce bord est couvert de beaucoup d'arbres. On y voit sur une chaussée jettée sur l'eau, une femme portant un pot sur la tête, étant accompagnée de deux enfans. A côté de cette chaussée un homme s'efforce de tirer vers le bord un petit bateau, dans lequel sont deux pêcheurs. Sur le devant vers la droite on voit deux autres bateaux dans l'eau, dans chacun desquels est un pêcheur. Beau dessein à la pierre noire, et bien terminé; d'après *Weirotter*. E. L. in fol.

28. Marine, où l'on voit vers la gauche un roc percé, et sur le devant un matelot assis sur le rivage; à la pierre noire, sur papier bleu. E. L. in 4to.

29 — 30. Deux marines dans le goût de *R. Zeeman*, joliment dessinées à la plume, et lavées d'encre de la Chine. E. L. in fol. Au bas de l'un de ces morceaux est écrit: *Petro du pire in et fecit*, nom inconnu, qui vraisemblablement est mal écrit.

31. Ce dessein représente la vue de la ville et du port d'Amsterdam, prise du port même; sur le devant est une chaloupe, qui vogue à force de rames; elle est pleine de gens, parmi lesquels un homme sonne de la trompette. Plus loin sont trois vaisseaux de guerre à pleines voiles; plusieurs autres, tant vaisseaux, que barques et chaloupes, ainsi que la ville en perspective forment le reste

du dessein, qui est très terminé à la plume sur velin. E. L. grand in fol.

32. Vue d'un port de mer; dans un canal sur le devant sont trois vaisseaux. Ce beau dessein d'après nature est dans le goût de *Rembrandt*; il est fait à la plume, et lavé de bistre. E. L. in 4to.

33. Vaisseau voguant sur la mer à pleines voiles; légèrement esquissé à la plume et à l'encre de la Chine. E. L. in fol.

Architecture.

1. Le sepulcre de Constantin le grand. C'est un sarcophage placé sur un piedestal. Les côtés du sarcophage sont ornés des figures en basrelief. Ce dessein d'après l'antique est fait à la plume, lavé d'encre de la Chine, par quelque ancien maître. E. H. in folio.

2. Mausolée d'un pape: sa statue est placée au milieu dans une niche; aux deux côtés de laquelle, dans d'autres niches, sont les statues de S. Pierre et de S. Jean Baptiste; à la mine de plomb, lavé de bistre. E. H. in fol.

3. Autre mausolée d'un pape; il est couché sur un cercueil placé dans une niche; des deux côtés sont les statues de Pierre et Paul; à la plume, légèrement lavé d'encre de la Chine. E. H. in fol.

4. Projet d'un tombeau. Le cercueil placé dans une niche sur un piédestal est orné de deux génies, qui tiennent des flambeaux aux deux côtés d'une tête de mort; plus haut est le buste d'un homme. Ce morceau est à la plume, lavé de bistre. E. H. in fol.

5. Portique pour un catafalque, dessiné à la plume et au bistre, très terminé. E. L. in folio.

6. Dessein d'un autel; des deux côtés sont les statues de S. Antoine de Padoue et de S. Othilie dans des niches; au dessus est représenté l'annonciation. Ce joli dessein est fait à la plume, lavé de bistre. E. H. in fol.

7. Un devant d'autel; dans le fronton est représenté le pere éternel; dessein arrêté à la plume et au bistre. E. H. in fol.

8. Autre devant d'autel; au dessus du tabernacle est un tableau, où l'on voit la Vierge, S. Jean et Marie Magdelaine au pied de la croix. A côté sont quatre autres tableaux; légèrement esquissé à la plume, lavé de bistre. E. H. in fol.

9. Le dedans de la cour d'un bâtiment magnifique, orné de deux tours quarrées; à la plume, lavé d'encre de la Chine. E. L. in folio.

10. L'intérieur d'une galerie magnifique avec des arcades soutenues par des colonnes couplées de l'ordre Corinthien. Ce beau dessein

est fait avec intelligence à la plume, lavé de bistre. E. L. in fol.

11. La façade d'une porte ayant deux colonnes de chaque côté; elle est surmontée d'une galerie voutée, soutenue par des colonnes. Dans le fond on voit dans une niche le buste d'un homme; à la plume, lavé de bistre. Ce dessein paroît être de la main *de Jules Romain.* E. H. in fol.

12. Dessein du portique d'une église; à la plume, lavé d'encre de la Chine. E. H. in fol.

13. Joli croquis dans le goût de *la Belle*, d'un cirque destiné à représenter des combats navales; à la plume. E. L. in 4to.

14. Dessein d'une cheminée magnifique, ornée vers le haut de plusieurs figures; fait à la plume et au bistre par quelque artiste François. E. H. in fol.

Inventions.

Sujets allégoriques.

1. L'innocence représentée par une jeune femme, conduisant un agneau par un ruban, et marchant derriere un grand dragon. Petit dessein très spirituel fait à la plume et au bistre. E. L. in 8vo.

2. La fortune représentée sous la figure d'une femme ailée, qui se tient debout d'un pied sur une roue; elle porte d'une main une bride, et de l'autre deux perches; légérement

esquissé à la plume et au bistre, sur papier gris, et rehaussé de blanc. E. H. in fol.

3. La justice assise sur des nues ; elle a les yeux bandés, tenant un glaive d'une main, et une balance de l'autre ; à la plume, lavé de bistre, et rehaussé de blanc. E. H. in 4to.

4. Basrelief représentant la foi, l'espérance et la charité. Dessein très arrêté à la plume, lavé de bistre, par quelque maître Flamand dans le goût de *Martin de Vos*. E. L. in fol.

5. La mort au milieu des débris des grandeurs et des richesses; derriere une foule des pécheurs trainés par le diable dans l'enfer, et de l'autre côté quelques élus, qui montent au ciel. Dessein en forme de vignette fait à la plume et à l'encre de la Chine. E. L. in 8vo.

6. Le feu.
7. L'air.
8. La terre.
9. L'eau.

représentés par des enfans nus voltigeant en l'air. Ces quatre superbes morceaux en grisaille sont peints à la détrempe sur toile. E. H. in 4to.

10. La paix et la justice s'embrassant tendrement. Représentées sous des figures de femmes, elles sont assises dans une niche. La paix foule au pied un casque, et à côté d'elle est un génie, qui tient une palme; un autre génie est à côté de la justice, tenant d'une main une balance, et de l'autre un glaive.

11. Le pendant de la piece précédente. L'a-

bondance et l'aisance se donnant la main. Elles sont aussi représentées sous des figures de femmes, assises dans des niches. A côté de l'abondance un génie soutient une corne d'abondance, et aux pieds de l'aisance deux enfans partagent du pain l'un avec l'autre.

Ces deux desseins de forme ronde sont faits par un même maître, à la plume et à l'encre de la Chine. In 4to.

12. Esquisse pour un plafond. Sujet allégorique représentant l'Amour réunissant la guerre et la paix; à la plume. E. L. in fol.

13. Sujet pour un plafond représentant une reine assise au milieu des dieux rassemblés dans l'Olympe. Premiere pensée légèrement esquissée à la plume et à l'encre de la Chine, rehaussée de blanc, sur papier gris. E. L. in folio.

14. Très grand morceau dessiné à la plume, lavé d'encre de la Chine et bien terminé. On y voit un roi assis sur un trône, sur les marches duquel sont des deux côtés six lions, dont chacun tient un écusson. Au bas de la derniere marche une reine à genoux implore le roi, les bras étendus, en montrant des présens, que trois femmes de sa suite apportent. Sur le devant Pallas debout tient un écusson propre à y mettre une inscription. Des deux côtés du trône, dans une galerie on voit nombre de gardes du roi et des spectateurs de différentes nations. E. H. très grand in fol.

15. La concorde et la paix représentées sous des formes de jeunes femmes, assises ensemble sur des nues, et s'embrassant. La paix brule différentes armures, qu'elle a foulées sous ses pieds; la concorde tient d'une main un faisceau, et montre de l'autre Mercure accroupi à terre, et occupé à lier une gerbe de blé. La déesse Flore plane à gauche sur des nues. Dans le fond à droite des moissonneurs travaillent au champ. Ce joli dessein dans le goût de *Pietre de Cortone* est fait à la pierre noire, lavé d'encre de la Chine et colorié. E. L. in folio.

16. Une matrone assise à une petite table, lisant des préceptes de sagesse à un jeune homme nu, qui debout devant elle se défend contre les tourmens de quelques démons, lesquels s'efforcent à détourner son attention de la lecture. Deux jeunes écoliers à côté de la matrone montrent la sagesse, qui sous la forme de Minerve est assise sur des nues élevées derriere la matrone. Ce dessein est à la plume, lavé de bistre. E. L. in 4to.

17. Premiere idée d'un tableau allégorique. Un génie debout sur l'envie terrassée, présente un livre à une reine assise sur un trône, au milieu des Muses, qui sont rangées des deux côtés. Dessein de quelque maître de mérite, savamment esquissé à la pierre noire. E. L. in folio.

18. Dessein allégorique, où est représenté vers la droite une ville, sous la figure d'une femme assise sur le bord de la mer. Deux déesses marines lui présentent à genoux une grande conque, dans laquelle on voit un écusson d'armes. Au milieu du dessein un jeune prince, sous la figure d'un enfant nu, est monté sur un dauphin, qui nage dans la mer. Il tient dans ses mains étendues un sceptre et une palme. Un génie voltigeant en l'air lui met une couronne royale sur la tête. Deux dieux marins sonnant de la trompette marine présentent à ce jeune prince une rame, sur laquelle on voit le dessein d'un autre écusson d'armes. Ce dessein est légérement esquissé à la plume et au bistre. E. L. in fol.

19. Un plafond à deux compartimens. Dans l'un est représentée une académie de savans dont tous les grouppes des figures sont pris du tableau de *Raphael*, connu sous le nom de l'école d'Athénes. Dans l'autre on voit Apollon au milieu des Muses. Ce dessein est fait à la plume, légérement lavé d'encre de la Chine. E. H. in fol.

20. L'apothéose d'un artiste. La renommée, la vérité et le tems, qui a sous ses pieds l'envie terassée, portent le médaillon de l'artiste au temple de mémoire; à la plume, lavé d'encre de la Chine, dans le gout de *R. la Fage*. E. H. in fol.

21. Sujet allégorique représentant une jeu-

ne femme debout, tenant de la main droite un livre et plantant de l'autre un arbre dans un vase posé sur un trépied, sous lequel il y a du feu. Joli dessein à la plume, lavé d'encre de la Chine. E. H. in 8vo.

22. Une académie des arts et des sciences; vers le haut on voit sur des nues Apollon et quatre autres divinités, qui protégent cette Académie. Composition de plus de vingt cinq figures; à la plume, lavé de bleu d'Inde. E. L. in fol.

23. Un corps d'architecture, où l'on voit dans une niche une statue de femme drapée. Un peu plus bas vers la gauche un satyre leve un tapis. Sur le devant de ce même côté une femme renversée par terre paroît se défendre contre les coups, que Mercure lui porte avec son caducée; une autre femme est assise à la droite; ayant à ses pieds un petit chien; à la plume, lavé de bistre, et rehaussé de blanc, sur papier bleu. E. H. in 4to.

24. Le tems sous la figure de Saturne descendant du ciel, et se saisissant de deux jeunes femmes assises à terre dans un paysage. Sur le devant vers la gauche une troisieme femme, un genou en terre, et tenant un flambeau à la main, semble vouloir échapper. Esquisse fort légere à la sanguine, corrigée à la plume et lavée de bistre. E. L. in 4to.

25. Venus sur son char montrant à un guerrier l'armement de toutes pieces qui est placé à côté d'un arbre. Le guerrier est debout près d'un

fleuve assis par terre. Esquisse légere à la mine de plomb, et lavée de bistre. E. L. in 4.

26. Quatre génies battant du blé; petit dessein à la plume et à l'encre de la Chine. E. L. in 8vo.

Batailles, Sieges, combats etc.

27. Un camp.
28. Escarmouche.
29. Bataille.
30. Marche d'armée.
31. Retraite.
32. Combat de cavalerie.
33. Marche au bord d'une riviere.
34. Combat d'infanterie contre cavalerie.
35. Choc de cavalerie.
36. Chasse.

Ces morceaux sont en largeur, in 8vo.

37. Bataille rangée. E. L. in folio.
38. Combat. E. L. in 4to.
39. Attaque générale d'un camp retranché. E. L. in folio.

Tous ces treize desseins, la plûpart faits à la plume et au bistre, sont dans le goût de *Bourguignon*; et il est très vraisemblable, qu'il en est même l'auteur.

40. Sujet de bataille; griffonné à la plume, quelque peu lavé de bistre; il est du même maître, qui a fait le suivant Nro. 47. E. L. in folio.

41. La prise de Lisbonne par les trouppes Danoises commandées par Robert I. duc de Normandie. Beau dessein très fini à la plume et à l'encre de la Chine. E. L. in fol.

42. Un débarquement des trouppes; l'on voit dans le lointain trois vaisseaux de guerre. Superbe composition d'un grand nombre de figures fort joliment dessinées à la plume et lavées de bistre. E. L. in folio.

43. La défense d'une ville escaladée de toutes parts. Ce n'est qu'une premiere idée à la plume et au bistre avec du blanc. Ce dessein paroît être de la main du *Tintoret*. E. L. in folio.

44. Plusieurs gladiateurs, qui combattent à l'épée et au bouclier dans un champ clos. Joli dessein de Forme ronde, pour être gravé sur un plateau; à la plume, lavé de bistre. E. H. in folio.

45. Esquisse de deux hommes, qui se battent au sabre. Entre eux un vieillard terrassé se pend à l'habit d'un de ces hommes, pour le retenir. Au revers le même sujet avec peu de changemens. Joli dessein à la plume. E. L. in folio.

46. Deux desseins en médaillon, qui ont l'air d'être les deux côtés d'une médaille. L'un représente une bataille et, l'autre une cérémonie de recompense donnée au vainqueur. Ces deux sujets sur une même feuille sont dessinés par le même maître, qui a fait No. 25 des sujets de la Mythologie.

47. Des voleurs de grand chemin attaquant un coche. Piece griffonné à la plume, quelque peu lavé de bistre. E. L. in 4to. Il est du même maître, qui a fait le Nro. 40. ci-dessus.

Différentes figures, qui ont rapport au militaire.

48. Des soldats partageant le butin dans une ville prise d'assaut. On voit dans le lointain deux trompettes, qui sonnent des fanfares. Beau dessein de quelque maître Flamand dans le goût de *van Herp*, et de *Palamèdes Stevens*; il est à la plume, lavé d'encre de la Chine, et rehaussé de blanc, sur papier bleu. E. L. in folio.

49. Un corps de garde Hollandois. Trois soldats assis jouent au dez, un quatrième debout vu par le dos, les regarde. Dans le fond deux autres se chauffent près de la cheminée. E. L. in 4to.

50. Sujet semblable. On y voit dans le fond quatre soldats à table jouant aux cartes. Sur le devant vers la gauche un autre, qui vient de quitter le jeu, compte l'argent qu'il a gagné en s'approchant de son camarade, qui met son épée. E. L. in folio.

Ces deux desseins d'un même artiste sont légérement esquissés à la mine de plomb, ressentis de quelques coups de plume, et lavés de bistre.

51. Un enseigne Allemand. Beau dessein fait en 1549 par une main bien éxercée, à la plume, rehaussé de blanc, sur papier brun. E. H. in folio.

52. Un trompette et un autre homme à cheval, s'arrêtant auprès de quelques paysans, qui marchent à côté d'un âne chargé. Dans le fond deux vaches et deux chevres. Ce morceau dans le goût de *Boudevyns* est fait au lavis. E. L. in 4to.

53. Esquisse du portrait de quelque général monté à cheval; dessinée avec esprit, à la pierre noire, et rehaussée de blanc, sur papier gris. E. H. in 4to.

54. Un basrelief, où est représenté une trouppe de chevaliers Teutons, devant lesquels on dégrade de noblesse un chevalier félon. En forme de frise; à la plume, lavé de bistre, et rehaussé de blanc, sur papier bistré. E. L. in folio.

55. Un archer vêtu à la Suisse, debout près d'une balustrade, sur le bout de laquelle est un vase. E. L. in fol. Cette figure au lavis est une Anamorphose faite suivant des regles de perspective, qui obligent de s'écarter des proportions ordinaires. Ces anamorphoses sont un jeu d'optique, et il faut être à un certain point de vûe et d'éloignement, pour que les figures paroîssent dans leurs proportions naturelles; dans tout autre point de vue,

l'image varie, et ne représente plus le même objet.

Figures pour des Sujets de chasse.

56. Deux cavaliers de retour de la chasse, se faisant dire la bonne avanture par un Bohémien. Joli dessein au bistre. E. L. in 4to.

57. Un carosse attelé de deux chevaux, dans lequel une dame conduite par un cavalier se prépare à monter. Devant est le seigneur du village à cheval, allant à la chasse, entouré de chasseurs et de valets de chiens. Dans le fond vers la gauche on apperçoit un vieux château. Ce superbe dessein dans le goût de *D. Stoop* est esquissé avec une légèreté rare. L'ordonnance en est très savante et l'effet fort piquant; il est à la plume, lavé d'encre de la Chine. E. L. in fol.

58. Un cavalier écoutant un autre qui, descendu de son cheval, lui explique quelque chose. Sur le devant à gauche on voit un petit garçon et une petite fille debout, et à côté d'eux un chien. A droite est un bouc couché. Ce joli dessein marqué au bas de la gauche d'un monogramme consistant en un I et un W est dans le goût de *Philippe Wouwerman*. Il est fait au pinceau, en encre de la Chine, et rehaussé de blanc, sur papier teint en verd. E. L. in fol. Il y a un autre dessein de ce même maître, ci-après, No. 98.

Cérémonies et événemens historiques.

59. Festin de nôces. On y voit dans la cour d'un palais plusieurs dames et cavaliers Allemands; les uns dansent, et les autres font un repas; dessiné à la plume dans le goût de *Jean Sebald Beham* E. L. in 4to.

60. Différentes prêtresses assemblées autour d'un autel, et apprêtant un sacrifice. Jolie esquisse à la mine de plomb, faite par quelque maître François moderne. E. L. in 4to.

61. Un jeune prince remettant un mémoire au pape, qui est assis sur sa chaire, et entouré de plusieurs prêtres. Joli dessein fait à la plume, lavé d'encre de la Chine, par quelque maître François. E. L. in 4to.

62. Un roi assis sur son trône, au milieu de deux rangs de vieillards, avec lesquels il paroît tenir conseil; à la gauche du roi est assise une femme parlant à un homme, qui est debout à la droite du roi, la tête découverte. Derriere tout autour sont les gardes du roi. Ce joli dessein en forme de vignette est fait par un très habile artiste à la plume, et lavé de bistre. E. L. in 8vo.

63. Triomphe d'un Empereur Romain. Il est assis sur un char trainé par des rois. Dessein fait avec beaucoup d'esprit à la plume, lavé de bistre. E. L. in 4to.

64. Un chariot attelé de deux boeufs, et chargé, à ce qu'il paroît, avec des pains,

dont un homme fait la distribution à une foule de peuple assemblée autour du chariot. Premiere idée légèrement esquissée à la plume et à l'encre de la Chine. E. L. in 4to.

65. Salle d'académie, où l'on voit neuf savans dans le costume Hollandois, assis à une grande table, et occupés de différens travaux de mathématique. Ce dessein fait à la plume et au bistre, porte la date de 1591.

66. Un homme assassiné dans un temple par quatre assassins; les conjurés sont autour. Piece en forme de frise, dessinée à la plume et lavée de bistre. E. L. in fol.

67. Un homme mourant; à côté de son lit est un Jésuite, qui le prépare à la mort. Sa femme et ses deux petits enfans pleurent, et expriment leur désolation. Ce dessein est lavé à l'encre de la Chine. E. H. in fol.

68. Un homme malade couché dans un lit sous un baldaquin magnifique; il semble écouter avec intérêt l'exhortation d'un prêtre, qui s'approche de lui. Tout près du lit un jeune ecclésiastique à genoux montre au malade un grand livre ouvert. Dans une petite distance du lit de ce même côté, un général commandant est assis sur un tabouret, et derriere lui on voit un Soldat, qui tient le bouclier et la lance du général. De l'autre côté du lit est un homme debout, qui semble être le médecin du malade. Ce dessein est fait à la plume et à l'encre de la Chine. E. H. in 4to.

Sujets de conversation etc.

69. Ancien dessein représentant une conversation de personnes, qui sont habillées dans différens costumes Allemands. On y voit entre autres deux Bohémiennes, dont une dit la bonne avanture à un jeune homme; à la plume et au lavis. E. L. in folio.

70. Grande place dans une ville des Pays-bas, où l'on voit plusieurs grouppes de figures rassemblées auprès de quelques étaux; à la plume et au bistre. E. L. in 4to.

71—72. Deux sujets en carricatures de la place Maubert à Paris. Esquisses légeres à la plume, lavées de bistre. E. H. in folio.

73. Une vieille femme, un homme et deux enfans dans un bois, s'efforçant à attraper un lapin, qu'ils entourent. Carricatures. Joli dessin à la plume, lavé d'encre de la Chine. E. H. in 4to.

74. Une grande foule de paysans, de femmes et d'enfans devant une boucherie de village, où le boucher est occupé à éventrer un boeuf. Esquisse légere à la pierre noire, lavée d'encre de la Chine, dans le goût d'*Adrien van Ostade*. E. H. in 4to.

75. Ecole de village; joli composition de beaucoup de figures, dessinée à la plume et au bistre. Ce morceau est aussi dans le goût d'*Ad. van Ostade*. E. L. in 4to.

76. Un jeune homme debout appuyé sur un coffre semblable aux boutiques portatives des Savoyards, qui font voir la curiosité. Il parle à deux jeunes femmes, dont celle vers la droite paroît être étonnée de ce qu'il dit. L'autre à genoux montre le tableau peint sur le coffre ; légèrement esquissé à la pierre noire et rehaussé de blanc, sur papier teint d'une couleur jeaunâtre. Cette piece de forme ovale semble être faite par Mr. *Abel*, éleve de *H. Füger*. E. H. in fol.

77. Une marchande de poissons connue pour être très méchante, travailla sous les fenêtres d'un ancien duc de Bourgogne. Un de ses courtisans paria, de pisser au travers d'une cloison de planches, dans laquelle cette femme se troúvoit. L'harangère prit un gros brochet, et fi mordre le courtisan. C'est le sujet de ce dessein un peu obscene, fait à la plume et à l'encre de la Chine. E. L. in 4to.

78. L'intérieur d'un grand Sallon, où l'on voit dix huit femmes, un enfant, un chien et un chat, qui tous dans différentes attitudes s'occupent à se défendre contre les puces et les poux. Ce singulier sujet est légèrement esquissé à la plume, sur papier huilé. E. L. in fol.

79. Plusieurs femmes occupées à blanchir et à suspendre du linge. Etude à la plume. E. L. in 8vo.

80. Un jeune homme vêtu d'une tunique, soutenant un vieillard tout nu assis par terre. Vers la gauche un autre jeune homme accroupi, s'accroche de la main droite à une souche, et tend la gauche vers le ciel, d'où sortent deux mains pour la prendre. Beau dessein, remarquable par la correction des contours, et très fini à la plume par quelque ancien maître Italien. On y trouve vers le bas le nom de Mantegna : mais il paroît être ajouté après-coup par une main récente. E. L. in fol.

Différentes figures détachées.

81-85. Cinq petites feuilles, où sont représentées des etudes de toutes sortes de figures de paysans, dans différens costumes et attitudes.

86-88. Trois autres pieces semblables.

Tous ces desseins faits à la plume et au bistre sont d'un même auteur.

89. Feuille d'étude avec vingt quatre figures semblables; du même faire et de la même main, que les huit pieces précédentes. E. L. in fol.

90. Figure d'un homme couvert d'une large draperie. Il a un pied dans l'eau, et l'autre sur une motte de terre. Joli dessein arrêté à la plume, quelque peu rehaussé de blanc, sur papier gris. Dans le goût de *Michel Ange*, E. H. in fol.

91. Un vieillard debout vu de profil, et tourné vers la droite. Il tient de la main gauche les plis de sa draperie, et montre de l'autre une petite pierre ronde. Dessein assez fini à la pierre noire, rehaussé de blanc, sur papier gris. E. H. in 4to.

92. Etude pour un Bélisaire. C'est un vieillard aveugle, assis sur une motte de terre, et tenant entre les mains un long bâton. Jolie esquisse dans le goût du *Titien*, faite à la pierre noire, et rehaussée de blanc, sur papier grisâtre. E. H. in fol.

93. Etude d'une figure d'homme ayant l'air d'un apôtre, et vu presque par le dos; à côté une autre figure semblable, qui n'est vue qu'à moitié; dessiné d'une plume spirituelle. E. H. in 8vo.

94. Un homme debout enveloppé d'un manteau court, et tenant un bâton à la main; bien dessiné à la pierre noire. Sur la même feuille l'étude d'une tête et d'une main. E. H. in fol.

95. Un jeune homme largement drapé, assis à terre, appuyé sur la main gauche, et tournant la tête vers le ciel; à la pierre noire, rehaussé de blanc, sur papier bleu. E. L. in fol.

96. Un jeune homme embrassant une jeune dame. Ils sont debout et vêtus à l'Allemande. Cupidon voltigeant en l'air, leur décoche une flèche; à la plume, lavé d'encre de la Chine,

et rehaussé de blanc, sur papier gris, par quelque maître *Flamand*. E. H. in 4to.

97. Un vieux cordonnier vu de face, assis sur une chaise, appuyant ses deux mains sur ses genoux; derriere lui un enfant. Fort joli dessein à la plume, et à la pierre noire. E. H. in 8vo.

98. Un marchand de lunettes, accompagné de son chien; Petit morceau lavé à l'encre de la Chine, et rehaussé de blanc, sur papier, teint en gris, par quelque maître anonyme, qui s'est désigné par les deux lettres J. W. entrelacées. E. H. in 4to. Il y a un dessein de ce même maître, ci-dessus Nro. 58.

99. Un paysan à Cheval vu presque par le dos, tenant un cheval de main chargée d'un bât, et parlant à un homme, qui est debout près de lui. Contrépreuve du contour fait au pinceau sur la toile dun tableau. in 4to.

100. Un homme se nettoyant le derriere a-près avoir fait ses nécessités. Ce sujet sale, il est vrai, est dessiné à la plume, et au bistre avec tant d'esprit, que l'on est tenté de croire, qu'il est de la main d'*Annibal Carrache*. E. H. in 4to.

101. Une femme vue par le dos; elle a un genou sur une pierre, sur laquelle est posé son enfant; à la plume, lavé de bistre. E. H. in fol.

102. Une femme à genoux, dirigée vers la droite; dessein arrêté à la saguine. E. H. in folio.

103. Une femme nue assise à terre auprès d'une fontaine; elle tient de la main droite une flûte, et de la gauche elle vuide une petite cruche. Ce dessein est fait par un vieux maître Allemand, à la plume, et lavé quelque peu à la sanguine. In 4to.

104. Une femme vue jusqu'aux genoux, soutenant devant elle un enfant assis sur une table et vu par le dos. Esquisse faite d'une plume grasse. E. H. in 4to.

105. Une jeune femme couchée sur une butte de terre, au pied de deux arbres; à la plume, lavé de bistre. E. H. in 4to.

106. Une jeune femme vue par le dos, tenant des deux mains un drap, qui pend à terre. Esquisse faite à la pierre noire sur papier bleu, et rehaussé de blanc. E. H. in folio.

107. Jeune fille vêtue à l'antique, portant des fleurs dans sa tunique retroussée; derriere trois autres filles. Contrépreuve d'un dessein à la sanguine. E. H. in 4to.

108. Deux femmes qui marchent ensemble, et dont une tient un livre à la main, à la plume, lavé de bistre. E. H. in 8vo.

109. Un enfant nu, un genou sur une pierre, étendant ses deux bras, comme pour prendre quelque chose d'en haut.

110. Le même enfant, vu par le dos.

Ces deux desseins à la sanguine, et rehaussés de blanc, sur papier gris, ont été faits par quelque anonyme, d'après une figure modelée de *François Quesnoy*. E. H. in 8vo.

111. Un enfant nu portant sur la tête une grande conque. Peint à l'huile en grisaille. E. H. in folio.

112. Un enfant debout couvert d'une draperie légere, dont il tient un bout de la main gauche élevée; à ses pieds quelques fruits. Joli petit morceau dans le goût du *Parmesan*; il est dessiné et estompé à la sanguine sur papier gris, et rehaussé de blanc. E. H. in 8.

113. Un génie vu par le dos, et en raccourci, voltigeant en l'air, et portant de ses deux mains un bouclier. Ce dessein à la sanguine paroît être fait d'après *Michel-Ange*. E. L. in 4to.

Statues.

114. Statue de femme drapée à l'antique, et vue de face.

115. Autre d'un homme, de même.

Ces deux petits desseins à la sanguine paroissent être faits par quelque artiste de l'école de *Raphael*. E. H. in 8vo.

116. Statue de l'abondance représentée sous la forme d'une jeune femme, tenant d'une main une corne d'abondance.

117. Autre semblable, représentant la justice.

Ces deux esquisses à la plume et à l'encre de la Chine viennent d'une même main. E. H. in 8vo.

118. Croquis à la plume de la statue du Sommeil représenté par une femme, tenant une

plante de pavot entre les mains, et ayant deux paons à ses pieds. E. H. in 8vo.

119. Différentes ruines, parmi lesquelles on distingue la statue d'un empereur Romain, placée à côté d'une pyramide; derrière cette statue est un grand vase rond, duquel sort une plante semblable à un Aloés. Ce dessein dans le goût de *Troger* est fait à la plume, et assez terminé. E. H. in fol.

Feuilles d'études.

120. Une feuille d'étude d'une plume grasse et hardie; on y voit un homme nu debout, levant le bras gauche. Cupidon demandant à Venus, de lui rendre son arc. Un Amour voltigeant en l'air, et poursuivant un papillon; et encore quelques autres griffonnemens. E. L. in fol.

121. Autre feuille d'études avec plusieurs figures d'hommes nus: les trois principales, faites d'une plume grasse, sont deux hommes couchés par terre, et un autre qui court. E. L. in folio.

Bustes et têtes.

122. Deux génies tenant un casque au dessus du buste d'un empereur Romain, qui est renfermé dans un oval formé d'une palme et d'une branche d'olivier. Petit dessein à la sanguine. E. H. in 8vo.

123. Buste de jeune femme vue presque de face, baissant les yeux. Dans une forme ovale; dessiné à la sanguine et estompé E. H. in 8.

124. Un Persan à mi-corps; légerement esquissé à la plume, dans le goût de *J. E. Dietrich*, qui vraisemblablement en est l'auteur. E. H. in 8vo.

125. Tête d'un homme dormant. Beau dessein estompé à la pierre noire, quelque peu rehaussé de blanc, sur papier gris. In 4to.

126. Dix différentes têtes d'enfans; dessinées à la sanguine. E. H. in folio.

Animaux.

127. Un grand chien aboyant un aigle, qui le menace de son bec; griffonné d'une plume grasse et très hardie, E. L. in fol.

128. Feuille d'étude; on y voit un cheval renversé; le poitrail d'un cheval, qui va au galop, et une tête de cheval; à la sanguine. E. H. in 4to.

129. Esquisse d'un tableau de volaille; supérieurement bien peinte à l'huile, sur papier bleu. E. L. in folio.

130. Un cigne représenté nageant; dessiné à la mine de plomb, et bien terminé. E. L. in 4to.

131. Un lézard, fait au lavis, d'une grande vérité. E. H. in folio.

132. Feuille d'étude, où l'on voit un chien de chasse assis, et un autre couché; in 4to.

133. Autre semblable avec deux lévriers debout. E. L. in 4to.

Ces deux morceaux faits par une même main, sont à la pierre noire, sur papier bleu.

134. Un troupeau de trois vaches, d'un âne et de sept moutons.

135. Autre de trois vaches et de huit moutons et chevres. Dans le lointain un troupeau semblable de trois vaches et de sept moutons, qui arrivent de derriere une petite hauteur.

Ces deux morceaux très intéressans, et d'une grandeur égale, sont peints à gouache et très terminés. E. L. in fol.

Sujets inanimés.

136. Dessein d'un traineau, dont la sculpture représente le centaure Nessus enlevant Déjanire; fait à la plume, et à l'encre de la Chine. E. L. in 4to.

137. Autre semblable, représentant l'enlevement de Proserpine; à la plume et au bistre. E. L. in 4to.

138. Autre traineau dans la forme du char de Venus, trainé par deux cignes, qui sont conduits par l'Amour; à la plume et au bistre. E. L. in folio.

139. Autre, où est représenté Hercule combattant l'Hydre de Lerne; à la plume, lavé de bistre. E. L. in folio.

Ces quatre desseins d'une même main paroissent être faits par *Burnaccini*.

TABLE DES ARTISTES.

	Page.
Abbé, H.	305
Abbiati, Philippe.	118
Achen, Jean van.	144
Acken, van.	229
Albani François.	100
Allegri dit le Corrége, Ant.	81
Almeloveen, Jean.	193
Altdorfer, Albert.	140
Altomonte, Martin.	126
Ambling, Charles Gustave.	157
Angeli, Philippe.	19
Ansaldo, Jean André.	133
Archimedes, *Voyez* Genoels.	
Arpino, Joseph, *Voyez* Cesari.	
Audran, Gerard.	349
Bacciccia, *Voyez* Gauli.	
Backer, Jaques de.	232
Badaracco, Joseph.	133
Bagnacavallo, *Voyez* Ramenghi.	
Baldi, Lazare.	23
Baldung, *Voyez* Gruen.	
Balen, Henri van.	249
Bamboche, *Voyez* Laar.	

	Page.
Bandinelli, Baccio.	39
Barbault.	378
Barbiere, Dominique del.	42
Barbieri, François.	104
Barozio, Fréderic.	15
Barrozi, Jacques.	86
Bartolozzi, François.	59
Bassano, *Voyez* Ponte.	
Bas, Jacques Philippe le.	369
Baumgartner, Wolfgang.	168
Baur, Jean Guillaume.	150
Beauvais, Jacques.	372
Beccafumi, Dominique.	38
Bega, A.	228
Beguyer de Chancourtois.	378
Behem, George.	249
Bella, Etienne de la.	53
Bellandi, Jean Bapt.	122
Bellange, Jacques.	348
Bellucci, Ant.	77
Bencovich, Fréderic.	168
Benefiale, Marc.	29
Berchem, Nicolas.	216
Beretini, Pierre.	51
Bernini, Jean Laurent.	124
Beyer, Jean de.	166
Bezzi, Jean François.	87
Bianchi, Pierre.	29
Bibiena, *Voyez* Galli, Ferd.	
Biscaïno, Bartholomée.	136
Blesendorf, Samuel.	161
Blockland, *Voyez* Montfort.	

	Page.
Bloemaert, Abraham.	139
Bockhorst, Jean van.	291
Boitard, François.	355
Bol, Jean.	234
Bologne, Jean de, *Voyez* Grimaldi.	
Bonacina, Cesar Augustin.	118
Bonarota, Michel Ange.	35
Bordone Paris.	65
Borgiani, Horace.	20
Boscoli, André.	44
Both, André.	207
Both, Jean.	ibid.
Boucher, François.	366
Boullongne, Bon.	351
Boullongne, Louis, le pere.	338
Boullongne, Louis, le fils.	355
Bourdon, Sebastien.	342
Bourguignon, *Voyez* Courtois.	
Bout, Pierre.	309
Bramante, *Voyez* Lazzari.	
Bramantino, *Voyez* Suardi.	
Bramer, Leonard.	198
Brand, Christian.	171
Brand, Fréderic.	179
Bray, Salomon de.	196
Breemberg, Bartholomée.	213
Breughel, Jean, dit de Velours.	260
Breughel, Pierre, dit le drôle.	231
Bril, Paul.	248
Bronkhorst, Jean van.	202
Brower, Adrien.	205
Bruggen, Stert van der.	323

                                                            Page.

Brun, Charles le.   345
Brusasorci, *Voyez* Ricci, Felix.
Buonacorsi, Pierre.   39

Cabel, Adrien van der.   221
Caldara, Polidoro.   108
Caliari, Paul, dit Veronese.   68
Callot, Jacques.   328
Calvart, Denis.   247
Cambiasi, Lucas.   129
Campi, Jules.   85
Candidus, *Voyez* Witte.
Canini, Jean Ange.   22
Canuti, Dominique Marie.   115
Cardi, Louis.   46
Carlier, Henri.   323
Carpaccio, Victor.   61
Carpi, Jerôme.   82
Carpioni, Jules.   75
Carrache, Annibal.   91
Carrache, Antoine.   104
Carrache, Augustin.   90
Carrache, Louis.   89
Carravaggio, *Voyez* Caldara et Merigi.
Casanova, François.   370
Castelli, Bernard.   133
Castiglione, Jean Benoît.   134
Cavedone, Jacques.   100
Caulitz, Pierre.   161
Cellini, Benvenuto.   41
Cesari, Joseph.   123
Chauveau, François.   346

	Page.
Chénu, Pierre.	367
Cignani, Charles.	117
Cigoli, *Voyez* Cardi.	
Cittadini, Pierre François.	114
Civoli, *Voyez* Cardi.	
Clermont.	378
Cochin, Nicolas.	349
Cock, Jean Claude de.	311
Cockx, Guillaume.	323
Colonna, Michel-Ange.	112
Cornaro, Charles.	112
Corneille, Michel.	350
Corona, Leonard.	73
Corrége, *Voyez* Allégri.	
Cortone, Pietre de, *Voyez* Beretini.	
Cosny.	378
Courtois, Guillaume.	348
Courtois, Jacques.	347
Cozette, Charles.	371
Cranach, Lucas.	139
Crayer, Gaspar de.	262
Creti, Donat.	121
Cuypen, van.	229
Dalen, Jean van.	323
Dallinger, Jean.	170
Danedi, Etienne.	113
Daniels de Malines.	324
David.	375
Delft, Nicolas.	251
Deyster, Louis de.	308
Diamantini, J.	75

	Page.
Diomedes, *Voyez* Doudyns.	
Diepenbeck, Abraham.	277
Dietrich, Chrétien Guillaume Ernest.	169
Dietzsch, Jean Christophe.	164
Dieu, Antoine de.	354
Dolce, Carle.	54
Dominiquain. *Voyez* Zampieri.	
Donducci, Jean André.	97
Dossi, Dosso.	80
Doudyns, Guillaume.	220
Durer, Albert.	137
Dusart, Corneille.	224
Dyck, Antoine van.	270
Eckhout, Gerbrand van den.	215
Eisen, Charles.	368
Eisen, François.	367
Elsheimer, Adam.	148
Endlinger, Jean.	184
Erlach, *Voyez* Fischer.	
Espagnolet, *Voyez* Rivera.	
Everdingen, Albert van.	214
Eykens, Pierre.	305
Facini, Pierre.	96
Fage, Raymond la.	357
Farinati, Paul.	66
Ferri, Cyro.	27
Fetti, Dominique.	20
Fialetti, Odoardo.	97
Fischer Baron d'Erlach, Jean Bernard.	162
Flamand. *Voyez* Quesnoy.	

	Page.
Flamen, Albert.	299
Flinck, Govaert.	153
Floris, *Voyez* Vriendt.	
Fontana, Jean.	78
Fontebasso, François.	77
Fosse, Charles de la.	350
Fouquieres, Jacques.	261
Fragonard, Honoré.	371
Franceschini, Balthazar.	114
Franceschini, Marc-Antoine.	119
Frank, François.	240
Frank, Sebastien.	263
Franco, Jean Bapt.	71
Füger, Henri Fréderic.	184
Fumacchini, *Voyez* Samacchini.	
Gabbiani, Ant. Dominique.	55
Galeotti, Sebastien.	57
Galle, Corneille.	273
Galli, Ferdinand.	120
Gallo, Giuliano da San. *Voyez* Giamberti.	
Gandolfi, Ubalde.	121
Gauli, Jean Bapt.	136
Gelée, Claude.	336
Genoels, Abraham.	303
Gherardi, Philippe.	118
Gheyn, Jacques de.	250
Ghisolfo, Jean.	116
Giamberti, Julien.	32
Giani.	30
Gimignano, Louis.	28
Giordano, Lucas.	125

	Page.
Giovannini, Jacques Maria.	121
Goérée, Jean.	225
Goltzius, Henri.	190
Goyen, Jean van.	197
Grand, le.	379
Gravelot, Henri François.	361
Grimaldi, Jean François.	113
Gruen, Hans Baldung.	141
Guerchin, *Voyez* Barbieri.	
Gundelach, Mathieu.	149
Haese, van.	318
Hamilton, Ferdinand.	380
Haring, H.	186
Hecke, Jean van.	219
Heemskerken. *Voyez* Veen.	
Heinz, Joseph.	145
Helmont, Segres Jacques van.	314
d'Heur, Joseph Corneille.	317
Himpel, Abraham ter.	297
Hire, Laurent de la.	337
Hirschvogel, Augustin.	141
Hoeck, Jean van.	275
Hoeck, Robert van.	289
Holbein, Jean.	141
Hollar, Wenceslas.	149
Hondekoeter, Melchior.	222
Honthorst, Gerard.	196
Horemans, Jean.	315
Huet, Jean Bapt.	373
Huysman, Nicolas.	307

	Pag.
Janscha, Laurent.	185
Jansens, Victor Honoré.	310
Jardin, Karel du.	222
Jode, Pierre de.	259
Jordaens, Jacques.	267
Josepin. *Voyez* Césari.	
Julien de Parme.	374
Kager, Mathieu.	146
Kauffmann, Angelique.	182
Kerricx, G. J.	324
Kilian, Luc.	148
Koeck, Pierre.	230
König, Jean.	147
Kraft, Jean Louis.	317
Laar, Pierre van.	210
Lairesse, Gerard.	160
Lamprecht.	186
Lanfranco, Jean.	102
Lang-jan. *Voyez* Bockborst.	
Lanzani, André.	120
Laureti, Thomas.	62
Lazzari, Donat Bramante.	1
Lens, N.	317
Leyde, Lucas de.	188
Liberi, Pierre.	74
Lierre, Josse van.	235
Ligozio, Jacques.	73
Lingelbach, Jean.	153
Lint, Pierre van.	291
Lippi, Philippe.	32

	Page.
Locatelli, Pierre.	28
Lorenzini, Jean Antoine.	121
Lorrain, Claude le, *Voyez* Gelée.	
Luti, Benoît.	57
Maes, Jean.	299
Maes, Godefroy.	308
Maffei, François.	74
Maggiotto, François.	77
Malines, Daniels de, *Voyez* Daniels.	
Malombra, Pierre.	73
Mancini.	184
Mander, Charles van.	246
Mantegna, André.	79
Maratti, Charles.	23
Marc-Antoine, *Voyez* Raimondi.	
Masaccio, Thomas.	32
Mastelletta, *Voyez* Donducci.	
Maulbertsch, Antoine.	178
May, Olivier le.	321
Mazzucchelli, Pierre François.	79
Mazzuola, François.	83
Melchiori, Jean Paul.	28
Melissi, Augustin.	50
Merchiori, *Voyez* Melchiori.	
Merigi, Michel-Ange.	96
Messis, Quintin.	230
Metzu Gabriel.	211
Meulen, Antoine François van der.	303
Meyer, Félix.	160
Michault, Theobald.	313
Michel-Ange, *Voyez* Bonarota.	

	Page.
Mignard, Pierre.	338
Milani, Joseph.	58
Minderhout, H.	303
Mola, Pierre François.	116
Molitor, Martin.	185
Momper, Josse de.	261
Montfort, Antoine de.	189
Morandi, Jean Marie.	55
Moucheron, Isaac.	226
Mura, François.	128
Murillo, Barthelemi - Etienne.	124
Myn, Herman.	227
Nani, Jean.	63
Napolitain, Philippe le, *Voyez* Angeli.	
Natalis, Michel.	304
Natoire, Charles.	362
Neyts, G.	223
Nieulant, Adrien de.	242
Norblin.	325
Nosadella, *Voyez* Bezzi.	
Oppenord, Gilles Marie.	356
Opstal, Gaspar Jacques van.	312
Orley, Richard van.	306
Ostade, Adrien van.	152
Ostade Isaac van.	ibid.
Paas, Crispin de.	147
Palcko, François Xav. Charles.	177
Palma Jacques, le vieux.	69
Palma, Jacques, le jeune.	ibid.

	Page.
Panza, Fréderic.	117
Parizeau, Philippe.	372
Parme, Julien de, *Voyez* Julien.	
Parmesan, le. *Voyez* Mazzuola.	
Parrocel, Charles.	360
Parrocel, Joseph.	350
Pasinelli, Laurent.	117
Passari, Joseph.	29
Passerotti, Bartholomée.	87
Passignano, Dominique.	46
Pautre, Jean le.	344
Pellegrini, Pellegrin.	87
Perrier, François.	327
Perugin, *Voyez* Vannucci.	
Peruzzi, Balthazar.	38
Pesne, Antoine.	359
Peters, Bonaventure.	292
Petruzzi, François.	55
Picart, Bernard.	356
Pierre, Jean Bapt. Marie.	367
Pietri, Pierre de.	120
Piombo, Sébastien del.	62
Pipi, Jules.	12
Poilly, N. I. B.	347
Pola, H.	187
Polidore, *Voyez* Caldara.	
Pomeranzio, *Voyez* Roncalli.	
Ponte, Jacques da.	63
Poussin, Nicolas.	334
Primatice, François.	80
Prince, Jean Bapt. le.	369
Procaccini, Camille.	88

	Page.
Procaccini, Hercule.	111
Procaccino, Jules César.	89
Quast, Pierre.	275
Quellinus, Erasme, le pere.	288
Quellinus, Jean Erasme, le fils.	301
Querfurt, Auguste.	165
Quesnoy, François.	266
Rademaker, Abraham.	226
Raimondi, Marc-Antoine.	80
Ramenghi, Bartholomée.	86
Raphael, *Voyez* Sanzio.	
Rembrandt, Paul.	202
Reni, Guido.	98
Ribera, Joseph.	124
Ricci, Felix.	72
Ricci, Sebastien.	76
Ridders.	325
Ridderbosch, Demoiselle de.	325
Robert, Hubert.	371
Robusti, Jacques.	63
Roettiers, François.	361
Rogman, Roland.	199
Romain, Jules, *Voyez* Pipi.	
Romanelli, Jean François.	21
Roncalli, Christofane.	44
Rood, J.	382
Roos, Cajetan.	166
Roos, Jean Henri.	155
Roos, Joseph.	179
Roos, Philippe.	158

	Page.
Rosa, Salvator.	125
Rossi, François de.	42
Rota, Martin.	71
Rottenhammer, Jean.	145
Rovere, Jean Maure.	251
Rowlandson, T.	381
Rubens, Pierre Paul.	251
Rue, Louis Felix de la.	368
Rugendas, George Philippe.	163
Ruysdael, Salomon.	212
Sacchi, André.	21
Sadeler, Jean.	246
Saft-leven, Herman.	206
Saft-leven, Corneille.	209
Salimbeni, Ventura.	50
Sallaerts, Antoine.	250
Salvi, Jean Baptiste.	112
Salviati, François del, *Voyez* Rossi.	
Samacchini, Horace.	88
Sandrart, Joachim.	150
Sanzio, Raphael.	3
Sarazin.	379
Sarto, André del, *Voyez* Vannuchi.	
Sasso Ferrata, *Voyez* Salvi.	
Savery, Jean.	247
Savorelli, Sebastien.	30
Scarcellino, Hypolithe.	19
Scheemackers, Pierre.	305
Schiavone, André.	66
Schinnagel, T.	157
Schönfeld, Jean Henri.	152

	Page.
Schoevaerts, M.	310
Schut.	233
Schut, Corneille.	264
Schütz, Charles.	185
Schuur, Theodore van der.	220
Schwarz, Christophe.	142
Sedelmayer, Jérémie Jacob.	167
Servandoni, Jean Nicolas.	58
Silvestre, Israel.	347
Silvestre, Louis.	359
Sirani, Jean Andre.	113
Snayers, Pierre.	266
Snyders, François.	259
Solario, André.	41
Somers, Paul.	225
Spada, Lionelle.	99
Sperling, Catherine.	168
Sperling, Jerôme.	164
Spilberger, Jean.	154
Spranger, Barthelemy.	244
Squarzione, François.	60
Steinmetz, Jean et Louis.	181
Storer, Christophe.	153
Stradanus, Jean.	239
Strudel, Pierre Baron de.	163
Stuber, Nicolas.	167
Suardi, Bartholomé.	79
Sueur, Eustache le.	343
Suster, Frédéric.	143
Tanje, Pierre.	228
Tassaert, Pierre Joseph.	319

	Page.
Tempesta, Antoine.	45
Teniers, David.	292
Testa, Pietre.	53
Thulden, Theodore van.	276
Tiarini, Alexandre.	99
Tibaldi, *Voyez* Pellegrini.	
Tiedeman, Philippe.	163
Tiepolo, Jean Bapt.	77
Tintoret, *Voyez* Robusti.	
Titien, *Voyez* Vecelli.	
Trevisani, François.	75
Troger, Paul.	165
Turchi, Alexandre.	74
Vaenius, Otto, *Voyez* Veen, Octavio van.	
Vaga, de C. *Voyez* Buonacorsi.	
Vanloo, Charles André.	366
Vanni, François.	47
Vanni, Raphael.	50
Vannucchi, André del.	37
Vannucci, Pierre.	1
Varotari, Alexandre.	73
Vasari George.	43
Vecelli, Titien.	60
Veen, Martin van.	188
Veen, Octavio van.	189
Velde, Adrien van de.	222
Velde, Guillaume van de.	ibid.
Verbrugge.	321
Verbruggen, Henri.	306
Verbrüggen, Pierre.	325
Verdier, François.	351

	Page.
Verger, du.	376
Veronese, Alexandre, *Voyez* Turchi.	
Vervoort, Michel.	326
Vianen, Adam van.	201
Vignola, *Voyez* Barozzi, Jacques.	
Vinci, Leonard de.	33
Vinkenbooms, David.	258
Visscher, Corneille de.	221
Vite, Timothée della.	2
Vivien, Joseph.	355
Vivier.	377
Ulft, Jacques van der.	219
Vlieger, Simon de.	207
Volterano, *Voyez* Franceschini, Balt.	
Voorhout, Jean.	223
Vorstermann, Lucas.	291
Vos, Martin de.	235
Vouet, Simon.	377
Vrauck, Sebastien.	263
Vriendt, François de.	233
Uytenwael, Joachim.	191
Wael, Jean de.	249
Wagenschön, F.	180
Wagner, Jean Georges.	170
Wailly, de.	377
Waterloo, Antoine.	212
Watteau, Antoine.	359
Weirotter, François Edmund.	181
West, Benjamin.	380
Wierix, Jean.	241
Winghe, Josse de.	242

	Page.
Wit, Jacques de.	227
Witte, Pierre de.	143
Wocher T.	187
Wolf.	186
Wouters, François.	292
Wouwerman, Philippe.	213
Zampieri, Dominique.	101
Zeeman, Reinier.	201
Zebendet, Mathias.	150
Zelotti, Jean Baptiste.	67
Zimmermann, Joseph Antoine.	181
Zucchero, Frédéric.	19
Zucchero, Taddé.	17

Desseins des différens maîtres, dont les noms sont inconnus.

Sujets de l'ancien testament.	382
Sujets du nouveau testament.	385
Sujets de Vierges.	396
Saints et Saintes.	400
Différens autres Sujets de piété.	401
Sujets de mythologie.	417
Sujets de l'histoire profane.	424
Figures académiques.	427
Portraits.	428
Paysages et marines.	429
Architecture.	436
Différentes autres Inventions.	436

FAUTES À CORRIGER.

Page 3 lig. 9 SANCIO.   Lisez, SANZIO.
— 4 art. 6 lig. 4 auquelle — auquel le
— 4 art. 7 lig. 9 toutes ses — toutes ces
— 5 lig. 8 présentement — pressentiment
— 7 art. 18 lig. 2 sur les — sur ses
— 7 art. 20 lig. 2 vierge de — vierge, de
— 12 art. 1 lig. 4 avec bien — avec beaucoup
— 24 art. 3 lig. 7 ellet — elle
— 36 art. 7 lig. 1 fine — finie
— 34 art. 6 lig. 7 colés — colles
— 37 lig. 1 de bout — debout
— 46 art. 5 lig. 5 dont l'un — l'un desquels
— 48 art. 4 lig. 2 et dont une — et l'une desquelles
— 50 art. 1 lig. 3 et ayant — ayant
— 98 art. 4 lig. 12 *Ballin* — *Balliu*
— 94 art. 20 lig. 3 frond. — front
— 103 art. 7 lig. 2 converte — couverte
— 110 art. 19 lig. 2 l'étude, — l'étude particuliere
    particuliere

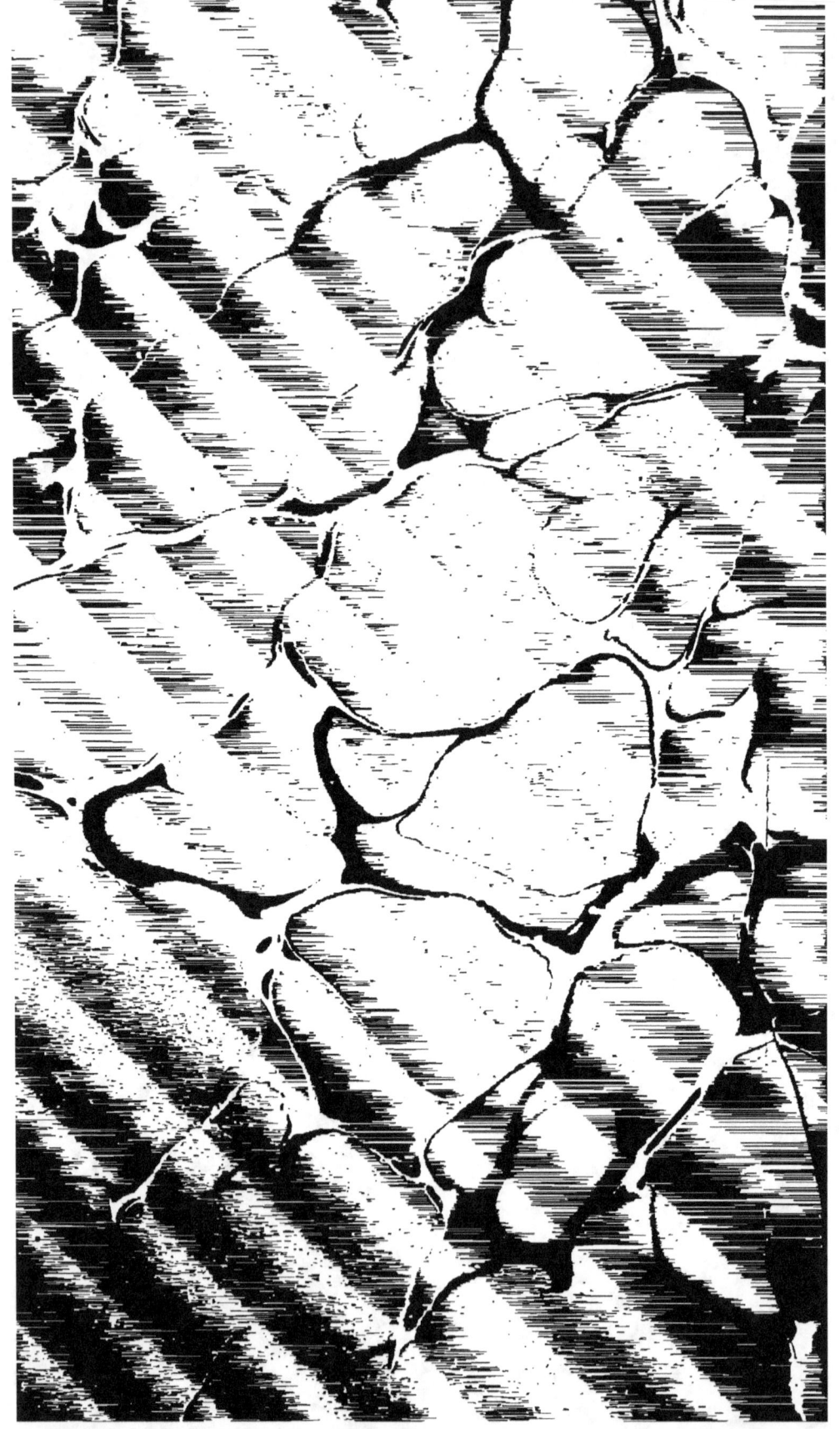

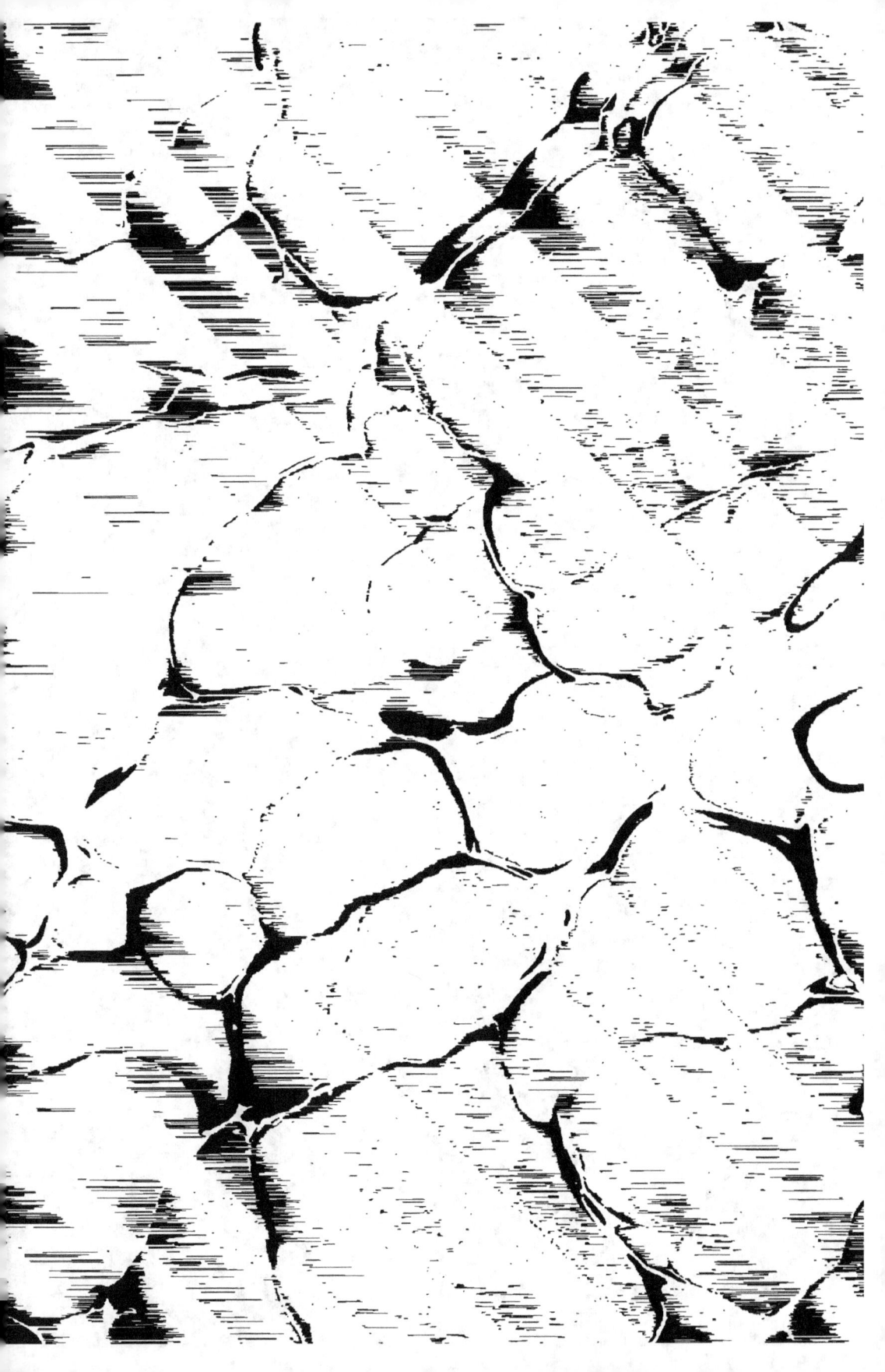

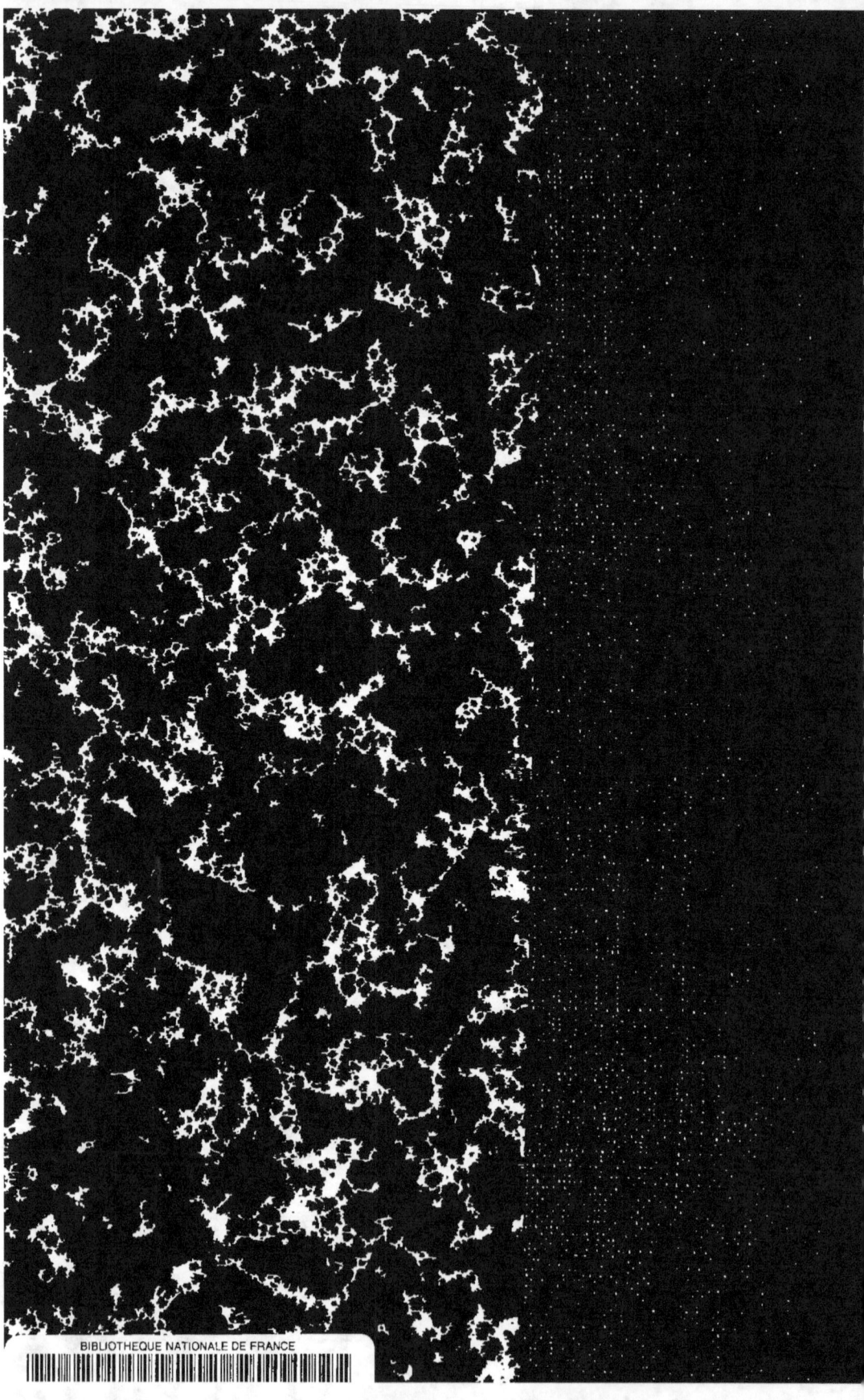

www.ingramcontent.com/pod-product-compliance
Lightning Source LLC
Chambersburg PA
CBHW071041240526
45471CB00014B/17